教育心理学

言語力からみた学び

福田 由紀・平山 祐一郎・原田 恵理子・佐藤 隆弘
常深 浩平・齋藤 有・矢口 幸康 共著

培風館

執筆者紹介 <　>は執筆分担

福田　由紀（ふくだ　ゆき）　法政大学文学部教授　博士（心理学）
<序文, 1-1, 1-6, 2-7, 2-8, 3-4, 3-6, 3-10, 4-2, 5-4, 5-11, コラム 10>

平山祐一郎（ひらやまゆういちろう）　東京家政大学家政学部教授　博士（心理学）
<1-2, 2-1, 2-3, 2-4, 2-5, 4-5, 4-7, 5-1, 5-2, 5-3, 7-3, コラム 8>

原田恵理子（はらだ　えりこ）　東京情報大学総合情報学部准教授　博士（心理学）
<1-7, 2-9, 8-1, 8-2, 8-3, 8-4, 8-5, 8-7, 8-8, 8-9>

佐藤　隆弘（さとう　たかひろ）　東京家政大学家政学部講師　博士（人間科学）
<3-1, 3-2, 3-3, 3-5, 6-4, 6-5, 8-6, 9-1, 9-4>

常深　浩平（つねみ　こうへい）　いわき短期大学幼児教育科講師　博士（教育学）
<1-3, 1-4, 1-5, 1-8, 1-9, 2-6, 3-8, 4-1, 4-4, 4-6, 5-10>

齋藤　有（さいとう　ゆう）　聖徳大学児童学部講師　博士（人文科学）
<2-2, 6-1, 6-2, 6-3, 7-1, 7-2, 7-4, 7-5>

矢口　幸康（やぐち　ゆきやす）　東京国際大学COCプロジェクト推進局助手　博士（心理学）
<3-7, 3-9, 4-3, 5-5, 5-6, 5-7, 5-8, 5-9, 9-2, 9-3>

駒田　陽子（こまだ　ようこ）　東京医科大学睡眠講座准教授　博士（人間科学）
<コラム 1, 2, 3, 5, 7, 9>

梶井　直親（かじい　なおちか）　法政大学大学院人文科学研究科心理学専攻博士課程在学中
<コラム 4>

根本　勇也（ねもと　ゆうや）　法政大学大学院人文科学研究科心理学専攻修士課程在学中
<コラム 6>

――所属は 2016 年 3 月現在――

本書の無断複写は，著作権法上での例外を除き，禁じられています。
本書を複写される場合は，その都度当社の許諾を得てください。

はじめに

　この本は教育心理学を初めて学ぼうとしている人，教員採用試験を目指している人，大学院でさらなる勉強をしたい人たちを主な対象としています。また，現在，教職に就いており，より高い教育技術習得等を目指している方もいるでしょう。そのような皆さんのご要望に沿うように，本書では基本的な教育心理学の概念や用語，考え方をわかりやすく図表も使って説明しようと努力しました。また，教育心理学全体を把握できるように，本文中には(○-○)のように相互に内容を参照できるようにしてあります。あちこち頁をめくりながら，教育心理学の全体像を構築してください。また，索引の項目はできるだけ多くし，かつ英語綴りを併記しています。また，引用文献は学習を深める際に活用してください。

　さて，本文に入る前に，この本はどのように教育心理学を捉えているかを以下に記します。

（1）教育心理学は応用の分野である

　教育心理学が，認知心理学や学習心理学，言語心理学，発達心理学，社会心理学，臨床心理学といった基礎的な分野で研究されている理論やモデルをもとに，実際の教育場面に何をどのように適用すると何に対して効果的なのかを探る学問です。そのため，心理学概論レベルの基礎知識があった方が理解しやすいです。ただ，皆さん全員がその知識があるとは限りません。そこで，最低限必要と思われる概論レベルの知識も本書では説明しています。

（2）教育心理学は学校だけではない

　教育心理学は教育場面を研究対象としています。その教育場面とは，学校における教室だけではありません。「教える―教わる関係」は，小学校に入って初めて体験するのではなく，入学する前から親を始めとした大人から様々なことを教わっています。また，友だちからもたくさん教えてもらいます。同時に，あなたも誰かに教えたでしょう。学校を卒業した後は，上司から仕事のノウハウを教わり，趣味のサークルに所属したら，その集団の先輩から教えてもらいます。そして，すぐに自分も新人を教える立場になります。つまり，私た

表1 教育心理学に対する3つのアプローチ

	行動主義的アプローチ	情報処理論的アプローチ	状況論的アプローチ その1	状況論的アプローチ その2
知識獲得	刺激と反応の連合	心的表象の変化	共同体への実践的な参加を重視	他者や道具との相互作用を重視
教師の役割	訓練者	ガイド	コミュニティへの橋渡し者,先輩	ガイド,ファシリテーター
学習者の役割	情報の受容者	知識の構成者,積極的	知識の構成者,積極的	知識の構成者,積極的
仲間の役割	考慮されていない	それほど重要ではない	重要	重要
教授の例	ドリル,訓練の繰り返しなど	説明,実験の体験など	職業体験など	協働学習など
歴史	1920年代の行動主義より	1960年代の認知心理学より	1980年代の状況認知の考え方より	

ちの人生は,生まれてから死ぬまで「教える—教わる関係」の中にあります。そして,教え,教わる内容はいわゆる知識だけではなく,生活の知恵やスキル,楽しみなどと非常に広い範囲です。このように,教育心理学は皆さんの生活全般に関わる内容を扱う学問です。

(3) 教育心理学への3つのアプローチ

　私たちの生活全般を対象としている教育心理学は,様々な理論をもとにした応用心理学です。そのため,研究対象をどのようにとらえるのかについても,理論ごとに力点が異なっています(表1)。

　行動主義的アプローチでは,人が知識を獲得するとは刺激と反応の連合ができあがることと考えます。この考えに立つと,教師は連合を強固にさせる訓練者であり,学習者は情報を与えられる存在になります。そして,連合を効率的に行う方法として,例えば,漢字の書き取りを何度も行う教授法があります。

　それに対して,知識獲得とは学習者の知識が変わることと考える情報処理論的アプローチ(1–3)では,教師の役割をガイドと位置づけています。学習者が十分に概念を理解することを重視します。それを達成するために,どのように説明をしたらいいのか,図表を提示した方がわかりやすいか,実験を体験させた方が効率的かといったことが,この立場では問題となります。

　最後の状況論的アプローチは,ヴィゴツキーの考え方(1–2)から派生し,様々な論が展開されています。表では2つに大別していますが,どちらも仲間の役割の重要性を主張しています。この立場では学習者が他者とのやり取りの

はじめに

中で，自分で知識を作り上げていきます。それを担保する教授法として，主に協働学習(5-7)やICT活用教育(5-8)，アクティブラーニング(5-9)などが利用されます。

このように，大きく教育心理学へのアプローチは3つあり，それらの立場にあった教授法が考えられ研究されています。どのアプローチが一番適しているのか，その答えは，「どれも適している」です。唯一無二の教授法，学習の仕方はありません。実際に，皆さんもすべてのアプローチをもとにした方法で学習しているでしょう。教育心理学は応用心理学です。1つの理論に縛られることなく，特定の状況や条件で一番効果的な方法を使えばいいのです。そのため，本書も1つのアプローチだけではなく，3つのアプローチから「良いところ取り」をしています。本書を学習しているとき，「ああ，この考え方は情報処理論的アプローチだな」とクリティカルに読んで下さい(5-1)。また，自分の理解に対する認知であるメタ認知(5-2)も働かせると，深い理解(3-10)に到達します。

（4）なぜ，言語力なのか？

本書には「言語力からみた学び」という副題がついています。今，なぜ，言語力なのでしょうか。

実は，「今」だから言語力が重要なのではなく，「昔から」教える—教わる関係では言葉が鍵です。私たちが教わる場合も教える場合にも，主に言葉を使っています。話し言葉だけではなく，書き言葉も使っています。例えば，文章を読んで勉強するとき，文章の表現そのものを学習することもありますが，多くは書かれている内容を学習します。つまり，文章それ自体ではなく，「文章から学習」するのです。学習する内容は国語だけに限りません。理科も算数，社会，仕事のやり方さえも文章から学習します。私たちは読んだり聞いたりしながら，つまり言葉を介して学習しています。

文部科学省は社会の変化にあわせて，約十年に一度の割合で学習指導要領を変更しています(図1)。現行の学習指導要領では「言語能力の向上」が掲げられています。教科横断的に，話す・聞く・読む・書くといった活動を通して，「生きる力」を初等中等教育期間中に身につけることを目標としています。そして，次期学習指導要領(幼稚園は平成30年度から，小学校は32年度，中学校は33年度から全面実施，高等学校は平成34年度から年次進行により実施予定)では，引き続き言語活動の充実を図ることが検討されています。そのために，中央教育審議会の中に「言語能力の向上に関する特別チーム」が作られ，

現在，具体的な内容について検討中です．次期改訂に向けた審議の詳細については http://www.mext.go.jp/b_menu/shingi/chukyo/chukyo3/053/sonota/1361117.htm を，言語能力向上に関する特別チームに関しては http://www.mext.go.jp/b_menu/shingi/chukyo/chukyo3/056/index.htm を参照してください．

　このような中央教育審議会の考えは，私たちの「教え―教わる関係」が他者との言葉のやり取り，つまり社会の中に位置づけられていることを示しています．当たり前の話ですが，教科別にそれぞれの目標を立てていた今までの教育行政から考えると，現実場面に即した大きな変革といえます．言語力を中心におく本書も社会の要請に応えた内容になっています．

　本書では，言葉が「教える―教わる関係」に大きな影響を与えることに賛同した方々が執筆しています．そのため，教員採用試験に問われるようなオーソドックスな内容を，実際の場面でどのように使うのか，つまり，どのように言葉を使うと効果的なのかという観点から書かれています．また，道具である言葉を私たちはどのように使っているのかという観点も含まれています．さらに，一人が一章を執筆する方法ではなく，見開き2頁から4頁のトピックを担当しました．そして，コラムでは学習に関する最新の脳科学の知見や，教材としても使われるアニメーションの理解過程，書くことによる感情のコントロールなど，多様な話題を1頁で読みやすくまとめています．

　最後にお願いがあります．この本を手に取っている皆さんは，教える―教わる関係の中で，自分は「教わる立場」だと思っている人が多いのではないでしょうか．そうではありません．学生であっても，様々な場面で「教える立場」に立っています．また，みなさんは教える立場の代表格である社会人や親にすぐになるでしょう．教育心理学で扱う対象は，自分の生活に密着している内容です．それをいかに自分の人生に「活かす」かを考えながら学習してください．

　　　2016年2月

著者を代表して
福田　由紀

はじめに

学習指導要領の変遷 —改訂の基本方針（資質・能力関連）—

昭和33〜35（1958〜1960）年改訂

国民としての正しい自覚をもち、個性豊かな文化の創造と民主的な国家社会の建設に努め、国際社会において真に尊敬と信頼を受けるに足る日本人の育成
（道徳の時間の新設、基礎学力の充実、科学技術教育の向上等）
（教育課程の基準としての性格の明確化、系統的な学習を重視）

（実施）小学校：昭和36年度、中学校：昭和37年度、高等学校：昭和38年度（学年進行）

昭和43〜45（1968〜1970）年改訂

＜主に小学校の場合＞
人間形成における基礎的な能力の伸長、国民育成の基礎の養成
基本的な知識・技能の習得、健康・体力の増進、
正しい判断力や創造性、豊かな情操や強い意志の素地、
国家及び社会についての正しい理解と愛情の育成
（時代の進展に対応した教育内容の導入等）

（実施）小学校：昭和46年度、中学校：昭和47年度、高等学校：昭和48年度（学年進行）

昭和52〜53（1977〜1978）年改訂

自ら考え正しく判断できる力をもつ児童生徒の育成を重視し、
知・徳・体の調和のとれた人間性豊かな児童生徒、創造的な能力の育成
※基礎的・基本的な内容の重視（小・中・高等学校の全体を一貫的に把握）
（ゆとりある充実した学校生活の実現＝学習負担の適正化）

（実施）小学校：昭和55年度、中学校：昭和56年度、高等学校：昭和57年度（学年進行）

平成元年（1989）改訂

社会の変化に自ら対応できる心豊かな人間の育成を基本的なねらいとし、
豊かな心をもち、たくましく生きる人間、社会の変化に主体的に対応できる能力や創造性の基礎、自ら学ぶ意欲の向上、我が国の文化と伝統を尊重する態度の育成、国際社会に生きる日本人としての資質の養成
※基礎的・基本的な内容の重視
（生活科の新設、道徳教育の充実）

（実施）小学校：平成4年度、中学校：平成5年度、高等学校：平成6年度（学年進行）

平成10〜11（1998〜1999）年改訂

「生きる力」を培うことを基本的なねらいとし、
豊かな人間性や社会性、国際社会に生きる日本人としての自覚、
自ら学び、自ら考える力の育成
※基礎的・基本的な内容の確実な定着
（教育内容の厳選、「総合的な学習の時間」の新設）

（実施）小学校：平成14年度、中学校：平成14年度、高等学校：平成15年度（学年進行）

学習指導要領のねらいの一層の実現（基準性の一層の明確化、総合的な学習の時間や個に応じた指導の一層の充実）の観点から一部改正（平成15年）

平成20〜21（2008〜2009）年改訂

教育基本法改正等で明確になった教育の理念（公共の精神、環境の保全、伝統や文化の尊重等）を踏まえ「生きる力」の育成
知識・技能の習得と思考力・判断力・表現力等の育成のバランスの重視
豊かな心や健やかな体の育成
※学力の重要な要素＜基礎的・基本的な知識・技能の習得、思考力・判断力・表現力等の育成、主体的に学習に取り組む態度の養成＞
（授業時数の増、指導内容の充実、小学校外国語活動の導入）

（実施）小学校：平成23年度、中学校：平成24年度、高等学校：平成25年度（学年進行）

図1　学習指導要領の変遷（文部科学省，2007）

目　次

第Ⅰ部　変化していくこと
～言葉とこころ，人とのつながり～

1章　発達とは ―――――――――――――――― 2

- 1-1　認知発達　ピアジェ　2
- 1-2　認知発達　ヴィゴツキー　4
- 1-3　認知発達　情報処理的アプローチ　6
- 1-4　感情の発達　8
- 1-5　自己意識の発達　10
- 1-6　自他の心の理解　12
- 1-7　人間関係の発達　ソーシャルスキル　14
- 1-8　言葉の発達　16
- 1-9　読み書きの発達　20

2章　教える人と教わる人の関係 ―――――――― 24

- 2-1　親子関係　24
- 2-2　読み聞かせにおける読み手と聞き手の関係　26
- 2-3　友人との関係　28
- 2-4　学級における教師との関係　30
- 2-5　教わる側の準備状態と教える側の構え　32
- 2-6　教室におけるコミュニケーション　話し言葉1　34
- 2-7　教室におけるコミュニケーション　話し言葉2　36
- 2-8　教室におけるコミュニケーション　書き言葉　38
- 2-9　教師のキャリア形成　40

第Ⅱ部　学ぶこと・教えること
～学習と授業過程～

3章　学習とは　　　　　　　　　　　　　　　　　44

3-1　学習とは　44
3-2　学習理論　レスポンデント条件づけ　46
3-3　学習理論　オペラント条件づけ　48
3-4　学習理論　潜在学習　52
3-5　学習理論　運動・技能学習　54
3-6　学習理論　社会的学習　56
3-7　記憶と忘却　58
3-8　記憶と言葉　62
3-9　学習される知識とパフォーマンス　64
3-10　深い理解　66

4章　読み書きからの学習　　　　　　　　　　　　72

4-1　読むことの学習　単語から文章へ　72
4-2　文章による学習　状況モデルと既有知識　74
4-3　測定される読解力　76
4-4　本からの学習　代理経験の重要性　78
4-5　本からの学習　読書のすすめ　80
4-6　オノマトペによる情感の学習　82
4-7　書くことの学習　84

5章　上手に学ぶ・教える　　　　　　　　　　　　88

5-1　学習者の工夫　態度　88
5-2　学習者の工夫　方略　90
5-3　学習者の工夫　やる気　92
5-4　授業過程　94
5-5　授業法　伝統的な授業法　96
5-6　授業法　有意味受容学習，プログラム学習　98
5-7　授業法　協働学習　102

5-8　授業法　ICT教育　104
5-9　授業法　アクティブ・ラーニング　106
5-10　教師の工夫　やる気の出る言葉かけ　108
5-11　教師の工夫　教材の配置　110

第Ⅲ部　知能や性格と特別支援
～個性のとらえ方～

6章　知能と性格　114

6-1　知能とは　114
6-2　知能の測定法　116
6-3　認知スタイル　118
6-4　性格とは　120
6-5　性格の測定法　122

7章　学力と評価　124

7-1　学力とは　124
7-2　学力の測定法　126
7-3　言語力の測定法と評価　128
7-4　学力の評価　130
7-5　新しい評価　132

8章　学校になじめない　136

8-1　学校不適応とは　136
8-2　学校でのいじめ　138
8-3　情報モラル　140
8-4　ネットでのいじめ　142
8-5　個性を認めあう寛容性　144
8-6　心理療法　行動療法　146
8-7　心理療法　遊戯療法　148

8-8　カウンセリングマインドを活かした支援　150
　　　8-9　学校での集団カウンセリングとチーム支援　152

9章　個性的な子どもたち ──────── 154
　　　9-1　発達障がいとは　154
　　　9-2　学習障がいとは　156
　　　9-3　特別支援の必要性　学習の支援　158
　　　9-4　特別支援の必要性　行動の支援　160

引用文献 ──────────────── 164
索　引 ───────────────── 181

コラム

1　脳からみた教育心理学1．社会性認知　22
2　脳からみた教育心理学2．感情の発達　42
3　脳からみた教育心理学3．記憶と眠り　70
4　アニメーションの理解　71
5　脳からみた教育心理学4．言語　86
6　書くことの良い効果とは？　87
7　脳からみた教育心理学5．学習と動機づけ　112
8　フリン効果　135
9　脳からみた教育心理学6．デフォルト・モード・ネットワーク　162
10　知識のネットワークを活用して失敗した授業例　163

第1部

変化していくこと
～言葉とこころ，人とのつながり～

1章　発達とは
2章　教える人と教わる人の関係

1-1 認知発達　ピアジェ

(1) 認知発達を支える機能

人の心の働きは，知情意に分類することができる。情は人の感情や情動を，意は人が何かをやろうとする意図や意志を表す。知とは何かを知ることであり，知る過程には，対象を知覚し，判断，思考，記憶することが含まれている。この知が心理学の研究対象である認知(cognition)である。ピアジェ(Piaget, J.)は，認知がどのように発達するのかを理論化した。

ピアジェの認知発達理論における重要な概念はシェマ(scheme)と均衡化(equilibration)，操作(operation)である。シェマとは外界を理解するための認知の枠組みである。私たちは，自分のシェマを利用して，様々な刺激や状況などを理解しようとする。その際，外界の情報が私たち自身のシェマと合致しているときには，それを理解し，記憶することは容易である。その新しい情報は，すでにあるシェマに取り入れられる。これを同化(assimilation)と呼ぶ。一方，外界の情報が自分のシェマに合致しない場合には，自分のシェマを変更しなくてはならない。それを調整(accommodation)と呼ぶ。このような同化と調整を行い，外界とのギャップを埋めていくことを均衡化と呼ぶ。一方，操作とは実際に何かを操作する行為を示すのではなく，頭の中で行為を行うことを指す。例えば，12＋5という計算を筆算で行うのではなく，暗算で答えを出す内化された行為を操作と呼ぶ。そして，ピアジェは操作の発達がすなわち認知発達であると考えた(子安，2001)。

(2) 認知発達段階

このような発達観に立ち，ピアジェは認知発達を4つの段階に分けた。各段階におけるシェマや操作は質的に大きく異なっている。

a. 感覚―運動期(sensory-motor period)

0～2歳くらいまでは，外界情報を頭の中で再現した情報である心的表象(mental representation)は形成されていない。よって，子どもは自分の感覚と運動によって世界を認知する。

b. 前操作期(preoperational period)

2～7歳では心的表象を利用できるが，操作はうまくできない。一方，この時期には状況や対象には制限があるが，象徴機能はすでに獲得されている。象徴(symbol)とは対象を代理し，表現する記号である。例えば「ハトは平和の象徴である」とは，平和という抽象的な概念をハトという具体物で表してい

る。また，具体的な物も他の記号で表すこともできる。例えば，泥団子をおはぎと称して食べるまねをする場合も，泥団子はおはぎの象徴である。このような象徴機能が獲得されると，仮想的な対象や眼前にない対象を表象化し，思考することができるようになり，ごっこ遊びが頻繁に観察される。

c. 具体的操作期 (concrete operational period)

7～11歳頃には多様な操作ができるようになるが，その対象は具体物に制限されている。中学生になると未知数 x を使った連立方程式を理解できるようになるが，小学生の場合に植木算やツルカメ算で答えを出す教授法が使われるのは，子どもの認知発達段階にあっている。小学生は，x という抽象的な数を理解することは難しいが，ツルの足は2本，カメの足は4本なので……という具体物に置き換えることにより，様々な問題を解ける。

d. 形式的操作期 (formal operational period)

11，12歳以降になると対象が具体的でなくとも，抽象的な関係や可能性についても，操作ができるようになる。

（3）ピアジェの研究に対する主な批判

現在の認知発達の多くの研究は，ピアジェの理論を支持あるいは批判しながら発展してきている。その中の主な批判として，すべての認知が一様に発達するのではなく，領域固有の認知発達があることが示されている。例えば，Chi (1978) は，チェスが得意な子どもとそのルールを知らない大人の記憶の比較をした。その結果，単にチェス盤にコマを置いてそれを記憶してもらうと大人の方が子どもよりも記憶成績は良かった。これは単なる記憶量の課題であり，子どもよりも大人の方の成績が良いのは当然である。しかし，試合途中のコマの配置を覚えさせると，チェスを知っている子どもの方がそのルールを知らない大人よりも良い成績であった。これは，チェスのルールという特定の領域に限ると，ピアジェの考えた発達段階を経ないことを示している。

また，形式操作期に入っていると言われている成人の私たちでも，難しい課題を解くときには具体物に落として考えたりする。さらに，頭の中だけで考えるのが難しい場合には，メモに単語や図を書き出して，ワーキングメモリ (3-7) 内の記憶に関する資源割り当てを減らす方略をとるであろう。つまり，認知発達が一定の順番で発達するというよりも，上位の発達段階に入った人は下位の発達段階にも柔軟に戻ることができる。

このようにピアジェの認知発達の理論は，様々な批判を受けているが，それがために子どもたちの認知発達の研究が進んだともいえる。

1-2 認知発達　ヴィゴツキー

(1) 外言と内言
　ヴィゴツキー(Vygotsky, L.S.)は言葉を外言(outer speech)と内言(inner speech)の2つに分けた。前者は外に向けて話される言葉である。他者とコミュニケーションをするためのものであるため，音声を伴う。後者は心の中で話される言葉である。個人の思考に用いられるものであるので，音声を伴わない。外言が内面化されることで，内言が発生すると考えられる。

(2) 自己中心性と自己中心語
　ピアジェ(Piaget, J.)は幼児期の子どもの認知の特徴を自己中心性(egocentrism)という言葉で表現した。これはわがままであるとか自分勝手という意味ではなく，認知発達上，まだまだ未熟であるため，自分を中心とした視点からでしか知覚や思考ができないことを指す。なお，成長とともに自己の視点から離れた認知が可能になることを脱中心化(decentration)と呼ぶ。
　自己中心性が言語において現れたのが自己中心語(egocentric speech)である。コミュニケーションのための，他者を意識した言語を社会的言語(socialized speech)，他者を意識しない自分のための発話を非社会的言語(nonsocialized-speech)とするなら，非社会的言語が自己中心語である。その自己中心語も，子どもの育ちとともに消えていく。これを，ピアジェは，非社会的言語が社会的言語に変化したためであると考えた。言語が社会的な様式を備えたと，つまり社会化(socialization)されたと見たのである。
　自己中心語で特徴的なのは，ぶつぶつとつぶやく独り言である。これは子どもが一人でいる場面でも生じるし，他者と一緒にいるときにも生じる。後者を特に集団的独語(collective monologue)と呼ぶ。例えば，数人の子どもたちが砂場でいっしょに山を作っているときに，会話をしながら砂を積み上げているように見える場合がある。しかしながら，その発話は他者に返答を求めてはいない。つまり，社会的な言語ではないのである。

(3) なぜ自己中心語は消えるのか
　なぜ自己中心語は発達とともに消えていくのであろうか。それは，非社会的言語が社会化されて，社会的言語になったために消えるともいえるし，知覚や思考の脱中心化が進んだため，その認知発達を反映して，子どもたちの発話から自己中心語が姿を消したともいえる。しかし，そのように解消されるべきものというピアジェの考え方とは異なる見解をヴィゴツキーは示した。

子どもの言葉は，そもそも他者とのやりとりのために発達しはじめる。そして，徐々に思考の道具としての機能も持ち始める。すると，思考の道具としての言葉というものは，自分が自分のために，自分に向けて発する言葉であるため，ところどころ音声が抜け落ちたり，聞いていても意味のわからないものになったりする。その後，言葉が思考の機能をより一層強めていくと，音声を出すことそのものが負担になるため，急速に音声は失われていく。つまり，心の中で黙して話すことにより，思考することができるようになる。自己中心語と呼ばれる現象は，発達とともに消えるのではなく，物理的な音声が取り除かれて，思考の道具として内面化された，と考えるべきなのである。

しかし，自己中心語が思考の役割を担うのは本当だろうか。それを確かめるには，思考が必要になってくる場面になると，自己中心語が増加するかどうかを観察すればよい。例えば，ブロック遊びをしている子どもがいるとする。その子は家を作ろうとし始めるが，思った通りに作ることができない。「赤が無いな」「長いのがいるな」とブロックを探し，組み立てようとするが，上手くいかない。すると，「家だめだ」「何作ろうかな」「船にするかな」といった独り言が増え始める。これはブロック遊びを続けようとするために，家を作るという目標を変更して，船を作ろうとする思考の表れとみることができる。

このようなことは，幼児に限らず成人でも起きる。黙読をしていても，内容が難しい文章，構文の複雑な文章に遭遇すると，思わず声に出して読んでしまうことがある。不慣れな外国語を読んでいるときにも，それはよく起きる現象である。これは言葉に音声を伴わせることによって，思考や理解を促進させようとするためであり，幼児期の自己中心語と同様の機能を発揮している。

（4）精神間機能から精神内機能へ

「あらゆる高次精神機能は子どもの発達において二回あらわれます。最初は集団的活動・社会的活動として，すなわち，精神間機能として，二回目には個人的活動として，子どもの思考内部の方法として，精神内機能としてあらわれます」（ヴィゴツキー，2003, pp. 21-22）というように，「精神間機能から精神内機能へ」という発達の流れがヴィゴツキーの認知発達観の基本である。

個人があって社会があると考える西欧の個人主義的人間観に対し，社会が個人を形作るという人間観は人間理解において独特で，かつ示唆に富んでいる。

1-3　認知発達　情報処理的アプローチ

　発達は広く多様である。ピアジェ（1-1），ヴィゴツキー（1-2）も素晴らしい研究を行ったが，説明が十分になされなかった部分も多い。その中でも内的な認知過程について体系的な知見を積み重ねてきたのが情報処理的アプローチである。この考え方では認知を入力，処理，出力という3つの過程（プロセス）と構造を持った情報処理システムとして考える。

(1)　情報の入力：知覚・注意

　保育者や教師を目指す学生は「子どもの目線に立ちなさい」と指導されることが多い。子どもの気持ちになって，という意味も含まれるが，それ以前にまずはしゃがんで子どもと同じ視野の高さで物を見ることを意味している。子どもにとっては周囲の大人や机，棚などが巨人のようにそびえ立つものだ，ということが知覚として感じられるはずである。視覚からの情報を重要視する人間にとって，身長の変化も入力される情報が変化するという点で重要な認知発達の要素になる。

　また，見えたり聞こえたりしていても注意（attention）を向けなければ情報は処理されないことが，非注意性盲目（Simons & Chabris, 1999）などの成人の研究からわかっている。その発達を見ると，乳児は当初「自分」と「物」という二項関係にしか注意を向けられず，おもちゃに注意を向けるとお母さんから注意が逸れ，お母さんに注意を向けるとおもちゃから注意が逸れる，という状態にある。生後9～10か月頃にようやく，お母さんに注意を向けながら，ぬいぐるみにも注意を向ける，という三項関係の認識が可能になる。これは注意に容量を仮定することで説明ができる。発達初期は利用できる容量が少ないために注意は限定されるが，発達に伴う容量の増加によって注意の対象が広がるので

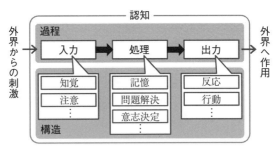

図1-1　情報処理論における認知過程とその構造（Eysenck, 2000, p. 598 を参考に作成）

ある。なお，児童の視野の狭さと注意の制約を疑似的に再現したチャイルドビジョンも学びの役に立つ(東京都福祉保健局，2009)。知覚・注意などの発達に伴い，私たちの情報入力も変化していくのである。この点を考慮に入れるだけで認知発達が理解しやすくなる。

(2) 情報の処理：記憶・問題解決・意志決定

知覚され注意が十分に向いた情報は，次に頭の中で処理をされる。情報処理的アプローチでは成人の研究に基づき，ここに問題解決，意志決定，記憶等複数の構造を仮定した。ピアジェはどの認知能力も同じように一定の順序で発達すると考えたが，その後の研究から1-1のように構造ごとの発達の違いが認められている(Eysenck, 2000)。また，観察を重視すると課題の失敗はそのまま能力の未発達と解釈されるが，子どもは同じ認知能力を必要とする課題に場面や道具によって成功したり失敗したりするというゆらぎを見せる(木下・加用・加藤，2011)。この事実も処理と出力を区別することで説明が可能である。

(3) 情報の出力：行為の自動化

情報の入力，処理の結果に応じて出力が行われる。ここでは行為の自動化を取り上げる。自転車や車の運転がよく例に挙げられるが，初めは非常に大変なのに徐々に容易になる行為は多い。このメカニズムは(1)で取り上げた注意に効率を仮定することで説明できる。不慣れな行為は，最初多くの注意を必要とするが，反復されることで無駄な部分が省かれ，処理効率が上がることで必要な注意の量が減ると考える。慣れに応じて注意をほとんど必要とせず，半ば無意識の内に行動できるまでになる。さらに，意図せずに半自動的に行動してしまった結果失敗するという現象まで包括的に説明ができる。これは子どもの発達から大人の行動にまで広く当てはまる認知過程である。

(4) 情報処理的アプローチのまとめ

このように認知を入力-処理-出力の過程とその構造に分けて整理することで，領域別の発達やゆらぎを考慮できる。ただしピアジェ，ヴィゴツキーの考え方と情報処理的アプローチのどれか1つが正しいのではない。相互に理論を補強・修正し，総合的な発達の理解へと進むことが共通の目標である。なお，情報処理的アプローチの発達の背景にはコンピュータの発展とその認知過程との対比が挙げられるが，この点を誤解すると人間を機械として捉えるべきではないという短絡的な批判に結びつくこともある。あくまで認知発達の一部を説明する際に理論としてコンピュータとの比較が有用なのであって，感情や個別性を否定する主張ではない点には留意してほしい。

1-4 感情の発達

(1) 感情の分類：情動と気分

しばしば心＝感情と捉えられるほど心理学にとって感情は重要である。その分多くの研究・分類があるが，本節では代表的な分類に沿って，喜怒哀楽等はっきりとした状態だが短時間しか持続しないものを「情動」(emotion)，情動より漠然とした状態だが長く持続するものを「気分」(mood)，その2つを併せた全体を「感情」(feeling)と呼び，特に情動に注目する。

(2) 基本6情動

さて，情動は何種類あるのだろうか。心理学の中でも複数の定義が存在するが，比較的多くの研究者が同意する分類はエクマン(Ekman, 1972)の基本6情動(primary 6 emotions)である。これによれば，成人の情動は「怒り」(anger)，「恐怖」(fear)，「嫌悪」(disgust)，「驚き」(surprise)，「喜び」(happiness)，「悲しみ」(sadness)の6種類に分けられ，他の情動はこれらの強弱や組合せによって説明ができる(Ekman & Friesen, 1971)。基本6情動は言葉，美術，映像のメディアによる相互交流のある識字文化間だけではなく，他文化との接触がほとんどない非識字文化内においても特定の表情と結びついており普遍的であることが支持されている(図1-2)。

(3) 初期の感情発達

生後間もない頃は基本6情動の全ては観察できないため，発達と共に分化していくと考えられている。ルイスら(Lewis et al., 1989)によれば，原初的情動(primary emotions)は充足(contentment)，興味(interest)，苦痛(distress)の3種類であり，生後6か月までの間に充足が喜びに，興味が驚きに，苦痛が悲しみ・嫌悪・怒り・恐怖にと基本6情動へ徐々に分化していく。さらに自己意識や客観的基準，規則を利用する，評価するといった認知能力の発達に伴い，二次的情動と呼ばれる複雑な情動が生まれる。例えば，1歳半頃には困惑，共感，羨望といった自己意識的情動が，2歳半から3歳頃には誇り，恥じ，罪と

図1-2 基本6情動の表情(Ekman, 1977)

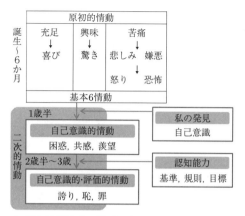

図1-3　初期の情動発達の模式図（Lewis et al., 1989）を基に作成

いった自己意識的・評価的情動が徐々に見られるようになる（図1-3）。

（3）感情の規則

　感情を感じているかどうかによらず，ある状況でどのような感情を自分が感じていると示すべきか（また，示さないべきか）についての規則を表示規則（display rules）と呼ぶ（Ekman & Friesen, 1977）。例えば，誕生日にもらったプレゼントにがっかりしたときでも，笑顔でありがとう，というべきだという規則を私たちは学習し，活用している。

　さらに，ある人が表出している感情（表情・行動等）の，裏に隠れている真の感情を理解するための規則を解読規則（decoding rules）と呼ぶ（Matsumoto & Ekman, 1989）。例えば，家族に不幸があった友人が，平気な顔で登校・出勤している姿を見たとき，私たちは友人が何も感じていないと思うよりはむしろ，悲しみを表に出さないように我慢しているのだろうと考える。

　これら表示規則・解読規則は一般に6歳頃から理解が進みだすことが確かめられている。また，基本6情動を世界共通と考えたエクマンらも，表示規則・解読規則については文化や地域，世代によって差があることを認めている。例えば，日本人はアメリカ人に比べ，嫌悪表情をはじめとする負の感情を表に出さないという表示規則を強く持つことが知られている。

　自分が大切に思う人たちとのやり取りの中で，相手が持つ文化的・個人的な表示規則・解読規則を学び，また自分の表示規則・解読規則を伝えていくことで，互いの感情と上手に付き合える可能性を上げることができる。

1-5　自己意識の発達

（1）身体としての私／認識としての私

　クーンとマクパートランド(Kuhn & McPartland, 1954)が考案したTST (Twenty Statements Test：20答法)というテストでは，20個の「私は…」に続く文を考える。名前や年齢，立場，趣味など色々な内容が浮かぶであろう。しかしそれを足し合わせたら自分になるだろうか？私とは一体何なのだろう。心理学の視点からは，少なくとも2つの私が考えられる。1つは自分の手足や顔かたち，皮膚とその内側などの身体としての私，そしてもう1つが私とは何かと考えたときに現れる認識の中の私である。本節では後者に注目する。

（2）鏡に映った自分の認知

　認識の中の私の始まりを調べる優れた研究が自己鏡映像の研究である。まず子どもに気づかれないように鼻に赤い印を付けておいて，鏡を見せたときに子どもが鏡ではなく，自分の鼻に触れるかどうかを確かめる。自分の鼻に触れるならば，鏡に映っているのが私だという理解が成立している，という論理である。大体1歳半位から自分の鼻を触る子が増え始め，2歳ではかなりの子が自分の鼻を触れるようになる(Lewis & Brooks - Gunn, 1979)。私の認識はかなり早い時期から生まれているのである。なお，この現象はチンパンジーなど，ヒト以外の動物でも一部確認されている。

（3）養育者と子どもの関係：自己の代弁

　初期の自己意識の発達にとって重要なものが密接な対人関係である。まだ自己が十分に発達していない子どもは自分を大人のように表現することができない。そこで，親や先生がその子どもの自己を適切に代弁することも重要な要素になる。例を挙げよう。「4か月過ぎの乳児がすぐ手前のテーブルの上に置かれたガラガラにじっと目を向けている。その様子を見ていた母親は「ああ，これが欲しいのね」と言いながら，それを取って柄のところをその子の手に持たせた」(鯨岡，1999，p.131)。我が子に注意を向け観察し共に過ごしてきた経験に基づく代弁は勝手な解釈や押しつけではなく，その子がその場面で表現すべき自己に重なり，自己の発達を促していく。また保育・教育の場では，先生に代弁の機会がある。こうした初期の密接な人間関係の中，自己を持つものとして尊重された経験に基づいて子どもの自己意識は育っていくと考えられる。

（4）エリクソンの人格発達理論：アイデンティティ

　その後の自己意識の発達について欠かせない理論がエリクソン(Erikson, E.

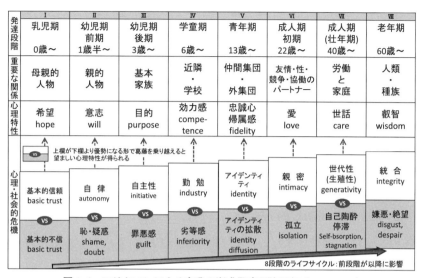

図1-4 エリクソンによる自我の漸成発達理論図（Erikson, 1959）

H.）による自我の漸成発達理論（ライフサイクル理論）である。この理論では，私の発達は様々な心理・社会的危機との遭遇と，それを乗り越えた先にある望ましい心理特性（活力）の獲得と考える。図に一覧をまとめた（図1-4）。一例として青年期の危機であるアイデンティティ（identity）を取り上げる。これは正確にはエゴ・アイデンティティ（ego identity）で自我同一性と訳される。エゴは心理学における多義語だが，ここでは私が思う私，自己鏡映像認知で確かめられる私のことと理解すればよい。よって，エゴ・アイデンティティとは「私と同一のもの」という意味になる。青年期には仲間集団・外集団との関係の中で，「自分は何者か」，「自分の人生の目的は」，「自分の存在意義は」等，自己に深く関わる問いに直面するという危機が訪れる。これに肯定的かつ一定の自信を持って答えられることをアイデンティティの確立と呼ぶ。本節冒頭で挙げたTSTの回答もその候補である。逆に回答が出せず，自己が混乱し自己の位置づけを見失ってしまう状態をアイデンティティの拡散と呼ぶ。アイデンティティが確立されれば，あるいは確立の度合いが拡散に勝っていれば，その結果として帰属集団への忠誠心や帰属感という望ましい心的特性が獲得される。

　なお，アイデンティティを含め，自己はしばしば言葉で表現される（高橋，2000；やまだ，2007）。自分をうまく表現するための言葉を得ることが認識の中の私を支える重要な要素である点を書き添えて本節を終える。

1-6 自他の心の理解

コミュニケーションにおいて，他者の心の状態を推測することは重要である。私たちは他者の欲求，思考，信念そして好みといった直接観察できない状態を推測し，これらを使って他の人の行動を予測する。このような推測ができる状態を「心の理論(Theory of mind)」を持っていると呼ぶ(Premack & Woodruf, 1978)。心の理論の達成レベルは，誤信念課題によって測定できる。その課題では，誤った信念をもっている他者が，それにもとづいて行動するかどうかを子どもに予測させる。

例えば，一次的誤信念課題では，表1-1の構造の物語を人形劇にして子どもに見せる(Wimmer & Perner, 1983)。その課題名は登場人物の名前にちなんで，マキシ課題あるいはサリーとアン課題と呼ばれている。「今お菓子はどこにあるか」という現在に関する質問にも「もともとお菓子はどこにあったか」という過去に関する問題にも3歳児は正しく答えられる。しかし，「由紀がお菓子を探すのはどこ？」と尋ねると，「ソファの下」と間違って答える。つまり，3歳児は「由紀は英子が自分の知らない間にお菓子を移動させたことを知らない」ことを，由紀の信念に反映できない。4歳になると，由紀の誤った信念を利用して，由紀の行動を予測でき「赤い箱の中」と答えることができるようになる。また，一次的誤信念課題を解いている4歳児を見ている人は『「(赤い箱の中にお菓子が入っている)と由紀は誤って信じている」とこの子は思っている』と考える。これは二重の入れ子構造をもっている。このような二次的誤信念課題が解決できるようになるのは9歳くらいである。

では，自分の心の理解はどのように発達するのであろうか。チョコレート菓子として有名であるスマーティを使った課題(表1-2)によって，自分の過去の信念の誤りを正しく理解できるかどうか測定できる(Gopnik & Astington, 1988)。5)の質問と答えを見て欲しい。スマーティ課題も4歳頃にならないとできず，自分の心についての理解も他者の心の理解と同時期に成立することがわかった。つまり，自分の心も他者の心も同じ心的表象として存在し，心の理論に基づいて自分や他者の行動を予測している(郷式，1999)。

このように，「心の理論」研究により他者の心の理解に関する発達的様相が明確になり，また，その対象は自分の心の理解にまで発展している。ただ，これらの研究は誤信念課題を用いており，その適用の制限から主な対象は幼児期・児童期となっている。しかし，他者の心の理解の正確さや豊かさは児童期

表1-1 一次的誤信念会の例(今野, 2010)

	由紀が一人でリビングにいる。
由紀	「おいしいお菓子があるから,しまっておこう。」
	由紀はお菓子をテーブルの上にある赤い箱に入れてふたをしたのち,部屋を出る。
	由紀が出て行った部屋に妹の英子が入ってくる。赤い箱を開けて中をのぞきこむ。
英子	「おいしそうなお菓子ね。」
	英子はお菓子を取り出しソファーの下の見えないところに入れて,部屋から出る。
	しばらくして由紀が部屋に入ってくる。
由紀	「さっきのお菓子を食べようかな。」

表1-2 自分の心の理解課題:スマーティ課題(瀬野, 2008をもとに改変)

1) 子どもにスマーティチョコの箱を見せて,中に何が入っているか尋ねる。
  →大部分の子どもは「スマーティ」と正しく答える(間違った自分の信念)。
2) 実験者が中を開けると,鉛筆が入っており,子どもはびっくりする。
3) 実験者はふたを閉じ,再び中に何が入っているかを尋ねる。
  →子どもは「鉛筆」と正しく答える(現在の記憶の確認)。
4) 「○○ちゃん(子どもの友だちで,その実験に参加していない子ども)が,ふたの閉まった箱を見たとき,○○ちゃんは何が入っていると思う?」(他者の誤信念に関する質問)
  →3歳児は「鉛筆」,4歳児は正しく「スマーティ」と答える。
5) 「あなたがはじめにふたのしまった箱を見たとき,あなたは中に何が入っていると思ったかな?」(自分の過去の間違った信念の質問)
  →3歳児は「鉛筆」,4歳児は正しく「スマーティ」と答えらる。

以降にも発達する。例えば大学生であってもロールプレイといった他者視点を取らせる教示を行うことにより,他者の心の理解は促進される(古見・子安,2012)。つまり,他者の立場にたって行動することにより,他者の心の状態を正確に豊かに推測できた。この結果は,社会的な体験の蓄積が重要であることを示している(Apperly, 2011)。これらの研究は,誤信念課題を用いて測定される「心の理論」という枠組みよりも大きなマインドリーディング(mindreading)の枠組みに位置づけられる。マインドリーディングとは知覚的にアクセスできる社会的刺激から,他者の心,つまり直接観察することが難しい考え,望み,知識,意図を理解することである。今後,誤信念課題の枠を超え,生涯発達を視野においたマインドリーディングの研究が進展するであろう。

1-7　人間関係の発達　ソーシャルスキル

(1) ソーシャルスキルが求められる背景

　現代の子どもたちは，気の合う集団や仲間とばかり関係を持ち，自分の感情や考え，思いを適切に表現できず，怒りを容易に表出しコントロールできずに，その延長上で友だちとトラブルやいじめといった対人関係の問題を起こし，またインターネット，携帯・スマートフォンの普及により，体を使った外遊びが減り，相手の気持ちを思いやることなど対人関係において影響がでていることが指摘されている（文部科学省，2011）。最近では，通信システムとスマートフォンをコミュニケーションの一部として用いるようになった児童生徒が増え，SNS，LINE等の使用を禁止するよりも，使用に際しての在り方を問う教育をすること，そして情報社会で生きていくために必要なコミュニケーションを学ばせ，ソーシャルスキルを向上させる必要があることが注目されている。対面上とネット上のコミュニケーションにおいて，相手の気持ちを配慮することができる生徒は，ネット上でも相手の気持ちを配慮する傾向にある（大貫・鈴木，2007）。つまり，相手の気持ちを配慮する「思いやり」は，対面上とネット上におけるコミュニケーションのどちらにも求められるスキルといえ，これについては，ロールプレイなど体験学習を通して身に付けるよう学習指導要領でも明示されている（文部科学省，2008a，2008b）。

(2) ソーシャルスキルとは

　子どもたちの対人関係を観察してビデオに記録し，何が仲間関係を規定する原因なのかを明らかにしようとするなか（Keller & Carlson, 1974），対人関係を開始し円滑にする「何か」を「ソーシャルスキル」という概念で捉え，認知や行動に焦点をあてて理解をさせた。そして，子どもの問題行動の原因を性格のせいとはせずスキルが未熟であるとし，運動スキルの獲得過程をモデルとし，トレーニング次第で子どもは変わることができると強調した（相川，2000；Argyle，1967）。そのソーシャルスキルは社会的技術とも言われ，「人間関係をうまくやっていくために必要な知識と具体的な技術やちょっとしたコツ」とした。練習によってソーシャルスキルを獲得し，社会に上手く適応し，対人関係の悩みや葛藤を和らげていこうと意図されたプログラムがソーシャルスキルトレーニング（Social Skills Training：SST）である。

(3) ソーシャルスキルトレーニング

　SSTは，小学校・中学校・高等学校において道徳，総合的な学習の時間，特

別活動等において実践されている。最初に，①インストラクション（教示）：ターゲットスキルを学ぶメリットや学びへの動機づけ，②モデリング（観察学習）：表情や声の調子等の表現力を意識し，どういった行動が大切なのか正確な説明と合わせて適切なモデルなどを見せる，③リハーサル：実際にやってみるといった練習を繰り返し，それを観察する教師がフィードバックを行う，④フィードバック：どこが良かったのかまたは改善した方が良いのかを理解させる，⑤ホームワーク：学んだスキルを定着させるために意識的に日常生活の中で使用することを勧めるといった順に構成される。そのSSTを行った結果として，ソーシャルスキルの低い子どもの得点が高まり（江村・岡安，2003；藤枝・相川，2001），自尊心と「向社会性」が上昇し，攻撃性が低下すること（原田・渡辺，2011）が報告されている。

　さらに近年では感情教育が注目され，感情に焦点化したSSTも行われている（原田・渡辺，2011）（図1-5）。これまでに学習したスキルを再認識・再確認しつつ，感情に気づいてコントロールする「メタ認知」を通してスキルを精錬させ，自身が学ぶべきあるいは必要とされるスキルに気づいて獲得する「言語化」を取り入れた練習することで，ソーシャルスキルを向上させることができるとしている。例えば，「メタ認知」では，直面する問題や自身の状況を知ることを通して考え方や対人関係が気分に及ぼす影響を知り，また自身の感情に気づき，状況と対話しながら行動や思考を調整することができるようになる。「言語化」では，知識を学ぶことで認知的統合を進め，この繰り返しが自己を客観視する習慣を身に付けさせ，楽観的な思考や肯定的な自己陳述を増やさせる。特に，書くことは，書き手の肯定的な感情を促進し，否定的感情を低減させ，感情を客観的にみつめて整理する力が養われ，これにより感情をコントロールする力がつくとされている。

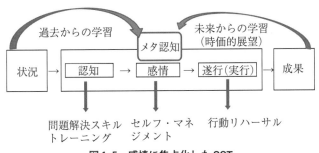

図1-5　感情に焦点化したSST

1-8 言葉の発達

(1) 言葉とは何か

　ここでは言葉は記号，つまり何かを示す，その何かではないものと定義する（丸山，1987）。例えば，音符のド（♩）は紙の上の形であって音ではないが，ドの音を示す記号である。同様にりんごという言葉もりんごではないがりんごを示すもの，りんごの記号である。記号の利点は様々あるが，まずは詳細で効率の良い情報交換，コミュニケーションが可能になる点であろう。さらに言葉によって時間・空間の制約を越えた思考が可能になる。私たちは記号を使うことで，今は目の前にないものを考えられるようになる。例えばモアイ像や溶岩のように遠くにあるもの・隠れているもの，恐竜や明日の天気のように昔のもの・未来のもの，心や愛のように形のないもの，魔法やドラえもんのように現実には今の所存在しないもの等である。その他にも，道路標識，法律，書類等，記号は現在の私たちの生活・社会・文化にとって不可欠かつ重要であり，保育・教育で伸ばすべき重要な力の1つと位置付けられる（厚生労働省，2008；文部科学省，2008 a，2008 b；内閣府他，2014）。

(2) 産声から声遊びまで

　人は誕生後，肺呼吸を始めるために産声を上げるが，言葉が音から生まれることを考えると，産声は言葉のはじまりとも言える。しかし生後1か月頃は反射的な発声，泣き，叫びといった，非意図的で止められない本能的発声が主である。これは空腹や苦痛など不快を表わす発声という点で感情を音で表現しており，既に音を一種の記号として使っていると言えるが，意図して使っていない点でまだ言葉とは言えない。なお，この時期は周囲からの働きかけに応じて，声以外の身体の動きで反応を見せる。これを相互同期性と呼び，大事なコミュニケーションの1つである。生後2～3か月頃になると，泣き・叫びとは異なる，喉の奥から細くクーと出す発声がみられる。お腹が一杯になった後など，落ち着いて満足している時によく見られ，快感情を示すとされる。これをクーイング（cooing）と呼ぶ。続いて4～6か月頃を中心に声遊びの時期が訪れる。赤ちゃんは金切り声やうなり声，唇を震わせる音など，自分の身体（口，唇，喉，お腹）や自分が出せる音を認識し始め，いろいろなパターンを試していると考えられている。この時期に耳にした音をもとに，日本語で言えば「あ，い，う，え，お」の母音やカ行の/k/，サ行の/s/などの子音，言葉の基礎をなす様々な音のバリエーションを自然と学習する。

（3）本能的発声以上，言葉未満：喃語

広く2〜11か月にかけて喃語(babbling)という，複数の音節を持ち，音としては言葉に近いが，まだ意味を持たない段階の発声がみられる(清水・森，2013)。はじめのうちは子音のはっきりしない過渡期の喃語(marginal babbling)であるが，6か月頃から母音と子音からなる規準喃語(canonical babbling)に移行する。「マーマー」のように子音と母音を組み合わせた音をリズミカルに複数反復する例が多い。その後11か月頃にはバ・ブーのように異音節を組み合わせた喃語に進む。何かを示す，その何かではないものである記号の段階にはまだ至っていないが，この段階で言葉の「運動」の準備が整う。

（4）言葉とからだ：指さし，共同注意，見立て遊び

喃語の発達と並行して9〜10か月頃の子どもは指さしを理解できるようになる。それ以前の子どもは，指をさすと目の前の指に注目し，指の方向が示す遠くの対象には注意を向けられない。この指さしは，言葉より先に理解される記号として注目されている。なぜならば指さしとは，何かを示す，その何かではないもの，という点で記号だと考えられるからである。

また，指さしの理解には，誰かと一緒に何かに注目をするという状況が伴う。このような注目の仕方を，誰かと共同で注意を向けるという意味で共同注意(joint attention)と呼ぶ。子どもの認知の枠は当初せまく，あるものに注意を向けるとそれを持っているお母さんには注意が向かず，お母さんに注意を向けるものには注意が向かない，という〈自分ともの〉や〈自分と人〉という2つの関係(二項関係)に留まる。しかし，指さしが理解できる頃には〈自分と人ともの〉という三項関係が理解できるようになる。こうした他者との関係の中でものと関わる経験は，言葉の理解や獲得にとって重要であると考えられており，三項関係の理解の成立は9か月革命とも呼ばれる(Tomasello, 1999)。

さらに10〜12か月ごろには，見立て遊び(pretend play)が見られるようになる。積み木で「ブーブー」と言いながら遊ぶ姿からは，言葉の獲得以前でありながら，積木があたかも車であるように見立てて遊んでいることがうかがい知れる。見立て遊びができるようになった後で初めての言葉が見られるケースが多いため，両者には密接な関係があると考えられている(正高，2001)。言葉の初期発達には，言葉そのものを教えようとすることよりも指さしや見立てを含む遊びを十分に繰り返すことが大事だと考えられる。

（5）言葉のはじまり：初語，一語文

様々な経験を蓄積して1歳を過ぎる頃に初めての言葉，初語がみられる。お

母さんを呼ぶ「マンマ」やご飯を指す「マンマ」などが代表的な例であり，特定の意味を持って発せられる言葉，有意味語である。この段階で初めて言葉の「感覚」が成立し，喃語で成立していた言葉の運動と併せて，大人と本質的に同じ言葉が成立したと言える。また，初語の始まりは，一語で構成される文，一語文の始まりでもある。なお，言葉の発達は個人差が大きく，決まった順序，種類で発達する訳ではない点には留意が必要である（小山，2008）。

（6）言葉の広がり：語彙爆発，文法，言い間違い

初語が見られた後，1歳4か月～8か月頃に語彙が50前後に増えると語彙爆発（word explosion；内田，2006）やボキャブラリー・スパート（vocabulary spurt；小山，2008）と呼ばれる語彙の爆発的増加期がやってくる。子どもはこの後6歳頃にかけて1日に約10～20語もの新しい言葉を覚える。そして，小学校に上がる頃には日常生活に必要な言葉のセットができあがり，簡単な日常会話が一通りできるようになる。この時期は周囲の大人や友だち，先生の何気ない一言ですら吸収してすぐに真似をしだすので，言葉遣いに気をつけなければと意識させられる時期でもある。なお，語彙爆発が始まるのは，つかまり立ちや一人歩きの発達が進んで，自ら動く経験の質量が増加した後にあたり，こうした言葉の素となる経験の広がりも重要である（江尻，2006）。いろいろな危険も伴うが，緩衝材やチャイルドロックなどを活用して，子どもの多様な探検をできる限り促したい。

語彙の増加に伴って「マンマ　チョーダイ！」「ブーブー　イッチャッタ」など二語文の発話が始まる。二語文の発話はどちらの語を先に言うか，という要素が前提として入る。このため，文の構造に関する規則（統語，syntax）をはじめとする文法の要素が加わる。初期の文法として主語，述語，目的語，指示語などの基本的な使い方，順序を覚え，助詞や非定型や過去形などの表現も徐々に可能になっていく。一方で言い間違いも多く，この傾向はさらに発達が進んで三語以上の多語文を使うようになるにつれ一時的に強まっていく（岡本他，2004）。しかし，基本的には言い間違いをあまりしつこく訂正する必要はない。小学校低学年頃までに自然と本人がおかしな部分に気付いて直していく例が大半であり，むしろ過度に訂正を受けると話すこと自体が嫌になってしまう恐れもある。言葉と意味の結び付きは本質的に恣意的である。間違いを気にするよりは，子どもがどの言葉を何の意味で使っているかに丁寧に耳を傾ける方が，子どもとのコミュニケーションはより楽しくわかりやすくなる。

（7）外言から内言へ―独り言，思考の内面化

1歳以降，言葉が喋れるようになるにつれて，私たちは言葉を使って考え始める。しかし，最初は，言葉を口に出さずに考えることが難しい。その証拠が独り言である。言葉を使い始めるとまず増加し，6歳前後で最も多くなるが，それ以降減少し，8歳以降はあまり見られなくなる。これは思考が内面化したことを示す。この時，独り言のように口に出して言う言葉を外言，口に出さずに心の中で使う言葉を内言と呼び区別する(1-2)。内言獲得以降，次第に私たちの思考は言葉中心になっていき，また冒頭で示した時間・空間の制約を越えた複雑で多様な思考を内言が支えていくのである。

（8）思考と言語―概念，言語相対性仮説，分節化

言葉の蓄積とともに，私たちの中には言葉と深く関わる知識体系ができあがっていく。例えば，どのネコをみても，同じネコというカテゴリーの動物だと理解できる。これはネコの概念(concept)が生まれることで可能になると考えられている。概念を持つおかげで，限られた数の言葉で多くの対象を表現したり，多くの対象をまとめて認識したりすることができる。また同時にネコとイヌを区別することもできる。当たり前にも思えるが，身近にいる4足の哺乳動物という意味では，かなり似通った存在でもあるのに概念が異なるため別のものとしてはっきり区別できるのである。このように言葉には物事を区別する力，分節化の力があることも知られており，文化差や個人差もある。

私たちは言葉の発達と同時に，世界を少しずつ分節化しながら概念を獲得していくことで，世界を少しずつ認識できるようになっていくのである。よって，言葉を覚えることは，ただ辞書の項目を増やすだけに留まらず，自分が認識し，生きていく世界を作っていくという大きな活動だとも言えるのである。

（9）言葉の発達全般に関する注意

本節で紹介した年齢はあくまでも平均的な例である。言葉の発達は個人差が大きいため，紹介した通りの発達が見られないからといってすぐに不安になる必要はない。言葉以外の発達も含めて総合的に考える必要もある。ただし，発話が全く見られなかったり，あまりに時期が遅れたりするようならば，生まれつきの言語障がいなどの可能性はゼロではない(9章参照)。言うは易しだが，心配し過ぎも油断し過ぎも良くない。そのためにもまずは知識を身に付けることが役に立つ。また，1人で悩まず家族や友人，同僚，定期検診時の専門家などに積極的に相談することも忘れてはならない。

1-9 読み書きの発達

　母語の読み書き能力（識字能力）とコミュニケーション能力を併せてリテラシー(literacy)と呼ぶ。これは生活，学習，職業などの文化的行為を支える基礎技能と位置付けられる。国際連合教育科学文化機関(1995)は，「日常生活において，簡単な文章の読み書きができる人」を識字者(literate)，この能力を獲得していない15歳以上の者を非識字者(illiterate)と定義しており，一般に成人全体に対する識字者の割合を識字率と呼ぶ。しばしば教育水準の国際比較の指標とされるが，地域や文化により言語の使用状況が異なるため，単純な国際比較ができない点に留意が必要である。その上で読み書きの発達を見てみよう。

（1）プレリテラシーからリテラシーへ

　幼児期初期には本を読む真似（身振り）やなぐり書きなどがしばしば観察される。これはリテラシーではないが，リテラシーにとって必要な身体動作の練習や興味関心の現れであり，プレリテラシー(preliteracy)の段階と呼ばれる。初期の読み書きは，組織的な学習がなくとも生活の中で文字に関連した活動を目にし，参加することから始まる（内田，1990）。また，子どもたちにとっては，文字の道具としての価値がわかるより前に，文字を読めた・書けた時の自分の喜びや養育者，先生の喜びの方が先に理解されていると言える。少なくともその始まりにおいては，子どもの読み書きに向かう素朴な好奇心を妨げず，読み書きの楽しさを伝えることが発達を促すと期待される。そのためには自然と言葉に触れられる環境を用意すると良い（濱名，2009）。

（2）読み書きを支える認知能力の発達

　読み書きを覚えるためには，複数の能力の発達を待たなければならない。まず，かな文字の聴覚的・視覚的分析能力が伸び，音声文字・書き文字そのものの認識が十分に進むことが必要である。書字のためにはさらに目と手の連動した動作（視覚＝運動協応）が必須となるため，リテラシーは一般的に「読み」から「書き」の順で発達する。

　岡本(1985)は，書き言葉を覚える前の話し言葉を一次的言葉，書き言葉を覚えた後の書き言葉と話し言葉を併せて二次的言葉と呼んで区別した。幼児期に一旦は完成した一次的言葉に書き言葉の新しい要素やルールが加わり，獲得に労力が要る二次的言葉の習得は子どもにとってしばしば苦しく困難な仕事となる。字が読めること，書けることの意義や楽しさを中心に発達を支えたい。

（3）書き言葉の発達

個人差はあるが概ね6歳頃から，まず外言(1-2)を伴う書字(oral writing)が始まる。この時期は単語の境界が無い続け字や，ピッチやアクセントに合わせた大文字・太字など，話し言葉の影響が強い。その後，徐々に外言を伴わない書字(silent writing)へと移行する。この時期になると話し言葉の影響は減り始め，話し言葉と書き言葉の違いを知って，少しずつ書き言葉調の文章が書けるようになる。さらに，文法や表現技法など，言葉についての言葉であるメタ言語能力などの発達が続く。また，文章自体にも注意を向ける余裕が生まれ，自発的に読み返したり，誤りを直したりできるようになる(4-7)。

(4) セミリンガル

子どもたちを含めた多民族・多文化化が進んでいる現在，大きな問題として言葉の壁が挙げられる。バイリンガルは二か国語を母語話者と同じように話せる者を指す言葉であるが，セミリンガルはどの言語も年齢相当の水準まで発達していない状態を指す(柴山・柏崎，2002)。9歳以前に異言語環境に移った子どもは母語の補強習得がなされないと，母語でも現地語でも会話や自己表現ができなくなり，無言期が続いたり，言語発達そのものが遅れたりする恐れがある(榎井，2009)。また会話は年齢相当にできている一方で，読み書き能力が両言語で不足し，抽象語や抽象的思考の発達が遅れるような部分的な問題もありうる。言葉には複雑で高度な思考を支える側面もあるためである(1-8)。このような場合，第二外国語としての日本語の学習に加え，母語の保持伸長も重要であり，保育・教育者はそれを支えられるのが望ましい。

(5) リテラシーの広がり

近年，リテラシーの概念は文字メディアだけでなく，映像の理解能力としての映像リテラシー，コンピュータ活用能力としてのコンピュータ・リテラシー，これらを統合した情報活用能力としての情報リテラシーに拡張されている。これは誤った判断をできる限り避け，適切に情報を理解し，利用するための能力を指す。比較的新しい概念で，読み書き能力はもちろん，知識や判断力，論理的思考力，メタ認知能力などを併せた総合的な能力と考えられている(楠見，2010)。インターネット，特に最近はSNS(FB, Instagram, Twitter, LINE, Mixi等)の利用能力もこれにあたる。

読み書き能力という言葉には，実際の読みと書きの能力だけではなく，生活・教育・就職などの社会・文化的な活動と結びついた意味が含まれている。その時代，その場所における社会・文化への適応能力と位置付けて理解すると良いだろう。

コラム1

脳からみた教育心理学　1．社会性認知

　私たちが社会生活をスムーズに送るためには，他者の気持ちを想像したり，行動を予測して，その場にふさわしい行動をとることが必要である。相手の表情から感情や意図を推論し，意図や注意を共有して他者と協力的に関わる機能を社会性認知(社会脳)と呼ぶ。こうした社会的な能力は，脳全体の働きとしてではなく，脳の特定の部位が関わっていることがわかってきた(Brothers, 1990)。
　1990年代にイタリアのリゾラッティ(Rizzolatti, 1992)らのグループが，サルの脳の運動前野の腹側部にあるF5という領域(ヒトの脳の44野に相当し，言語中枢のひとつであるブローカ野の一部)に興味深いニューロンがあることを発表した(Di Pellegrino, 1992)。サル自身が動作を行うときに活動するだけでなく，他のサルが動作を行うのを見ているだけで活動することから，ミラーニューロンと名づけられた。
　その後，ヒトの腹側運動前野(ブローカ野)や背側運動前野，頭頂葉，一次運動野などでも同様の性質が見られることが明らかになり，これらの脳領野を総称してミラーニューロンシステムと呼ぶようになった。他者の動作を見ているだけで，私たちの脳内でも同じ動作をコントロールするニューロンが活性化する。この鏡のようなメカニズムによって，同じ動作を心の中で経験できるため，私たちは他者が何をしているのかを直感的に理解することができる。動作だけでなく，身体感覚，感情，痛みなどについても，ミラーニューロンシステム同様の反応がみられ，例えば他者の痛そうな表情を見るだけで自分の痛みを感じる領野が活動し，情動的共感が生ずる。ミラーニューロンシステムは，他者と自己を同一化する自動的なプロセスである。こうした他者の行為を脳内で再現して，あたかも他者と同じ行為を行っているかのように感じる脳の働きによって，いろいろなことをまねて覚えることが可能になると考えられている。ミラーニューロンシステムは，他者の行動を模倣する能力，ひいては高度な技能や言語，コミュニケーションを学習する能力の基本となっている可能性が高い。
　さらに，外からは観察できない他者の欲求や信念を推論する「マインドリーディング」や「心の理論」の能力には，他者と自己を区別し，熟慮的で意識的なプロセスが必要である。心の理論課題としてよく使われる「誤信念課題」は，他者が現実とは異なる誤った信念を持っていることを理解できるかをテストするものである。心の理論に関わる脳の領域として，側頭極，上側頭溝後部，内側前頭前野が報告されている(Singer, 2006)。
　社会性認知は，直感的なものから熟慮を伴うものまで含まれ，自己と他者を同一化するか区別するかという違いもある。例えば友人が何かに触って痛い表情になったのを見て，自分も痛い感覚をもったという場合は，直感的に友人の身体感

覚が自己に同一化された例である。一方，友人のプレゼンテーションの改善点を考えて提案するという場合は，プレゼンの場や内容を踏まえてよりよく伝わる方法を推論し，友人の気持ちを慮りつつ提案しなければならない。この場合は，友人と自己を区別して，熟慮的に行う社会性認知の例である。マインドリーディングや心の理論は熟慮型の社会性認知に該当する。直感型，熟慮型，自他の同一化，自他の区別という違いを考えれば，それぞれ異なる脳領域が関与していても不思議ではない。このようにさまざまな脳内メカニズムが社会性認知を支え，私たちが他者と関わり社会生活を営むことを可能にしている。

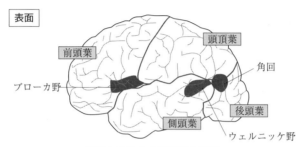

側面から見る大脳半球の構造

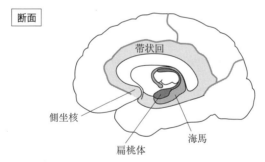

断面から見る大脳半球の構造

2-1 親子関係

(1) 子どもに対する親の影響

　子どもの成長に対して親の持つ影響力は大きい。かつては，親の養育態度が子どもの性格形成に与える影響について，非常にシンプルな見方があった。例えば，子どもの立場を尊重し，子どもの話をよく聴くような親のもとでは，思いやりのある子どもが育ち，逆に，子どもの状態をあまり考慮せず，子どもに対して一方的な指導や叱責をする親のもとでは，親に依存的で消極的な子どもが育つ，といったものである。しかし，親子関係とはいえ，人間関係の一つであるので，そこには相互作用がある。親から子への影響だけでなく，子どもの気質や性格に影響されて，親の態度やパーソナリティが変容することもある。

　最も大切なことは，親子関係の中で子どもが子どもらしく生活でき，発達し，成長し，自立することである。本項では，自立の観点から親子関係を論じる。

(2) 乳児期

　ポルトマン(Portmann, A.)が生理的早産(physiological premature delivery)と呼んだように，ヒトの赤ちゃんは未熟な状態で生まれてくる。そのため，親は真剣に子どもを守り育てようとし，赤ちゃんは声や表情やしぐさを通じて自分の存在をアピールする。乳児にとっては，安心できる環境があるか否かが大きな問題なのである。子ザルを用いたハーロウ(Harlow, H. F.)の有名な実験がある。ミルクはくれるが針金でできている針金製母親とミルクはくれないが布で覆われている母親とでは，後者に子どもはなつくのである。つまり，接触の快感がもたらす安心感が赤ちゃんには必要なのである。

　乳児期の発達はエリクソン(Erikson, E. H.)のいう基本的信頼感(sense of basic trust)がテーマになる(1-5)。自分の生れ出た環境が歓迎的であるのか，そこにいる大人は信じるに足る存在であるのかを赤ちゃんは確かめていく。また，ボウルビィ(Bowlby, J.)のいう愛着(attachment)の形成も大きな達成課題である。特定の人物(主に母親)と子どもの間に愛情の絆が成立することが重要である。基本的信頼感の獲得や愛着の形成は，乳児期だけでなく，その後の子どもの心身両面の発達にも安定感をもたらす。図2-1の乳児期のように，親にすっぽりと包まれて，赤ちゃんは育っていく。

　さらに，エインズワースら(Ainsworth et al., 1978)によって実証的に研究された安全基地(secure base)についても知っておきたい。何か恐ろしいことが

あっても，安全基地(養育者)に戻れば，なぐさめや勇気づけを得られる。その安心感があればこそ，幼児は探索行動に出ることで知的好奇心を満たしたり，人間関係を広げたりすることができる。つまり，知性や社会性の発達に安全基地は寄与するのである。

(3) 第一反抗期と幼児期

2～4歳にかけては親や保育者のいうことをなかなか聞かなくなる時期である。つまり，自分という存在ができはじめる時期である。この反抗期という子どもの活動を通じて，全てを親に包み込まれていた乳児期から，子どもは親からの自立の一歩を踏み出す。図2-1のように，親から少しはみ出せるようになる。保育所や幼稚園で集団生活を体験しはじめるため，他の子どもたちや保育者との出会いで心身の発達は早まるが，親と離れることによって，逆に親への甘えも高まるときがある。

(4) 児童期と第二反抗期

児童期は，ゆっくりと自立が進む時期である。しかし，小学校高学年くらいから思春期(puberty)に入る。そして，それは15, 16歳つまり高校生くらいまで続く。いわゆる反抗の季節である。第一反抗期が身体を自由に動かしたい時期であるとするならば，第二反抗期は心を自由に動かしたい時期ともいえよう。親や教師の言うことを聞かず，自分の心を作るために同年代の仲間との交流を大切にしはじめる。すなわち心理的離乳(psychological weaning)が始まる。親に対する甘えや依存を残しつつも大きく自立に踏み出していく。

第二反抗期を終えても長い青年期が続くのが現代の特徴である。そのため，親子関係においては，子が親から自立すること，すなわち親離れだけでなく，親が子に依存しないこと，すなわち子離れも大きな課題になっている。

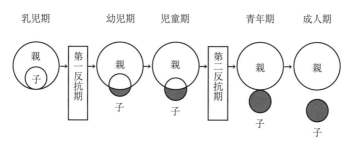

図2-1　親から自立する子どものプロセス(新井, 2000)

2-2 読み聞かせにおける読み手と聞き手の関係

　絵本の読み聞かせは，多くの場合，大人が読み手，子どもが聞き手となって，絵本の中に広がる世界を共有する活動である。近年は，絵本を通して親子のふれあいを促すことを目的に，自治体が0歳児検診等で絵本をプレゼントする「ブックスタート」という活動の広まりもあって，乳児期から家庭で絵本が読まれることも多い。ここでは，家庭での読み聞かせに注目し，読み聞かせにおける読み手と聞き手の関係について考えてみよう。

　母親と1歳の誕生日を迎える頃の子どもが絵本を読む場面を観察してみると，母親が一方的に絵本を読んでいるわけではないことがわかる。子どもが絵本に描かれている絵を指さし，母親が「あ，○○ちゃんの好きないちごね」などとその対象について声をかける，といったように，聞き手である子どもが読み聞かせにおいて一定の役割を果たしているのである。菅井ら(2010)は，このような子どもの指さしに注目して母子のやりとりを観察した結果，絵本を読んでいる際の子どもの指さしは1歳半，2歳半の時期に多いこと，時に子どもの指さしは，絵本に描かれた絵に対応する周囲の実物にまで及ぶことを明らかにしている。子どもは言葉が十分に話せない時期から，絵本の世界に対する関心を読み手である母親とダイナミックに共有しようとしているのである。このような絵本をめぐる読み手と聞き手の実際の様子をより適切に表現する言葉として，最近では，絵本の読み手から聞き手への一方向性を連想させる，絵本の「読み聞かせ」から，読み手と聞き手の双方向性を重視した，絵本の「読みあい」が用いられることも増えている。

　では，発達初期におけるこのようなやりとりにはどのような意味があるのだろうか。トマセロ(Tomassello, 1999)は，互いが異なる関心をもつ存在であることを理解した上で，指さしや視線などによって互いの関心をすり合わせることを共同注意(joint attention)と呼び，他者を通じて言葉や知識を学ぶ基盤であるとしている。実際，トマセロは，1歳から1歳半の期間，共同注意により多くの時間を費やした子どもほど1歳半の時点でより多くの言葉をもつこと(Tomassello& Todd, 1986)，さらには，母親が自らの注意に子どもの注意を向けさせるのではなく，子どもがすでに注意を向けているものに対して声をかけるほど，子どもがより多くの言葉を学べること(Tomassello & Farrar, 1986)を明らかにしている。つまり，読み手である大人が子どもの興味関心を考慮せず，絵を指さして言葉を子どもに教え込もうとするのではなく，聞き手である

表 2-1　同じ箇所での同じトピックをめぐるやりとり（齋藤，2015 を一部改変）

【女児 3 歳 8 か月：1 回目】

発話者	発話［行動］
母　親	「きつねのおきゃくさま」だって〜。どんなお話かな〜
子ども	きつねが，きつねが，
母　親	うん
子ども	きつねがおきゃくさまかな〜？ ［ページをめくって］
母　親	きつねがおきゃくさま？そうかな〜？ ［ちょっと笑う］

【女児 3 歳 8 か月：2 回目】

発話者	発話［行動］
母　親	「きつねのおきゃくさま」
子ども	きつねがおきゃくさまじゃないんだよ ［ページをめくって］
母　親	そうなの？ ［驚いたように］
子ども	そうだよ！ ［得意げに言う］

子どもの示す興味関心に寄り添う中で，子どもの言葉や知識の獲得が促されるのだといえる。

　読み手が子どもの興味関心に寄り添うことの重要性は，言葉でのやりとりが中心になる時期でも同様である。齋藤（2015）は，3〜5 歳児とその母親が同じ絵本を繰り返し読む際，表 2-1 のように，同じ箇所で同じトピックをめぐってやりとりが生じることに着目し，そこでの母親の反応を分類した。結果，このような箇所では，表 2-1 の母親のように，子どもの反応を受容，共感し，子ども自身に考える余地を残すことが多く，母親が子どもに答えを明示して説明するようなことや，子どもの反応を無視するようなことは少ないことが明らかになった。子どもにとって，読み手の受容的，共感的な関わりは絵本の世界を楽しみ，自らの興味関心を追求する動機づけになっているのである。

　絵本の読み聞かせの中で子どもは言葉や知識を学ぶことがある。しかし，それは読み手である大人が一方的に与えることで生じるものではない。読み手と絵本の世界を共有，共感する楽しみの中で，副次的に子どもの中で学びが生じるという捉え方が重要であるだろう。

2-3 友人との関係

(1) 友人関係の3つの発達段階

　子どもたちの人間関係は，ギャング・グループ，チャム・グループ，ピア・グループという集団の発達段階説で捉えることができる。これは，図2-1，すなわち親からの自立のプロセスと密接に関係している。では，この3集団の特徴を保坂(1996)に従ってまとめよう。

　①**ギャング・グループ**(gang：群れ，徒党)［時期］児童期後半(小学校高学年頃，ギャングエイジ)［典型］同性同輩，特に男児。［特徴］集団の成員がみな同じ遊びをするなど，同一行動をとることで，集団の一体感が重要視される。集団でいたずらやルール破りをすることもある。

　②**チャム・グループ**(chum：仲良し，親しい友)［時期］思春期(中学生頃)［典型］同性同輩，特に女子生徒。［特徴］興味や関心が似た集団で，集団の成員間の共通点や同質性を確認しあう言語活動がみられる。

　③**ピア・グループ**(peer：同等の仲間，同僚)［時期］青年期［典型］男女混合。年齢に幅。［特徴］共通性や同質性だけでなく，異質性も取り込んだ集団である。何に価値を置いているか，どんな将来を見据えているか，などが話題となる。そこで自分とは異なる他者の存在を知り，そのことによって自分自身に対する気づきを深める。

　現在，この見方では子どもたちを捉えにくくなってきている。ギャング・グループは消滅，チャム・グループは肥大化，ピア・グループは遷延化しているという。消滅とは成立しなくなったことを指す。肥大化とは，期間の長期化である。遷延化とはその終わりが延び延びになることである。なぜこのようなことがおきるのだろうか。

　最近，町の公園や路地で遊ぶ子どもの姿がめっきり減ってきた。少子化によって子どもの数が減ったこと，塾や習い事で放課後が多忙化したこと，防犯などの理由から外遊びを控える家庭が増えたこと，ゲーム機の普及で内遊びをする子どもが増えたことなどいろいろな原因を挙げることができる。外遊びをしている子どもを見つけても，大人が見守っていることも多い。そのため，子どもがつくる集団には，規模が小さくなる，活動が不活発になるなどの量や質の変容が起こっているのである。これではギャング・グループを経験しないまま，チャム，ピアといったグループへ進むので，以前ほど集団が明瞭でなくなったのも当然といえるだろう。

（2）子どもたちの人間関係を把握する方法

不明瞭になった集団を把握することはできるのだろうか。ここでは，「学級」という学校教育上の集団を客観的に捉えようとした試みを2つ紹介したい。

まず，ソシオメトリック・テストである。例えば，クラスの子どもたちに，「遠足に行くとしたら，バスの座席で隣に座って欲しい人はだれですか」と尋ねるとする。その回答を集計し，表（ソシオマトリックス）にすると，選ばれやすい子ども，選ばれにくい子どもがわかる。こうすることで，クラス内での選択・排斥関係が見えてくる。ソシオマトリックスをもとに，図示（ソシオグラムに）すると，人気のある子，孤立している子などがはっきりとわかる。このように，ある場面を仮定して質問し，その回答から子どもの好き嫌い感情をとらえ，学級集団内の子どもの地位やまとまり具合を捉える方法である。

そして，ゲス・フウ・テストである。例えば，「クラスのなかで人をよく助ける親切な子はだれですか」など，実際の行動の傾向を問い，その回答を集計することで，子どもそれぞれの集団内での様子を捉える方法である。学級集団内での子どもの地位や性格あるいは行動の特性がわかる。

以上2つの方法は大変よく知られた方法ではあるが，十分な準備と結果の管理，および実施の必要性の慎重な吟味が不可欠である。特に，実際のクラスメートの名前を挙げさせる方法は，それまで無自覚であった他者への評価を顕在化させることにもなるので，このテストの実施自体が集団の構造に変化をもたらすことがあること，例えば人間関係の悪化やいじめなどの発生につながることを，よく認識しておく必要がある。

近年，日本の教育現場で活用が増えてきた方法がある。楽しい学校生活を送るためのアンケートQ-U（Questionnaire-Utilities）とよばれるもので，学級満足度尺度（いごこちのよさ）と学校生活意欲尺度（やる気）から成り立っている。尺度を構成する質問項目は，「あなたをはげましてくれるひとがクラスにいますか」のようなものであり，回答は数値評定である。ソシオメトリック・テストやゲス・フー・テストのように，子どもの名前を挙げて回答するものではない。河村（2007）によれば，①一人一人の子どもの学級生活の満足感および学校生活における意欲，②学級集団の成熟状態や雰囲気，③学級生活の満足感および学校生活の意欲に関する子どもたちの相対的位置，が把握できるという。

2-4 学級における教師との関係

(1) 学級とは

　集団には様々な種類がある(平山，2000)。例えば，遊び友だちなど，親密な人々で構成される集団を一次集団，学校や企業など特定の目的で形成された集団を二次集団と呼ぶ。また，明確な組織やルールを持つ集団を公式集団，心理的な絆をもとに形成される集団を非公式集団と呼ぶ。特に，個人の意思決定や態度に所属集団が影響を及ぼす場合，それは準拠集団と呼ばれる。

　学級という集団は，学校において教育を行うという明瞭な意図により作られたので二次集団である。そして，学校という組織の中に明確に位置づけられ，様々な規則によって管理・運営されるので公式集団でもある。しかし，子どもどうし，あるいは子どもと教師の間の反目や打ち解けあいを経て，親密さと心理的結びつきが強まると，一次集団あるいは非公式集団のような雰囲気を帯びることがある。また，学習や給食，クラブ活動などを共に体験することによって，個々の子どもは学級への帰属感を増すため，準拠集団となる場合もある。

　学級は，その集団に属する子どもの態度や行動に作用するが，さらにその集団の特性に強く影響を与えるのが教師，特に学級の担任教師である。学級の雰囲気(風土)は教師の指導方針や態度，パーソナリティを色濃く反映する。

(2) 教師の影響力

　リーダーシップを説明する PM 理論(三隅，1986)から，学級における教師のリーダーシップのあり方について考えてみる。P(performance)機能とは，集団が目標を達成するために，計画を立てたり，実行したりするなどのリーダーのはたらきである。M(maintenance)機能とは，集団をまとめたり，人間関係を強めたりするリーダーのはたらきである。教師はP機能とM機能の2つのリーダーシップを兼ね備えることが理想的ではあるが，様々な子どもの成長を促す学校教育という場にあっては，教師のM機能の重要性は今後増していくと思われる。

　愛情と統制の二次元による教師リーダーの類型を紹介したい(図2-4)。受容と自律で「溺愛型」，拒否と自律で「放任型」，統制と拒否で「権力型」，受容と統制で「過保護型」となる。そのどれかがよいというわけではない。岸田(1987)は「好ましい型は，愛情と統制の各々の次元が，適切な状態に保たれていること」であり，図2-2で原点を中心とした四角枠内ということになる。学級内の安心や安全のために，規律的・支配的であるが，愛情を持ちつつ指導的

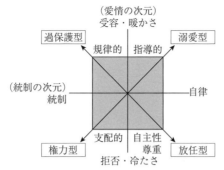

図2-2　教師リーダーの類型(岸田, 1987)

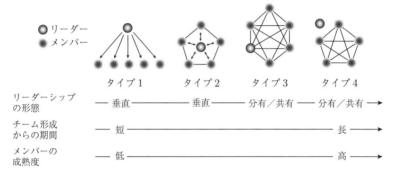

図2-3　チームの発達とチームリーダーシップ形態(池田, 2009)

で，子どもの自主性を損なわない教師が理想であることがわかる。

(3) これから望まれる教師と児童生徒の関係

　これからは児童生徒の主体的な学習が求められている。教師のリーダーシップは，個々の子どもたちの力を発揮させること，子どもたちの相互作用により，学びの増分をより多く引き出すことに適合していなければならない。

　そこで図2-3を，ここでは学級に置き換えて考えてみたい。タイプ1は4・5月頃の学級の状況である。子どもたち相互の関係は弱いので，リーダーとしての教師は子どもと1対1の関係を作り，学級を維持する。6・7月頃がタイプ2で，子どもたちの人間関係ができ始めるので，それをうまく活用できれば，教師の負担は減り，集団の活力は増す。さらにそれが上手く展開すれば，タイプ3のように，教師が子ども集団にとけこむことができる。最終的に，タイプ4のように教師がチームから外れ，子どもたちだけのグループで学習等の諸活動が運営できるようになる。ここに至るプロセスは一様ではなく，また容易ではないが，主体的な学びを確立するための理想的過程の1つといえよう。

2-5 教わる側の準備状態と教える側の構え

(1) 学習者の準備状態(readiness)をどう考えるか

　人間の発達に影響するのは遺伝なのだろうか，環境なのだろうか。それを教育において考える際には，レディネス(readiness)という言葉が用いられる。学習者がある学習を効果的に行うための準備状態のことである。

　よく取り上げられる例として，ゲゼルとトンプソン(Gesell & Thompson, 1929)の「階段のぼり」の実験がある。彼は，一卵性双生児(遺伝的に同一)の幼児の一方に，早めに階段のぼりの練習を開始し，他方の幼児には遅れて練習を開始した。しかし，早期に練習を開始しても，その効果が見出されなかった。その結果から，遺伝すなわち成熟を重視すべきで，レディネスが整うのを待った教育をすべきだという主張につながった。いわゆる待ちの教育である。

　一方，ブルーナー(Bruner, J. S.)は，著書『教育の過程』において，次のように述べている。これは待ちの教育とは反対の発想である。

　「どの教科でも，知的性格をそのままにたもって，発達のどの段階のどの子どもにも効果的に教えることができるという仮説からはじめることにしよう。これは，教育課程というものを考えるうえで，大胆で，しかも本質的な仮説である。それと矛盾する証拠はなにもないどころか，それを支持するかなりな証拠が集まっている」(p.42)

　では，結局どのように考えたらよいのだろうか。1つの有力な発想として，ヴィゴツキー(2001)の発達の最近接領域(zone of proximal development)がある。彼は次のような例を挙げている。果樹園の持ち主が，すでにりんごの実をつけた成熟した木だけを見て，自分の園の状態を把握しようとするならば，判断を間違うだろう(p.298)。これから実を成すであろう，成熟しつつある木も含めて，果樹園全体の様子を吟味しなければ，将来の収穫を見誤るからである。図2-4で考えてみよう。学習者が自ら一人の力でやり遂げられることがある。これを現下の発達水準とする。一方，先生の手助けやクラスメートとの協力があれば，その学習者が何とかやり遂げられることもある。これを明日の発達水準と呼ぶ。この2つの発達水準の間に発達の最近接領域(学びの可能性)がある。他者からの支援あるいは他者との協同があって可能になっていることを，次第に学習者単独でできるようになるのが学びである。そして，現下から明日の発達水準に移行することが発達である。学習者の最近接領域に働きかけること，そして，この学習者の次の最近接領域を作り出していくことが，教育

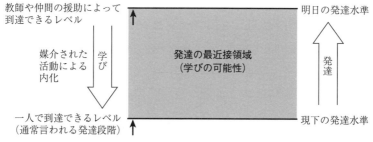

図 2-4　発達の最近接領域(佐藤，2004)

という活動の役割であると考えるのである。

(2) 教師の構えが子どもの学習にどう影響するか

　学習は学習者側だけで成立するわけではない。教育する側が学習者に対して持つ態度，すなわち構え(set)が学習者の学習に影響することもある。教師は，なるべくありのままの子どもの姿を見ようとする。しかし，子どもに関する情報を得るうちに，また，子どもと実際に交流するうちに，子どもに対する歪んだ，あるいは誤った見方を形成してしまうことがある。その結果，子どもへの指導や評価に影響が出る場合がある。すでに知られているいくつかの効果（現象）を紹介する。その知識を持つだけでも，認知の歪みが自覚できる。

　まず，ローゼンタールとジェイコブソン(Rosenthal & Jacobson, 1968)によって見出された教師期待効果あるいはピグマリオン効果(Pygmalion effect)という現象である。子どもに対して予断を持ってしまうと，その判断が間違っていたとしても，実現してしまうことである。例えば，「将来，A君は数学で大きな伸びを見せるだろう」という情報（実は正しくない情報）を教師が入手してしまうと，A君に対する期待が教師に形成され，A君に対する教師の実際の働きかけに変化が生じるなどして，実際にA君の成績が上がってしまう，というものである。

　また，光背(後光)効果(halo effect)という現象がある。ある子どもが顕著な特徴を持っていると，それがその子の他の属性の推測にも影響することである。例えば，ある生徒の学力が高い場合，信頼できる，思いやりがあるなどの性格についても判断をしてしまうことである。

　なお，単純接触効果(mere exposure effect)にも注意したい。接触する機会の多い物や人への好感度が増す現象である。社交的な子どもには評価が高まり，そうでない子どもには評価が高まりにくい可能性が懸念される。

2-6　教室におけるコミュニケーション　話し言葉　1

　学校教育法に規定される教室という意味では，幼稚園も小・中学校，高校，大学も全て教室を持っている。また，保育所のクラスも教室に含めて良いだろう。しかし，その中で行われる言語コミュニケーションには共通点もあれば相違点もある。本節では「本を読む」場面に注目し，保育と教育を対比させながら，先生と子どもの教室におけるコミュニケーションについて考えてみたい。

（1）保育：補填・足場作りのためのコミュニケーション

　保育における先生と子どものコミュニケーションの特徴は，補填や足場作りを目標とする点である。例えば，保育における本読みの典型，読み聞かせを取り上げると，先生はまだ自分一人では絵本の読めない子どもに代わり，文字を読み，絵を指さし，時には身体全体でお話を表現することで子どもの読解力を補う。この場合，話すのは先生で子どもはもっぱら聞き役に回る。それ以外の場面でも，会話が続かなければ先生が子どもの言いたいことを予想して代弁する。けんかの仲裁では，まだ十分に自分の気持ちや状況を言葉にできない子どもたちのために，先生が状況を確認し，子どもたちの気持ちや考えを代弁し，望ましい解決策を提案する（森野，2013）。このとき，保育者は子どもの言葉，考え，気持を拡張し，子どもの不足している認知能力を補っていると言える。子どもはこのような補填や足場作りに支えられつつ，徐々にそれらは取り外され最終的に自らの力でできることを増やしていく。以上のように保育場面では，子どもの能力や認知を補うための話し言葉が特徴である。

（2）教育：獲得・伸長のためのコミュニケーション

　教育における先生と子どものコミュニケーションの特徴は，新しい能力の獲得や既に持っている能力の伸長を目的とする点である。例えば，国語における音読を取り上げると，子ども自身が声を出して本を読み，先生は指示や支援に回る。これは，子どもたち自身が話す力を獲得し，伸長する練習をするためである。また，教科書読みには音読と朗読2つの段階が仮定できる。音読は単純に口に出して読むことであるが，朗読は感情を込めて読む点で異なり，そのためにまずお話の内容と主人公の心情を深く理解する必要がある（福田・楢原，2015）。児童期初期には，まず音読が精一杯で朗読は困難であるが，読みの能力を向上させることで徐々にこのような深い読みが行えるようになる。この時は，子どもは補われる存在というよりも主体的に言葉を使う存在として捉えられており，先生の言葉かけもそれを目ざしたものとなる。

このように，教育場面では，子どもの能力や認知の獲得や伸長を促す話し言葉が特徴である。

(3) 2つのコミュニケーションの対比から

保育場面にも獲得・伸長の，教育場面にも補填・足場作りのためのコミュニケーションがあるため一概には言えないが，年齢が若くなるほど補填・足場作りの割合が多くなり，年齢が高くなるほど獲得・伸長の割合が増えると言えるだろう。しかし，補填・足場作りは成人期以降を含め，状況に応じていつでも必要になる。新奇な内容に接する時，疲労している時や余裕のない時には補填・足場作りに常に立ち戻れることが重要である。また，2つのコミュニケーションは無関係ではない。就学前および小学校1年生のときによく聞ける子どもは小学校3年生にはよく読める子どもになること，就学前の口頭言語力と就学後の文字言語能力の間に強い関連があることが示されている(滝口，2013)。したがって，十分な補填・足場作りのコミュニケーションを経験した子どもたちは，獲得・伸長のコミュニケーションがより促進されると考えられる。

(4) コミュニケーションを支える力：共同状況モデル

これら2種類のコミュニケーションに共通して必要になるのは他者の立場に立って物事を考える，感じることである(1-6)。これは視点取得能力(perspective taking ability)とも呼ばれる。先生は子ども・学生の立場に立つためにこの能力を必要とし，子ども・学生はこの能力を成長させることが保育・教育を受ける目的の一つと位置付けられる。そして，その力を伸ばすための方法の一つが本を読むことなのである(4-4)。再び読み聞かせを例に挙げると，読み聞かせ場面には集団で1つのお話の状況モデル(4-2)を作るという面がある。ここではこれを共同状況モデルと呼ぶ。その好例として，読み聞かせを行った絵本の世界が子どもたちの間で共有され，遠足や劇，絵本作りへと広がっていく活動例も報告されている(岩附・河崎，1987)。同様に，朗読は教科書読みから成人を対象に行われる芸術活動までを含み，他の生徒・先生や聴衆と共同状況モデルを作る活動だと言える。さらに共同状況モデルは本を読むという領域だけではなく，特定のテーマで班活動を行う際や，仕事において複数人でイメージを共有する際にも必要になる(松本，2013)。

以上のように，教室で本を読むという場面1つを比較しても異なるコミュニケーションが行われている。しかし，それらは相互に支え合う関係にあり，また他者の視点に立つという能力が共通項となっている。区別した上で双方を活用したい。

2-7　教室におけるコミュニケーション　話し言葉2

　コミュニケーションの発達を考えると，1対1のやり取りが基礎である。そのような中で，コミュニケーションスキルを培った子どもたちが，学校という場で1対多の新しい場面に適応しなくてはならない。それは，生活言語である一次的言葉から，時空間を隔てた不特定多数に伝えるための言語である二次的言葉への変換を意味し，子どもにとっては難しい課題である(1-9)。

　特に，単なる休み時間の会話ではなく，授業におけるコミュニケーションの型に子どもは慣れる必要がある。例えば，授業内での教師と生徒のやり取りでは，主に教師が働きかけ(initiation)，生徒が応答し(reply)，それに対して教師が評価(evaluation)するといったIRE型の発話パターンが通常行われている(Mehan, 1979)。この対話方法では，学習者を情報の受け手として考えている(Fisher, 2005)。

　しかし，現代の社会では，読み書きによる効果的なコミュニケーション能力や背景が異なる人々といっしょに働く能力が求められている。このような社会的要請に対して，IRE型対話法だけでは対処できない。経済産業省でも社会人基礎力を「前に踏み出す力」「考えぬく力」「チームで働く力」といった能力によって構成されていると定義づけている(表2-2)。この「前に踏み出す力」や「チームで働く力」を構成している下位能力では，働きかけられて，それに対してのみ答えるといった受動的な学習者を想定していない。また，IRE型対話では，教師は答えがある質問を行っている。しかし，表2-2の「考え抜く力」が求めているのは，正解がある問いに対する答えではない。

　このような社会の要請により，学習者は単なる知識の受け手ではなく，教室における集団のメンバーとしてのアイデンティティを持ち，1対多のコミュニケーションスキルを獲得しながら学習課題を学ぶ主体である，という学習観へ現在では変化してきている。それにともない，教室におけるコミュニケーションも，特定の目的をもった学習者たちによって行われる社会的プロセスと考えられ始めている(Cazden & Beck, 2003)。

　では，教室におけるコミュニケーションスキルはどのように学習されるのであろうか。まず，ルーチン化された談話のスキルは，入学当初から教師主導で行われる。前述したIRE型から逸脱した発話に対して，つまり，指されていないのに発言する児童に対して，教師は注意を与える等により統制を行う。また，朝の朝会のような決まりきった手順がある談話も，4月頃は教師主導で行

表 2-2 社会人基礎力(経済産業省, 2006 を改変)

3つの能力	能力要素
前に踏み出す力(アクション) 一歩前に踏み出し，失敗しても粘り強く取り組む力	主体性：物事に進んで取り組む力 働きかけ力：他人に働きかけ巻き込む力 実行力：目的を設定し確実に行動する力
考え抜く力(シンキング) 疑問を持ち，考え抜く力	課題発見力：現状を分析し目的や課題を明らかにする力 計画力：課題解決に向けたプロセスを明らかにし準備する力 創造力：新しい価値を生み出す力
チームで働く力(チームワーク) 多様な人々とともに，目標に向けて協力する力	発信力：自分の意見をわかりやすく伝える力 傾聴力：相手の意見を丁寧に聴く力 柔軟性：意見の違いや立場の違いを理解する力 状況把握力：自分と周囲の人々や物事との関係性を理解する力 規律性：社会のルールや約束を守る力 ストレスコントロール力：ストレスの発生源に対応する力

われるが，7月になると児童主導のもとで朝の会は運営されるようになる。そして，児童主導の朝の会では内容豊かなものとなり，クラスにおける対人関係も密になっていく(清水・内田, 2001)。

一方，ルーチン化されていない談話のスキルも教師が児童に対して様々な支援をしている(磯村・町田・無藤, 2005)。例えば，授業で発言をする児童が教師だけに向かって話をした場合，教師は「みんな」に話すように促し，教室全体で学習していることを強調する。その際，発言をする児童に対して，体をみんなの方に向ける，視線を巡らすといった非言語的なコミュニケーションスキルも教えている。

このように，1対多のコミュニケーションの方式は，教師による支援の中で子どもたちは学んでいく。そのような学習過程の中で，すでに学習者が持っている個別の知識を他の人と共有し，相互作用を行うことにより効果的な問題の解決が図られる。例えば，肺の働きに関する理科の授業の中で，人体に関する概念を洗練していく子ども同士の発話を村瀬(2005)が紹介している。Aは，心臓のポンプの働きを補助する役目として肺を「中継地点」であると発言した。それは肺の機能としては正しくないが，その言葉を教師は板書した。板書された言葉をきっかけに，様々な発話が起こり，最終的にBが「中継地点」の意味を変化させ，血液の中の要・不要な物を受け渡しする肺の機能を指摘し，クラス全体で共有することができた。ここでの子どもは知識の単なる受け手ではなく，集団の中で積極的に問題解決をする主体的な学習者である。

2-8 教室におけるコミュニケーション　書き言葉

　発達的にみると書き言葉は話し言葉よりも遅く発現し, 音韻意識と文字との対応関係に気がついて初めて学習が進む(1-9)。また, 頭の中にあるアイディアを言葉にするためには, 複雑な処理が必要となる(4-6)。そのため, 書くことだけに注意が向き, 誰にむかって書くのかという一番重要な目的を見失ってしまうことがある。

　コミュニケーションをすることは, 自分と他者の間で世界を共有することである(福田, 2012)。相手が何を知って何を知らないのか, 何を知りたいと思っているのか, 自分に対してどのくらい関心があるのか等々, 相手に関する知識が必要となる。話し言葉の場合には, 目の前の相手からの言語的な情報や, 声のトーンやイントネーションなどの準言語的な情報, そして, うなずき, 視線, 姿勢などといった非言語的な情報を得やすく, 即座に対応ができる。しかし, 書く場合には読み手の反応に即座に対応はできない。そのため, あらかじめどんな人が読むのかを想定し, 書く内容や構成, 使用する表現を決めなければならない。読み手意識(audience awareness)を正しく持つことにより, 他の人に読んでもらえる文章ができる。

　読み手意識という観点から, 読書感想文を書く活動を考えてみよう。例えば, 漠然と, 課題図書の感想文を書きなさいと言われても, 何を書いていいかわからないという不満があるだろう。これは, 読み手は課題を出した教師なのか, それとも本を読んだことがない人なのか, 読み手の情報がないためである。また, なぜ, 自分の感想に関して評価されるのかといった不安もあるだろう。そのような不安は, 何が評価されているのかがわからないためである。

　これらの不満や不安に対して, 書評を書く活動が一つの解答になる(松川・松本・新子, 2007)。表2-3は, 5年生が2年生に絵本を紹介する例である。書評中, 物語のあらすじは途中までしか書かれていない。これは2年生に続きを読みたいという気持ちにさせるための工夫である。また, 2年生向けなのでルビも振られている。そして, 「元気なプレッェルの楽しいお話です」と書き手の感想が書かれている。一方, 表2-4では, 想定される読み手である校長先生にとって, 有用な情報が書かれているから読んでくださいといった書き手の評価が明確に示されている。これらの例は5年生でも読み手意識を持つことにより, その相手にあった書き方ができることを示している。また, 読んでもらうように本を紹介するといった目的が明確であると, それに沿って自分の感想

表 2-3　小学 2 年生向けの書評例(松川他, 2007 を改変)

〈**本の名前**〉どうながのプレッツェル　〈**作者**〉マーグレット・レイ(文)，H. A. レイ(絵)
〈**発行会社**〉福音館書店　〈**発行年**〉1978 年
　生まれて 9 週間目から兄弟たちより体が長く育った「プレッツェル」。
同じダックスフンドのグレタを好きになり，思いきって言ったけれど，「どうながはきらい」と言われて，なかなか好きになってくれません。
この後の二人はどうなる！？
元気なプレッツェルの楽しいお話です。
この本は犬好きの人におすすめです。

表 2-4　校長先生向けの書評例(松川他, 2007 を改変)

〈**本の名前**〉家族でできるボランティア　〈**作者**〉こどもくらぶ(編者)
〈**発行会社**〉偕成社　〈**発行年**〉2000 年
　この本は自分達でできるボランティアがたくさんのっています。この本を読むと，自分達は何をどうしてリサイクル・ボランティアしたらいいかがわかります。写真や絵ものっていて，短い言葉でまとめてあるので，とても分かりやすい本です。リサイクルのまん画ものっているので，ぜひ読んでみて下さい。
この本は図書館のボランティアシリーズのところにおいてあります。

も不安なく書ける。

　また，教師と児童・生徒間の日記の交換も学校でよく行われている活動の一つである。秋田(2000)は，子どもの日記に対して，単なる感想や励ましだけではなく，子どもの気づきにさらなる問いかけをすることによって，日記の交換が子どもの学習をさらに進める道具になる可能性を示している

　最後に，他者を意識してない，自分を読み手とした教室における書く活動であるノート取りを考えたい。授業においてノートを取る目的は，教師からの情報を取捨選択して記録するためだけではない。新しい情報を自分の既有知識と結びつける内的関連づけを行い，授業外に自分のノートを見直して，さらなる情報を集め書き込む外的関連づけといった知の再編成を行う重要な活動である(Kiewra, 1991)。このようなノートテイキングの量と授業内容の再生量には正の相関がある(岸・塚田・野嶋，2004)。さらに，量だけでなく，自分が書いた内容を多く再生するといった質的な違いもある(魚崎，2014)。最近，パソコンでノートをとっている学生を見かけることがある。しかし，手書きでノートを取る方法とキーボード入力を比較すると，入力速度も，情報の理解度も手書き方が有効である(ズルキフリー・田野・岩田，2008)。自分の知識を再構成するために，ノートを手書きでとってみたらどうであろうか。

2-9 教師のキャリア形成

　教師は，教育公務員特例法第4章で「日々の研究・研修を積み重ね，教師としての力量を形成していくこと」が求められている。その教師の専門性の中核である授業は，先輩教師の授業構想・教材研究・具体的な展開を模倣して授業を繰り返す。先輩や同僚教師から助言・指導を仰ぐなどを経て自らの教師像を構築する。同時に，教科の専門性，教育方法，児童生徒の学習過程や発達段階，学級集団の力動や授業の展開などを支える理論も学び，実践と理論を往還してキャリアを発達させていく。常に向上心，探求心，省察力を持って臨み，日々の実践の中で反省的省察を行って実践知を蓄積し，生涯を通して教師としての力量を向上させていくことが求められている。

(1) 教師としてのキャリア成長

　教師生活を続けるなか，教育観・子ども観・教師観において変化や転換期を迎え，職場環境，個人や家庭生活，加齢における変化などをきっかけに教師のキャリア成長は変化することがある。表2-5に，その平均的なライフコースを示す(山崎，2012)。

(2) 心身の健康の維持とバーンアウト

　一方，教師の精神疾患による病気休職者数は，在職者において0.55%(5,078人)を占め，40代・50歳代以上の割合が高い(文部科学省，2015)。休職となる背景には，やりがいがある反面，仕事の範囲が広く終わりがない上に多忙，保護者や同僚等の対人関係や教育観の違いが挙げられる。また，児童生徒及び保護者のニーズや役割責任を全うしようと頑張りすぎることで必要以上に仕事を抱え込むことにもつながりやすく，「校務」「同僚」「上司」「保護者」「生徒指導」といったストレッサー要因が挙げられている(福沢，2008)。特に，中学校の教師，あるいは女性教師はストレスが高く(河村，2002)，学級担任をしている教師はしていない教師よりも働きがいは高いが疲弊度も高い(伊佐・新谷・鈴木，2012)。そのため，ストレスによる日業務の疲れ果てて燃え尽きた状態のバーンアウト(燃え尽き症候群)にもつながりやすい(貝川，2009)。タイプとしては，「何もかも嫌だと思う」「出勤前に，職場に出るのが嫌になって家にいたいと思うことがある」「現在働いている学校(学級)を変わりたいと思うことがある」といった疲労蓄積型と「教師以外の仕事がしたい」「進学したいと思うことがある」といった発想転換型の2つの休職・退職意識傾向がある。このように頑張ったが認めてもらえない，否定される等の状況が生じると，徒労感，

表 2-5　教師のライフコース

第一期：初任期前期（入職後約 5 年）
教師になる前に抱いていた教師像，教師と生徒の関係，学校教育について理想と現実の違いにリアリティショックを受けるが，そのショックを抱えながら無我夢中の状態のなか，試行錯誤で日々の実践に取り組む。この時期は自分が受けてきた教師体験によって形成されたモデルやイメージに基づいて実践する傾向にある。3年目くらいになると教師の仕事が大まかにつかめ，試行錯誤や困難な経験，達成感や満足感などを通して，教育観や子ども観，仕事観に対する深い見方と知見の獲得に結び付く。

第二期：初任期後期（入職後 5～10 年）
初任者前期の課題を乗り越え，入学から卒業までの学年を一巡（小学校 6年，中学校・高等学校 3年）することで，より一層，学校と児童生徒の様子が見えてくる。気持ちにも余裕が出てきて，自身の教師としての課題や向上心に向き合おうとする姿勢も芽生えてくる。教師としての仕事の意味を再確認し，実践をより確かで豊かなものにしたいという思いから勉強会・研究会などへ参加するようにもなり，教育実践の工夫に力を注ぎ，教師生活をどう過ごすべきかといった「今後」について考えるようになる。

第三期：中堅期（20 代後半～40 代前半）
15～20 年ほどの経過を経て教師としての自己を育て一通りの職務が遂行できる技能と態度の習得と教師としてのスキルを身に付け，一人前の教師になっていく。また，この時期は性差によりライフコースが変わってくる。男性教師の多くは，比較的早い段階から校務分掌などの役割を担うことが多い。先輩教師や管理職教師などと公的な関係を構築しながら，教師の発達と力量形成がなされる傾向にある。学年・生徒指導主任などの主任職を 30 代中頃から担うようになり，学年・学校全体や教員集団，学校と関係する諸機関や地域のことに目を向けざるを得なくなるなど，負荷のある役割が時に教師生活上において危機を招く場合もある。女性教師の多くは，20 代後半から結婚・出産・育児といった人生上の大きなイベントに直面し，その経験を通して教師としての発達と力量形成がなされる。一方，家庭生活と教師生活の両立を図ることは非常にエネルギーがかかりバランスを崩しやすくなる，場合によっては離職を選択せざるを得ない状況も生み出やすい。男性・女性教師に共通してこの時期は，社会の変化による児童・生徒の環境の変化，加齢による児童・生徒との世代間ギャップ，経験を積み重ねることによる教師としての役割期待，役割や指導の硬直化などにより，中堅期の危機が生じることがある。

第四期：管理職期（40 代半ばあたりから，指導主事や教頭・校長などに就くことを契機とする）
教育を捉える視点が広がり，学校づくりといった新たな教育実践の可能性に挑む。一方，学級運営という自らの教育実践のフィールドを喪失するため，教育実践者からの離脱を余儀なくされる。つまり，これまで培ってきた教師としてのアイデンティティが切断され，大きな戸惑いと学級経営に対するやりがいを損なう可能性を持つ。後輩を育成する立場となる一方，年齢からくる体力の低下や健康の不安，職場内で気軽に相談できる相手がいなくなるといった孤独感などから離職の危機を迎えやすい。

疲労感，焦燥感等の感情が沸き起こり，怒り，絶望，不信といった感情が強く表れ，長期にわたる場合は心身のバランスを崩してバーンアウトが生じるとされ，延長上，精神疾患にも陥りかねないとされる。

(3) リーダーシップと協働性・同僚性

このような背景のなか，教師が身に付けたい力としてリーダーシップと協働性・同僚性がある。教師は，児童生徒あるいは保護者の欲求に時に苦悩しながら対応を迫られるといった一人で仕事をする側面を持つ一方，各学校の特性を生かした独自の文化の中で同僚教師とともに児童生徒の成長発達を支援するといった協働性が重視される側面も持つ。そこで，PM 理論（三隅，1992）の考え方に加え，現実原則を教えて価値を語り不適応行動を適応行動に変容させる指導と援助のためのカウンセリングマインドの視点も重視する。そして，協働意識を持って共通理解を図り，当事者意識を持って発言して積極的に介入する中で同僚教師と合意形成意識あるいは受容的姿勢を持ってコミュニケーションを図る。このプロセスがともに成長し学び合う教師間の連帯感をも高め，協働性・同僚性の発揮につながる。つまりは，理解・信頼性に基づいた「協働性」としての同僚とのチームワークや職場満足度が教師の効力感向上（草海，2014）とメンタルヘルスの維持につながるのである。

コラム2

脳からみた教育心理学　2．感情の発達

　2015年に公開されたディズニーとピクサーのアニメーション映画「インサイド・ヘッド（原題 Inside Out）」は，11歳の女の子ライリーの頭の中を舞台にしたストーリーである。ライリーの頭の中には，Joy（ヨロコビ），Sadness（カナシミ），Anger（イカリ），Fear（ビビリ），Disgust（ムカムカ）という5人の感情が存在し，頭の中の司令部でライリーを幸せにするために奮闘する。

　ライリーが経験する一つ一つの出来事や記憶は，小さな思い出ボールとなり，思い出の保管場所に収納されている。楽しい記憶には黄色，悲しい記憶は青，怒りは赤などの色が付いている。色とりどりの小さなボールは，長期記憶（long-term memory）の棚に収納されているが，ときどき記憶の管理人がやってきて，「電話番号はスマホに入っているから要らないだろう」，「ピアノ曲は"猫ふんじゃった"以外は捨てよう」と取捨選択して，不要なボールは掃除機で吸い取って「思い出のゴミ捨て場」に放って整理をする。一方で，「特別な思い出」は，家族の島，友情の島，正直の島といった島をつくり，これらの島の集合がライリーの人格（personality）を形成している。

　ライリーの頭の中では，Joyがリーダーとなって他の感情たちのムードメーカーとなっているが，ライリーのようにポジティブな感情の多い人は病気や事故のリスクが低く，長生きする傾向があることがポジティブ心理学の研究で示されている（Frey, 2011）。

　私たちは日ごろ，知らず知らずのうちに，「悲しい」「つらい」「大変だ」「面倒くさい」といったネガティブな言葉を使ってしまいがちである。脳内にある無数の神経細胞は，シナプスを介して神経伝達物質を伝え，神経ネットワークを形成している。特定の思考や行動を繰り返せば繰り返すほど，特定の神経ネットワークの結合が強くなっていく。したがって，ネガティブな言葉を習慣的に使っていると，何か新たな思考・行動をするときにも，ネガティブな思考回路になりやすくなる。セリグマン（Seligman, M.E.）は，ネガティブなことではなくて，嬉しかったこと，楽しかったこと，感謝したいことなど，3つの良いこと（three good things）を寝る前に思い出すことで，幸福度が上がり，将来の健康につながるとしている（Seligman, 2005）。

　映画では，一見Joyの足を引っ張っているだけのように見えるSadnessにも，他人の気持ちを受容するという大きな役割があることや，一時は大切にしていた記憶や空想と決別して，新しい価値観をつくっていくことが成長であることも描かれており，感情や人格を考えるヒントを与えてくれる。

第II部

学ぶこと・教えること
～学習と授業過程～

3章　学習とは
4章　読み書きからの学習
5章　上手に学ぶ・教える

3-1 学習とは

(1) 学習の定義

　学習(learning)とは，一般には勉強や習い事により知識や技術を身につけることを指すことが多いが，心理学ではより広い意味で用いられる。心理学において学習は，経験によって生じる比較的永続的な行動の変化と定義される(今田，1996；実森・中島，2000)。したがって，ネコに引っかかれてネコ嫌いになるのも，たまたま入った店の料理がおいしかったので繰り返しその店に通うようになるのも学習である。また，学習には他者から観察可能な行動の変化だけでなく，知識，態度，価値観など目に見えないものの変化も含まれる。

　行動の変化といっても，一過性のものや経験に基づかないものは学習とは言わない。例えば，動機づけ状態の変化や疲労，薬物やアルコールの摂取などで生じた変化は一過的であり，学習には含まれない。また，成熟や老化といった変化は，経験によらない生物学的変化であるため学習ではない。

(2) 学習の研究

　学習は，主に実験によって研究されている。学習の実験では，人為的に実験参加者や被験体動物にある経験をさせ，その行動がどのように変化していくのかを測定する。そして，この結果から学習の原理を明らかにするのである。

　学習研究では，経験に伴う行動変化をしばしば学習曲線(learning curve)で表す。これは，横軸を経験の回数(試行数やセッションなど)や経過時間とし，縦軸を行動の指標(正答率，正答数，反応時間など)とした折れ線グラフである。図3-1は，様々な学習曲線の模式的なパターンを示したものである(実森・中島，2000)。一定の速度で学習が進む場合(A)もあるが，最初は進歩がゆっくりで次第に急速になる場合や(B)，逆に最初は進歩が急速で徐々に遅くなる場合(C)もある。また，途中で進歩の速さが変化することもある(D，E)。ただし，学習曲線に表れるのはあくまで遂行成績であり，学習そのものが反映されているとは限らない。例えば，体調不良のために学習した行動を十分に発揮できない場合は，学習曲線に正確な学習量は反映されない。

　学習の研究成果は，人がどのように学ぶのかを理解し，効果的な教育方法を提案することに役立てられる。さらに，心理療法，発達障がい者の支援，スポーツ選手の育成，日常生活上の行動改善などにも応用されている。このことから，学校教育や保育，人材育成に携わる者が学習について学ぶことは重要といえる。

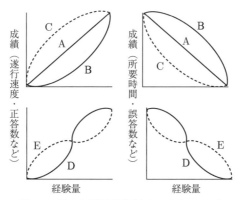

図 3-1　様々な学習曲線(実森・中島, 2000)

(3) 学習研究の歴史

　初期の学習研究で特に重要なのが，パブロフ(Pavlov, 1927)の条件反射研究(3-2)とソーンダイク(Thorndike, 1898)の試行錯誤学習の研究(3-3)，そしてエビングハウス(Ebbinghaus, 1885)の記憶の実験(3-7)である。20世紀初期には，ワトソン(Watson, 1913)が，心理学の研究対象は意識ではなく行動であるという行動主義(behaviorism)を唱え，学習研究に大きな影響を与えた。しかし，ワトソンの主張は，刺激によって反応が機械的に決定されるという極端なもので，生体の自発性は考慮されていなかった。

　1930年代には，刺激と反応だけではなく生体の自発性や内的過程も考慮する新行動主義(neo-behaviorism)が生まれた。新行動主義者の一人であるトールマン(Tolman, 1932)は，生体内部の変換過程を想定した学習理論を提唱した(3-4)。彼の理論は，その後の認知心理学(cognitive psychology)の考えに継承される。認知心理学では，学習を内的な情報処理過程という視点から説明している。

　一方，新行動主義者の一人であるスキナー(Skinner, 1953, 1974)は，生体内の活動を行動の原因とするのではなく，潜在的な行動であるとした。スキナーは自身のこの考えを徹底的行動主義(radical behaviorism)とよび，この考えを土台として，行動を環境との機能的関係という点から分析する行動分析学(behavior analysis)を創始した。

3-2　学習理論　レスポンデント条件づけ

（1）レスポンデント行動

　ヒトを含む動物は，生まれつき，刺激に対して特定の反応をするしくみを備えている。例えば，口に食べ物が入れば唾液を流し，目の前に虫が飛んできたらまぶたを閉じる。このように，環境内の刺激によって受動的に引き起こされる行動をレスポンデント行動（respondent behavior）と呼ぶ。

　レスポンデント行動には，生得的なものと学習性のものがある。例えば，食べ物を口に入れた時の唾液分泌反応は生得的反応である。このような生得的反応を無条件反応（unconditioned response：UR）といい，これを誘発する刺激（この場合は食べ物）を無条件刺激（unconditioned stimulus：US）という。これに対して，梅干しを口に入れていないのに見ただけで生じる唾液分泌反応は，学習された反応である。このレスポンデント行動の学習をもたらす手続き，および学習過程をレスポンデント条件づけ（respondent conditioning），または古典的条件づけ（classical conditioning）という。

（2）レスポンデント条件づけの基本

　レスポンデント条件づけは，ロシアの生理学者パブロフ（Pavlov, 1927）によって発見された。パブロフはイヌを被験体として消化の研究を行っていたが，その際に，イヌが餌を食べていなくても，飼育人の足音を聞いた時やその姿を見た時にも唾液を流すことに気付いた。パブロフはこのことについて，飼育人の足音や姿が餌に対する信号となって唾液分泌を引き起こすようになったと考えた。

　パブロフは，イヌに対して餌を与える前に，メトロノームの音を聞かせるという刺激の対呈示を繰り返した。ここで，餌は生得的に唾液分泌という無条件反応を誘発する無条件刺激である。一方，メトロノームの音は，これに注意を向けるといった定位反応を誘発するものの，唾液分泌反応には関係のない刺激，すなわち中性刺激（neutral stimulus：NS）である。ところが音と餌の対呈示を繰り返すと，やがてイヌは，音を聞いただけで唾液を流すようになった。このように，無条件刺激との対呈示によって反応を誘発するようになった刺激（この例ではメトロノーム音）を条件刺激（conditioned stimulus：CS）といい，この条件刺激によって誘発された反応（この例では唾液分泌反応）を条件反応（conditioned response：CR）という（図3-2）。なお，パブロフはこの反応のことを条件反射（conditioned reflex）とよんだ。この条件反射の学習過程を，今日

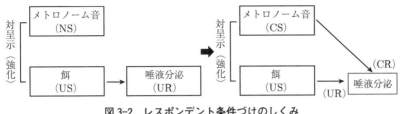

図3-2　レスポンデント条件づけのしくみ

ではレスポンデント条件づけや古典的条件づけとよぶ。

（3）レスポンデント条件づけの様々な現象

一般に，条件刺激の呈示と無条件刺激の呈示の時間間隔が接近している方が条件づけは成立しやすい（接近の法則）。また，条件刺激と無条件刺激の対呈示を繰り返すと条件反応は次第に強くなる。これを強化(reinforcement)という。一方，無条件刺激との対呈示をやめて条件刺激のみを単独で呈示し続けると，条件反応は次第に弱まり，やがて消失する。これを消去(extinction)という。

条件づけが成立した後は，条件刺激と類似した刺激が条件反応を誘発することがある。これを刺激般化(stimulus generalization)または般化という。般化は，もともとの条件づけで用いられた条件刺激との類似度が高い刺激ほど起きやすい。一方，ある刺激を無条件刺激と対呈示し，他の刺激を単独で呈示すると，前者の刺激のみが反応を誘発するようになる。この時，動物はこれらの刺激を弁別(discrimination)したという。弁別は，般化と逆の現象ということになる。

（4）レスポンデント条件づけと情動

レスポンデント条件づけは，唾液分泌や瞬きなどの生理的反応だけに起きるわけではない。例えば，厳格な先生の姿を廊下で見かけただけで緊張したり，好きな異性の名前を聞いただけでドキドキしたりするのはレスポンデント条件づけによるものである。このように，レスポンデント条件づけは対象に対する情動反応も形成する。また，条件づけによって形成された特定の対象への不安や恐怖は，レスポンデント条件づけを応用することで解消することもできる（8-6）。

3-3　学習理論　オペラント条件づけ

(1) 自発的行動の学習

スキナー(Skinner, 1938)は，個体が環境に働きかける自発的な行動をオペラント行動(operant behavior)とよび，環境によって誘発されるレスポンデント行動と区別した。このオペラント行動を学習させる手続きや学習過程をオペラント条件づけ(operant conditioning)という。これは，道具的条件づけ(instrumental conditioning)とよばれることもある。

スキナーより前に，自発的行動の学習を初めて実験によって研究したのがソーンダイク(Thorndike, 1898)である。ソーンダイクは問題箱とよばれる装置(図 3-3)を用いて，この中に入れたネコが脱出するまでにかかる時間を測定した。図 3-3 の箱の場合，紐を引く，踏み板を踏む，扉近くのバーを押すという3つの反応をすると扉が開く仕掛けになっていた。ネコは，最初のうちは箱の中を引っかくなどの反応をして偶然に仕掛けを外して外に出たが，繰り返し箱に入れられると，しだいに脱出に必要な行動を獲得し，それ以外の行動をしなくなった。そしてこれに伴い，脱出までの時間は短くなっていた。このような学習は，試行錯誤学習(trial and error learning)とよばれる。

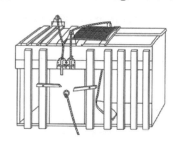

図 3-3　ソーンダイクが用いた実験箱(Thorndike, 1898)

ソーンダイク(1911)はこのような実験結果を基に，効果の法則(law of effect)を提唱した。これは，動物に満足をもたらす反応はそのときの刺激と強く結合して起きやすくなり，逆に動物に不快をもたらす反応は刺激との結合が弱まって起きにくくなるというものである。問題箱の実験でいえば，ネコが問題箱の中にいる状況(刺激)で，ある反応をした(紐を引いた)ところ外に出られ(満足)，この結果，刺激と反応の連合(S-R 連合)が強まって同じ反応が繰り返されたということである。つまりネコの行動は，行動の結果によって変化したのである。

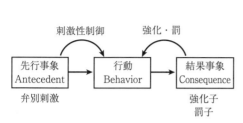
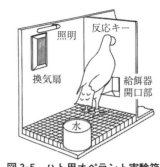

図3-4 三項随伴性　　図3-5 ハト用オペラント実験箱
（Ferster & Skinner, 1957 より改変）

（2）オペラント条件づけの基礎

　結果による行動の変化というソーンダイクの発見は，その後，スキナーによってオペラント条件づけの原理に継承された。ただしスキナーは，学習をS-R連合や快・不快で説明したのではなく，環境と行動の相互的な関係という点からとらえている。この関係とは，先行事象（antecedent），行動（behavior），結果事象（consequence）の3つの関係のことで，これを三項随伴性（three-term contingency），または行動随伴性（behavioral contingency）という（図3-4）。先行事象とは行動のきっかけや手がかりとなる行動前の刺激（ものや出来事）のことで，結果事象は行動の後に随伴して，将来の行動の生起頻度を変える刺激のことである。スキナーはこの原理を，みずから考案したオペラント実験箱（スキナーボックス）という装置（図3-5）を用い，ハトやネズミを被験体にした実験によって明らかにした。

（3）強化と罰

　結果による行動の変化には，強化（reinforcement）と罰（punishment：「弱化」ともいう）の2つがある。ある行動が，その直後の結果によって増加する，または維持されることを強化といい，逆に行動が減少することを罰という。また，行動の結果には刺激が出現する場合と消失する場合がある。これより，結果事象とオペラント行動の変化の関係は表3-1に示す4つに分類できる。

　行動の後に刺激が出現したことで，この行動が増加する，もしくは維持されることを正の強化（positive reinforcement）という。例えば，子どもが母親の掃除を手伝ったら褒められたとする。この後，この子どもが母の掃除の手伝いを繰り返すようになったなら，これは正の強化による行動の変化である。このときの「褒められた」のように，行動の直後に出現して行動を強化する刺激を強

表 3-1　4 つの随伴性

		将来の行動	
		増加・維持	減少
行動の結果	出現	正の強化	正の罰
	消失	負の強化	負の罰

化子(reinforcer)または好子という。一方，行動の後に刺激が出現したことでこの行動が減ることを正の罰(positive punishment)という。部屋の壁に落書きした後で父親に叱られた子どもが，その後は落書きをしなくなったなら，これは正の罰による行動の変化である。このときの「叱られた」のように，行動後に出現して行動を弱める刺激を罰子(punisher)または嫌子という。

　行動の結果，刺激が消失する場合もある。行動後に嫌悪的な刺激(罰子)が消失すると，この行動は増加するか維持される。これを負の強化(negative reinforcement)という。雨が降ってきたときに傘をさす行動は，体に雨水が当たらなくなるという結果によって強化されている。このような不快な刺激から逃れる逃避(escape)や，不快刺激を事前に避ける回避(avoidance)は負の強化により学習される。一方，行動後に好ましい刺激(強化子)が消失した場合，この行動は減る。これを負の罰(negative punishment)という。子どもが悪戯をしたところ，その日のおやつがもらえなかったとする。その後，この子どもが悪戯をしなくなったなら，これは負の罰による行動の変化といえる。

　日常場面では，子どもの不適切な行動をやめさせるために罰の手続きを用いることが多い。しかし，罰の使用には注意が必要である。罰は即効性が高いため一見すると効果的だが，実際に効果があるのは罰を与えられる場面に限定されることが多い。また，悪い感情や攻撃行動を引き起こす，他の望ましい行動も弱める，学習者が罰を与える人を避けるようになるといった問題もある。さらに，正の罰の使用者がその効果に頼りすぎ，体罰や虐待に発展する危険性もある。危険な行動や他者に迷惑となる行動をやめさせるために，叱ることもときには必要であろう。しかし，罰には上記のような副作用があるため，頻繁な使用や長期間の使用は避けるべきである。

(4) 消　去

　行動後に強化子が随伴しなくなると，行動は次第に減少し，強化される前の水準に戻る。これを消去(extinction)という。ただし，消去手続きの開始直後

は，行動が一時的に増加することが多い。例えば家電製品の電源ボタンを押しても起動しないとき，電源ボタンを何度も押したり，強く押したりすることはないだろうか。このような消去直後に見られる一時的な行動の増強は，消去バーストと呼ばれる。それでも強化されない状態が続けば，行動はしだいに減っていく。

(5) 般化と弁別

行動の先行事象は，行動のきっかけや手がかりとなる。このことを刺激性制御（stimulus control）という。これは，交通信号を例にするとわかりやすい。道路を横断する行動は，青信号のときには反対側に無事に渡れるという結果によって強化される。これにより，青信号は横断行動のきっかけとして機能するようになる。一方，赤信号のときの横断行動は，車にひかれそうになる，叱られるなどの結果が随伴し，強化されない。これにより，赤信号のときには横断行動は抑えられるようになる。このように先行事象によって行動が分化したとき，刺激の弁別（discrimination）が起きたといい，このときの先行事象のことを弁別刺激（discriminative stimulus）という。

弁別とは逆に，ある刺激のもとで強化された行動が類似した刺激のもとで起きることがある。これを刺激般化（stimulus generalization）または般化という。例えば，自宅で飼われている柴犬を見て「ワンワン」と言うことを学習した子どもが，初めてプードルを見たときにも「ワンワン」と言ったなら，これは般化である。

(6) シェイピング（反応形成）

行動が自発されれば，それを強化によって増やすことができるだろう。しかし，ある人の行動を増やそうとしても，その人がその行動を全く自発できないこともある。このようなときには，シェイピング（shaping：反応形成）という方法が用いられる。シェイピングでは，その人が現時点で自発している行動のうち，目標に最も近い行動だけを強化（分化強化）し，しだいに最終目標とする行動へ近づけていく（漸次的接近）。また，最終目標までを小さなステップに分けて訓練する（スモールステップ）。例えば，意味のある発語をしない知的障がい児に発語を訓練する場合に，まずは何か声を発したなら注目したり声をかけたりして強化する。この後で自発的な発声が増加したら，次に，より単語に近い発音だけを分化強化する。このようにして，段階的に有意味な発語に近づけていくのである。

3-4 学習理論　潜在学習

　オペラント条件づけの学習理論では，観察可能な刺激と反応の関係について紹介がなされた(3-3)。しかし，学習とは観察可能な行動だけをさしているわけではない。頭の中で知識が変化することも学習のひとつである。また，条件づけの学習理論では強化の存在が前提になっているが，強化が即時に与えられなくても，望ましい状況を生み出すという期待によって学習が進むことも考えられる。このことに関して，トールマンら(Tolman, 1932 ; Tolman, & Honzik, 1930)はネズミを使った迷路実験を行った。

　実験では3つの群を用意した。1群にはゴールに何もない迷路を用意した。2群に対しては，10試行目まではゴールに餌を入れず，11試行目から餌(正の強化子)を入れた。3群にはゴールに報酬である餌を入れて迷路を学習させた。そして，ゴールに行き着くまで，何回間違ったかを測定した。その結果，図3-6にあるように，1群のネズミの平均誤反応数はゆるやかに減少する程度である。一方，3群のネズミはオペラント条件づけの理論に予想されるとおり，1群よりも学習が素早く成立している。

　では，2群の結果はどうであったか？報酬が導入される前の10試行目までは，1群と同様の状況である。しかし，11試行目に報酬が導入されると，1群とは異なり，誤反応数が大幅に減っている。また，もし，2群のネズミが報酬をもらい始めてから，3群のネズミと同様のペースで学習をしているのであれば，11試行目からのグラフは3群の結果と同じような減り方となるだろう。しかし，2群のネズミの11試行目から12試行目の誤反応数は急激に減っている。これは，2群のネズミが11試行目から学習をし始めたのではなく，報酬

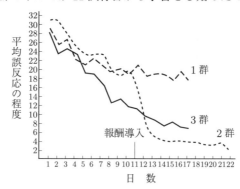

図3-6　潜在学習における各群の誤反応数の変化(Tolman & Honzik, 1930)

がなかった1から10試行目まででも，迷路の経路を学習していたことを示している。同様なことは1群のネズミにもあてはまる。つまり，観察できる行動として外には表れないが，何度も迷路を走ることによって，経路の知識は変化していたといえる。そして，目標が明らかになった際に学習の成果は観察できる行動として表れる。このように，学習は成果として表れなくとも，脳内での変化は起っているし，そのような変化も学習の一部であることを忘れてはいけない。これを潜在学習(latent learning)と呼ぶ。

　潜在学習は，知識の変容も学習の一部であることを示している。また，目標を明示化することの重要性も示唆している。2群のネズミは10試行目まではあまり成果をあげることができなかった。しかし，報酬という目標が明示された途端，急激に誤反応は少なくなった。この結果は，人間の学習にも応用できる。つまり，今自分がしている学習や行動が何のために行われているのかを，学習者が知っている方が望ましい。その際に，目標を言葉で表すことが有効である。言葉は漠然としたアイディアを明示する働きがある(1-8)。また，常に目標を確認できるようにしておくことも重要である。そのような意味で，教室に「今月の目標」を掲示することは良いアイディアである。

　さらに，潜在学習の実験はネズミが複雑な迷路における正しい経路を頭の中に持っていることも示している。これを認知地図(cognitive map)と呼ぶ。自宅周辺など，自分にとって身近な場所の認知地図は詳しく思い出すことができるであろう。一方，なじみのない場所の地図は曖昧である。

　また，ヒトの認知地図はサーベイマップとルートマップに大まかに分類される。サーベイマップは，いわゆる地図帳のような鳥瞰図的な地図を指す。一方，ルートマップとは出発地と目的地が結ばれている経路を指す。その経路上にランドマークと呼ばれる目印がいくつか含まれている。ランドマークの数の多寡やルートを示す上での有用性の高低によって，ルートマップの精度が決まる。よって，精度の高いルートマップもあるが，一般的に方向音痴の人はルートマップの認知地図を持っているようだ(O'Neil, 1991)。方向音痴の人は，知っているルートを使って目的地に着くことはできるが，例えば違う改札口から駅を降りると，とたんに道に迷ってしまう。今では方向音痴の人も素早く目的地につくことができるようなスマートフォン用のアプリも開発されている。しかし，道を聞いたり，聞かれたりすることはあるだろう。その際，土地勘が無い人にどのように教えるのか。的確なランドマークを伝え，道に迷っているヒトのルートマップを明確化する言葉によるサポートが必要である。

3-5　学習理論　運動・技能学習

(1) 運動学習とは

　自転車に乗る，ボールを蹴る，パソコンのキーボードを打つ，ピアノを弾くなど，全身運動から細かい指先の動作まで，私たちは日常的に様々な運動をしている。これらの運動技能は繰り返し練習することで獲得されるが，この学習のことを運動学習(motor learning)という。運動学習は，運動と感覚の協応が成立する過程である。例えば，ボールを投げる動作には，腕や手首の動きといった筋肉運動の他に，投げる方向を見るなどの知覚が関連している。

(2) 運動学習とフィードバック

　運動学習に関する初期の研究に，ソーンダイク(Thorndike, 1927)による線引き課題の実験がある。彼は参加者に目隠しをさせて，決められた長さの直線を引くことを求めた。参加者が線を引いた後，その長さが目標に近ければ「正しい」と伝え，基準よりも短かったり長かったりした場合は「間違い」と伝えた。この結果，参加者が引く線の長さは次第に目標に近づいた。一方，結果を教えられなかった参加者は，このような上達を示さなかった。ソーンダイクはこの結果を効果の法則(3-3)によって説明した。すなわち，目標に近い長さの線を引く反応は「正しい」という快の結果を受けて増加し，基準に満たない長さの線を引く反応は「間違い」という不快の結果を受けて減少した。この結果，参加者の引く線の長さは目標に近づいたということである。

　これに対してトローブリッジとケイソン(Trowbridge & Cason, 1932)は，結果の快・不快よりも，結果に含まれていた反応の正しさに関する情報が重要であると主張した。このような情報を結果の知識(knowledge of results：KR)という。トローブリッジらはソーンダイクと同様の線引き課題の実験を行い，反応後に「正しい」「間違い」と伝えられる参加者と，目標との誤差を数量で伝えられる参加者の結果を比べた。その結果，数量で誤差を伝えられた参加者の方が早い段階で目標に近い長さの線を引き，最終的な誤差も小さかった。この結果は，運動学習において精度の高い情報をフィードバックすることが効果的であることを示している。これより，結果に含まれる情報が，運動技能の学習において重要であると指摘された(Mazur, 2006)。

　学習者自身のパフォーマンスをフィードバックすることも，運動技能の学習において効果的である。例えば，スポーツ選手の運動を録画しておき，この映像を模範的なモデルの運動と比較しながら見せることは，運動技能の向上に役

立つであろう。学習者に与えるこのような情報は、遂行の知識(knowledge of performance：KP)とよばれる。

(3) 学習法による違い

新しい技能を学習する際に同じ時間だけ練習する場合、一般的には続けて練習する集中学習(massed learning)よりも、合間に休憩を挟む分散学習(distributed learning)の方が効果的である。これは、集中学習では疲労が重なりパフォーマンスが低下するためと考えられている。また、課題の初めから終わりまでを一括して練習する全習法(whole method)と、いくつかの部分に分けて練習する分習法(part method)では、一般的に全習法の方が効果的とされる。ただし、複雑な課題の場合は分習法の方が効果的なこともある。

学習は常に順調に進むとは限らない。特に運動技能の学習では、ある程度技能を修得した段階で学習が停滞し、学習曲線が横ばいになることがある(図3-7)。この現象をプラトー(plateau 高原現象)という。プラトーは、より高い水準に進むための準備期間と考えられ、この期間を過ぎるとまた学習が進行する。

(4) 学習の転移

以前の学習が新しい学習に影響を及ぼすことを学習の転移(transfer of learning)という。先の学習が後の学習を促進する場合は正の転移(positive transfer)、妨害する場合は負の転移(negative transfer)と呼ばれる。例えば、スケート経験者はスキーの習得が早いというのは正の転移で、軟式テニス経験者が硬式テニスでなかなか上達できない場合は負の転移である。また、片方の手足で練習したことが反対側の手足の運動を促進する現象を両側性転移(bilateral transfer)という。ただし、学習の転移は常に起こるわけではなく、その程度や方向は課題や運動の類似度などによって変化する。オズグッド(Osgood, 1949)は、課題と反応がどちらも似ている場合は正の転移が起き、課題は似ていても反応が異なる場合は負の転移が生じると唱えている。

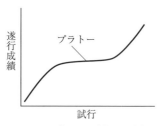

図3-7　プラトー(高原現象)

3-6 学習理論　社会的学習

(1) 模　倣

　私たちは生まれたときから，他者の行動を模倣する。例えば，大人が新生児の前で，リズミカルに舌を出したり引っ込めたりすると，新生児はそれに合わせて舌の出し入れを行う(Meltzoff & Moore, 1977)。また，1歳半を過ぎる頃には，モデルが目の間にいなくともその行動のまねをする延滞模倣(delayed imitation)も起こる。例えば，絵に描かれたケーキを食べるふりをするといったふり行為が出現する。その後，店員になりきったお店屋さんなどのごっこ遊びが出現する。このような模倣行動には，問題解決に成功した人の行動を模倣することによって，試行錯誤をする必要がなくなることや，モデルとのポジティブな情動関係を形成することができるなど利点がある(池上，2012)。

(2) 社会的学習

　このように他者の影響を受けて，社会的な習慣や態度，価値観，行動を身につける学習を社会的学習(social learning)と呼ぶ。この言葉を初めて用いたミラーとダラード(Miller & Dollard, 1941)は模倣行動の成立を強化論(3-2, 3-3)から説明した。つまり，モデルがある行動をし報酬がもらえ，その行動を模倣した学習者も報酬を得る過程の中で学習が成立すると考えた。

　一方，バンデューラ(Bandura, 1965)は，強化理論とは別の新たな社会的学習理論を提唱した。実験では，大人が子どもくらいの大きさのビニール製人形に暴力をふるい，その後，賞賛される報酬条件，叱責される罰条件，何も強化されない無強化条件の3つの映像が用意された。それらの映像を4歳児に見せ，その後，プレイルームに連れて行った。プレイルームには，映像に出てきたビニール製の人形が他のおもちゃといっしょに置かれており，10分間自由に遊ばせ子どもの行動を観察した(図3-8)。

　まず，自由に模倣させた場合を見て欲しい。どの条件でも数あるおもちゃの中から子どもたちはビニール製の人形を選択し，それに対して殴ったり蹴ったりといった模倣行動が出現した。この結果は，従来の強化理論では説明ができない。子どもの模倣行動に対して実験者は報酬を与えていないにもかかわらず，模倣行動がなされているためである。このように見ただけで成立する学習は，観察学習(observation learning)と呼ばれる。

　また，自由に模倣させた場合には罰条件の子どもの模倣数は他の2条件に比べ少なかった。一方，模倣を促した場合には，罰条件でも他の条件と同じくら

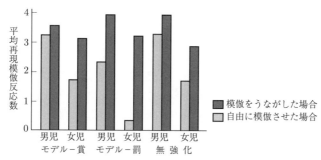

図 3-8 観察学習による模倣行動 (Bandura, 1965；中津山, 2012)

いの模倣行動が観察された。つまり，子どもが実際に攻撃行動を行うかどうかは，モデルに対してどのような強化がなされたかによって影響される。しかし，促されれば模倣できるということは，子どもは人形に対する新たな行動を知識として獲得したといえる。これを観察学習効果 (observational learning effect) と呼ぶ。このほかにも，すでに習得している行動を抑制したり，逆に抑制を弱めたりする制止・脱制止効果がある。また，習得されている行動が他者の行動により誘発される反応促進効果も知られている。

　直接経験からではない間接経験からの学習は，社会的動物である人間の学習形態として広く行われている。教室においても観察学習はなされ，その際，気をつけなくてはならないことがある。例えば，A子が宿題を忘れ教師がそれに対して注意をする場合，その場面を見ている他の子どものことも考えなくてはならない。激しい叱責をした場合は，図 3-8 の罰条件のように，観察学習している児童・生徒には効果があるかもしれない。しかし，皆の前で激しく叱責された場合A子の自尊心は下がり，その後の学習活動にも影響するだろう。一方，A子の気持ちを思いはかり，A子だけを別室に呼び出して注意を与える方法はどうであろうか。他の子どもからみると，宿題を忘れても教師は何もしない，つまり無罰条件の参加者と同じ状態になる。また，宿題を忘れてもいいという新たな学習が成立する可能性もある。

　このように観察学習は生活の中で多く行われている学習である。教える立場に立つ人は，観察学習の負の側面に留意しながら，人は他者の行動を観察することにより，容易に学習が成立するという特性を上手に利用したい。例えば，ソーシャルスキルトレーニング (8-9) では，観察学習の原理を使って効果的なスキルを身につける訓練を行っている。

3-7 記憶と忘却

　私たち人間は，日々の生活の中で様々な情報を記憶し活用している。人間の記憶プロセスは，符号化(記銘)，貯蔵(保持)，検索(想起)の3段階に分けることができる。符号化とは，感覚器から入力された光や音などの情報を「意味」として変換する過程である。その後，意味情報は会話場面などでの必要に応じて検索され利用される。この符号化から検索までの間，必要な時が来るまで情報は脳内に貯蔵される。この節ではその理論や活用について説明する。

(1) 記憶の理論

　記憶に関する代表的な理論として，ボックスモデル(box model)と処理水準モデル(levels of processing)がある。ボックスモデルとは，記憶を保持可能時間の長短に応じて感覚記憶(sensory memory)と短期記憶(short-term memory)，長期記憶(long-term memory)の3つに分類する考え方である。

　短期記憶の特殊な活用法としてワーキングメモリ(working memory)がある。それぞれの特徴は表3-2を見てほしい。チャンクとは，ミラー(Miller, G. A.)が提唱した概念で，「情報のまとまり」を説明する概念である。容量が限られている短期記憶の保持では，このチャンク機能が活用される。長期記憶内の情報に関する特徴は3-8で紹介されている。

　一方，処理水準モデルは，貯蔵時間ではなく処理痕跡の強さによって記憶を分類する理論である。クレイクとロックハート(Craik & Lockheart, 1972)は形態的処理，音韻的処理，意味的処理それぞれのリハーサルは処理の深さが異なるとし，より深い水準の処理を行うことで記憶が保持されやすくなると考えた。これは，単に単語の表記や音韻情報に関するリハーサルを行うよりも，単語の意味などを重視したリハーサルの方が深い記憶痕跡を作る，という考えである。

表 3-2　ボックスモデル記憶の特徴

	容量	保存期間
感覚記憶	無限	視覚刺激：1秒 聴覚刺激：5秒
短期記憶	7±2 (チャンク化によって節約可能)	数十秒
長期記憶	無限	半永久

（2）ワーキングメモリ（作動記憶）の働き

　ここまで説明してきた記憶の理論は「どのように記憶が保たれているのか」という点を焦点としたものであった。しかし，近年では「記憶情報がどのように利用されるのか」に関するワーキングメモリという概念に注目が集まっているとなっている。ワーキングメモリは短期記憶の一種であり，バドリー(Baddely, 1990)によれば音声で表現される情報を処理する音韻ループ，視空間情報を処理する視空間スケッチパッド，そして中央実行系の3つの機能で構成されている(図3-9)。中央実行系は，作動記憶の中枢的な機能を果たしており，音韻ループと視空間スケッチパッドは中央実行系によって制御され統合される従属システムでもある。中央実行系は「心の作業台」と呼ばれることもあり，記憶を活用した読解・推論・計算などの高次認知機能に関与している(Baddeley & Logie, 1999)。

　ワーキングメモリは，文章中の情報を保持しながら読み進めることが求められる音読時に働く。文章読解時のワーキングメモリの活動は多くの研究者によって検証されており，代表的な課題としてリーディングスパンテスト(RST)がある(苧坂・苧坂, 1994)。RSTとは，ワーキングメモリの容量を測定する検査であり，読みの過程における情報の処理と保持という並列的な処理効率が測定される。具体的には，短文を次々に音読させながら文中の単語を保持させるという手続きが用いられる。苧坂・苧坂(1994)では，2文から5文条件までそれぞれ5試行ずつ行われている(表3-3)。各条件文は一文ずつ次々と提示され，実験参加者は自己のペースで音読する。その後，下線部の単語の再生が求められ，個人のワーキングメモリ得点は単語の再生成績から算出される。各文条件5試行の内3試行正解の場合そのセットをパスしたものとみなし，2

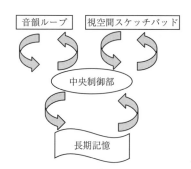

図3-9　バドリーのワーキングメモリのモデル(杉山, 2010)

表 3-3　RST（4文条件）の実施例（苧坂・苧坂, 1994）

ドライアイスは氷菓子を冷やすのにちょうどよい。
弟の健二がまぶしそうに目を動かしながら尋ねました。
老人は私を隣に座らせ，風変わりな話を聞かせてくれた。
母親は封筒の名前を初めて見たとき，ひどく驚いた。

ターゲット語：氷菓子　まぶしそうに　風変わりな　驚いた

試行正解した場合は0.5点とみなす。例えば3文条件を3試行正解した場合には3点，3文条件パス後に4文条件で2試行正解した場合は3.5点となる（苧坂・苧坂, 1994）。この課題中, 読み手は音読といい処理を進めながら単語を覚えるという並行処理を求められることになり, 個人のワーキングメモリ得点は単語の再生成績から算出される。このRST成績と読み能力の間には高い相関関係があることが知られている（Daneman & Merikle, 1996）。したがって, 生徒の読み能力測定を目的とした検査を実施する際に比較的簡便に実施できる課題として候補に挙がるだろう。

（3）記憶の忘却

　貯蔵されている記憶がどのように消失するか, という「忘却」も記憶研究の重要なテーマである。エビングハウス（Ebbinghaus, 1885）は無意味綴りを用いた実験で, 時間経過に伴って記憶内容が忘却されていく過程を調べた。再学習法という手法を用い, 再学習時のコスト節約率を算出することで, 人の記憶の忘却の推移を明らかにしたのである（図3-10）。節約率とは, 一度記憶した内容を再び記憶し直す際に所用時間（回数）をどれくらい節約できたかを表すものであり, 最初の記憶所要時間（回数）―再記憶時の所要時間（回数）÷最初の記憶所要時間（回数）の式で求められる。例えば, 最初の記憶時に10分を要し, 再記憶時には約3分を要したとする。この場合7分節約したことになる。したがって, 先ほどの算出式で計算すると 7÷10＝0.7 となり節約率は70％ということになる。図3-10を見ると分かるように, 時間が経過するほど節約率は低下する。このような特徴を忘却と関連づけて説明する場合もあり, 忘却曲線を呼ばれていることも多い。エビングハウスの節約率は無意味綴りを用いたものではあるが, 日々の学習における復習の重要性を示すものと言える。

　バートレット（Bartlett, 1932）はエビングハウスの無意味綴りとは異なり, 日常的な記憶の変容に注目した。彼は, 日常の記憶が個人が持つ知識の構造であるスキーマ（schema）の働きによって変容したり忘却されることを報告してい

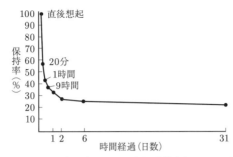

図3-10　エビングハウスの忘却曲線(渡辺，1994)

る。つまり，同じ情報を共有していたとしても個人の生活歴や文化などによってその保持や想起のされ方が変わるのである。

　何らかの記憶を想起する時に別の記憶や経験が妨害することも多い。このような現象を干渉(interference)といい，記銘前の記憶や経験が干渉することを逆向抑制(retroactive interference)，記銘後の記憶や経験が干渉することを順向抑制(proactive interference)という。ジェンキンスとダレンバック(Jenkins, & Dallenbach, 1924)は記憶材料を記憶させた後，参加者を覚醒条件と睡眠条件に分ける実験を行った。その結果睡眠条件の参加者の方が再生成績が良く，一方で覚醒条件の参加者は忘却が進んでいた。これは，記銘後にも活動し認知活動を続けていた覚醒条件群では順向抑制が発生したためと考えられる。

　干渉などによる忘却以外にも，適切な想起が困難な例もある。例えば歴史科目の試験中に，「何年のどのような出来事に関わった人物か思い出せるし，顔も浮かんでいるが名前だけがどうしても出てこない」という経験はないだろうか。このような，喉まで出かかっているのに想起が困難という現象を舌端現象(tip of the tongue：TOT現象)という。TOT現象は，記銘と保持には問題ないが検索段階で失敗が生じることによって発生する忘却現象である。

　ここまで紹介した忘却現象は記憶プロセスのエラーによるものであった。このようなエラーに由来する忘却以外にも，記憶の保持や想起が困難になる場合がある。例えば過度のストレス化に置かれた場合，心の安定を目的として意識的(無意識的)に記憶を忘却することがある。このような忘却を心因性健忘という(若林，1998)。目の前の人物が想起の困難を訴えている際，記憶方略の誤りや干渉だけでなく，心理的な要因が原因となっている可能性に配慮しなくてはならない場合もあるだろう。

3-8 記憶と言葉

(1) 宣言的記憶と言葉

　言葉は記憶の分類にも深く関係する。長期記憶(3-7)は宣言的記憶(declarative memory)と非宣言的記憶(non-declarative memory)の2つに大きく分けられる(Cohen & Squire, 1980)。この「宣言的」とは言葉で記述することが可能だという意味であり，「非宣言的」とは言葉で記述することができないという意味である。この区別は，前向性(順向性)健忘(anterograde amnesia)という，ある時点から先の出来事を新たに記憶できない症状を持った患者さんでも，工作技能など一部の記憶は新たに覚えられるという発見から生まれた。この時，発見されたのが，非宣言的記憶の主要な例，習慣的な動作に関する技能・運動・知覚などの記憶，手続き的記憶(procedural memory)である。

　一方，宣言的記憶は，非宣言的記憶以外の長期記憶を指す言葉であり，さらに大きく2種類に分けられる(Tulving, 1972)。1つが辞書的な知識の記憶である意味記憶(semantic memory)で，概念(1-8)や文法(grammar)がその主な内容である。心内辞書(mental lexicon)や語彙記憶(vocabulary memory)とも呼ばれる。意味記憶からは，いつ・どこで覚えたかという情報は失われる。例えば，「猫」という言葉の意味は多くの人が記憶として持っているが，いつどこで「猫」という言葉を知ったのかを覚えている人はほとんどいない。もう1つがエピソード記憶(episodic memory)で，時間と場所が特定できるような出来事の記憶である。例えば「今日，来る時に家の前で猫を見かけた」という記憶が当てはまる。思い出と言い換えてもよい。宣言的記憶は，文字通り言葉と密接に結びついた記憶であり，言葉と記憶の強い結びつきを示すものだと言えよう。

(2) 幼児期健忘と言葉の発達

　記憶と言葉は独立して発達するように思う人もいるかもしれないが，少なく

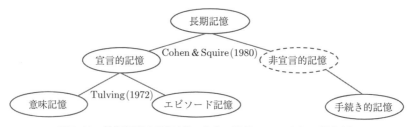

図 3-11　長期記憶の分類(森・井上・松井，1995 より一部改変)

とも現在の私たちが日々，活用している記憶は，一定数の語彙を獲得し，世界を言葉で認識・表現できるようになってから成立したものと考えられる。

その証拠と考えられるものがいわゆる「物心」である。物心がつく以前の出来事は大半の人が思い出せないが，これを幼児期健忘(infantile amnesia/ childhood amnesia)と呼ぶ。初期の記憶について，乳児は母親の声や母乳の匂いを覚えていると言われるが，これは感覚的なものであり，出来事の記憶であるエピソード記憶とは区別される。3か月の乳児は1週間程度なら新しく覚えたエピソード記憶を保持できるが，2週間後には忘れてしまう(Rovee-Collier et al, 1980)。また，9か月児は2週間前に朗読された言葉を新奇な言葉よりも好んで長く注意を向けることから，長期的な語彙記憶が形成されていると考えられる(正高，2001)。しかし，この段階ではまだ幼児期健忘の範囲であり，ほとんどの人が成長後にはこの時期の記憶を思い出せない。その後，語彙爆発(1-8)の時期を経て語彙を増やしながら，3〜4歳頃にようやく幼児期健忘が終わり物心がつくのである。

子どもは小学校に上がる6歳頃には未熟ながら生活に必要な一通りの言葉を習得していると言われる。それはつまり，身の回りの事物や出来事，自分の気持ちや考えなどを一通り言葉に置き換えられるようになっているということだ。このような言葉の知識体系が未熟ながら成立するのが，3〜4歳頃と考えると，この時期に子どもは世界を言葉で理解し始めると言える。この言葉による理解，あるいは世界の言語化が長期記憶の保持にとって必要だという仮説がある(例えばSimicock & Hayne, 2002)。真偽はまだ確定していないものの有力な仮説の一つであり，私たちが思っている以上に言葉と記憶は密接な関係を持っていると言える。少なくとも言葉で世界を記述できるようになる前と後で記憶システムに大きな変化が起こることは間違いないだろう。

また，言葉の獲得過程に注目すると，膨大な日常経験の中で蓄積されたエピソード記憶の中から，頻出する対象が徐々に意味記憶として抽出されてくると考えられる(Kintsch, 1998)。実際に，ひらがなの読みを覚えること自体は3歳頃には既に可能であるが，指導をやめるとすぐに忘れてしまうということも報告されている(吉見，2009)。これは実際の出来事や経験と結びついていない記憶は定着しにくいことを示唆している。言葉は知能を示す指標として独立に捉えられがちだが，感動や実体験と結び付いていなければ，無意味で根づかないものになってしまう恐れがある。保育者・教育者は，日々の豊かな経験に基づく，総合的な発達の中で言葉が育つことを忘れてはいけない。

3-9　学習される知識とパフォーマンス

　人は学びの中で様々な知識を獲得し，それに伴いパフォーマンスも向上させる。これは学校現場における子どもの学習でも同様である。例えば小学校の国語教育では，子どものひらがな，カタカナ，漢字といった日本語に関する知識を獲得し，それを活用する能力すなわち言語力の向上を目的としている。そして，知識や能力向上の有無を判断するために，読み書きテストを実施し，その得点などの結果をパフォーマンスとして評価対象にする。

　時として，目で見ることができない知識や能力そのものよりも，得点や偏差値といった指標で示されるパフォーマンスのほうが学習効果指標のターゲットとして重視される。しかし，個人が有する知識や能力と発揮されるパフォーマンスは必ずしも同一のものではないことが知られている。パフォーマンスと異なる個人の力としてとして潜在的能力がある。

　認知心理学や言語心理学では，個人が持つ潜在的能力のことをコンピテンス (competence) と呼び，パフォーマンス (performance) とは対の概念として扱う。例えば，チョムスキー (Chomsky, 1965, 1986) は人間の言語活動を，言語運用者の内部に潜在する言語能力 (linguistic competence) と，外部に反応として表れる言語運用 (linguistic performance) との2つに区別している。彼は，今何を話しているかだけではなく，何を話しうるのかをコンピテンスとみなしている。チョムスキーの考えに基づいて考えると，上述のようなパフォーマンスのみを効果指標として重要視することは，子どもの能力を総合的に捉えた指導とは言い難い。言語分野に限らず，その時測定されるパフォーマンスとは別に，その子が持つ潜在的能力も重視した指導を提供しなくてはならない。

　一方，ホワイト (White, 1959) はコンピテンスを「生体が環境と効果的に相互作用するための能力」として定義している。例えば子どもの言語初期，一語文や二語文のように徐々に複雑な文章を喋ろうと能動的に試みる。その挑戦の中で，おぼつかないながらも周囲の人間に自分の意図を伝えられた，という経験によって「会話できる」という自身の能動的行動に対する手応え，つまり自身に対する有効性感情 (feeling of efficacy) を感じることができる (橋本, 1999)。ホワイトはこのような心の働きに注目し，自分が今獲得している能力を目の前の環境に適応させ実行したいとする意欲と，その結果としての有効性感情の2つの側面を合わせ持つものをコンピテンスと考えた (図3-12)。

　また，ホワイトはこの概念が持つ動機づけの性質をエフェクタンス (effec-

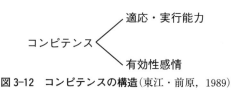

図3-12 コンピテンスの構造（東江・前原，1989）

tance）という用語で説明している。これは，学習活動を推進させるものは単なる目標達成という結果ではなく，自己の活動と環境の変化が結びつく自己有効性感情であるという考えに基づいている。つまり，自己の行動が環境にもたらした変化を実感できるようなフィードバックを与えることで，次の能動的な行動につながるのである。

　これらの考えを踏まえると，学校教育において生徒のコンピテンスを重視した教育を施すことの利点は2つある。

　第1に，テスト得点などのパフォーマンスだけでなく，生徒が持つ潜在的能力も視野に入れることで多角的な指導を進めることができる。例えば，言語能力のうち読み課題において十分なパフォーマンスが発揮できない生徒がいたとする。しかし，そこで即座にその生徒の言語能力に対する評価を下すのではなく，生徒が持つ潜在的な力に発揮できるように，会話や書き課題を試すことで，別のパフォーマンスが期待できるかもしれない。指導の折には，5章で触れている様々な授業方や学習法を実践してみるのもいいだろう。

　第2に，コンピテンスを高めることで生徒の学習に対する動機を高めることができる。先にも述べたように，自身が持つ能力を目の前の環境に適応しようとする意欲と，それによって得られる効力感がコンピテンスである。コンピテンスの高まりを意識した指導によって，生徒が自尊心を高めながら学ぶという良い連鎖が期待できる（荒木，2007）。そのために教師側は，生徒の答えや解答に対してポジティブなフィードバックを変えることを心がける必要があるだろう。

　生徒が発揮する表面的なパフォーマンスだけでなく，何ができるのか，何をしようとしているのか，という点に注意を向けながら導くことは，現在の学びだけでなく，将来の学びにも影響を与える重要なポイントと言える。

3-10 深い理解

深い理解状態にある知識とは①長期記憶に貯蔵されている，②他の知識と強く結びついている，③新規の場面でもその知識を適用できる，④正しい知識である(福田, 2012)。このような知識は，どのように構築されるのだろうか。

(1) 長期記憶に貯蔵されている知識

長期記憶に情報が貯蔵されるには，ワーキングメモリからの情報の転送が必要である。浅い処理よりも深い処理の方が，情報は長期記憶に転送されやすい(3-7)。また，精緻化や体制化(5-2)，有意味化，イメージ化，感情化といった処理がなされた情報も長期記憶に転送されやすい。有意味化とは語呂合わせのように無意味な文字列や数字列に意味を付与する方法，イメージ化とは具体物を思い浮かべたり，図式化したりする方法，感情化とはその時感じた感情と一緒に憶える方法である。有意味化以外の処理方法は，新しい情報を効率的に既有知識に結びつける方法である。このような方法によって，新しい知識は長期記憶の中に有機的に既有知識と結びつく。

(2) 知識のネットワーク

私たちの持っている知識は，ネットワーク状に頭の中に記憶されている(福田, 2013)。図3-13の既習内容②を思い出すと，自動的に②につながっている感情②やエピソード②が思い出される。例えば，過去に聞いた音楽を聴くと，その当時の出来事や気持ちを思い出すだろう。

一方，既習内容②を思い出すことにより，強く結びついている既習内容n

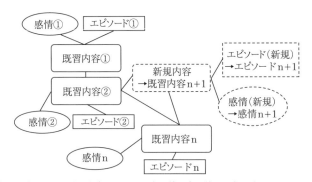

注1：線の太さは結びつきの強さを表している。太い線の方が結びつきは強い。
注2：新規内容はすでにあるネットワークに組み入れらると，既習内容n+1になる。

図3-13 知識のネットワークの模式図(福田, 2014)

も自動的に活性化され，感情n，エピソードnも使える状態になる。このように，一つのことを思い出すことによって，感情を含んだ多くの情報が思い出され，使える状態になる。新しい場面に活用できる知識のネットワークを構築するためには，心的表象間の線を増やし，結びつきを強くすることが重要である。

（3）深い理解を妨げる要因

このように考えると，学習者に深い処理を行わせ，既有知識を活性化させ，結びつけさせれば，すぐにでも新規場面に応用できる深い理解が得られそうである。しかし，私たちはいつも深い理解をしているわけではない。その要因として，学習者や教師の工夫等に不十分な点があるかもしれない。詳細は5章を参照して欲しい。ここでは，人の情報処理のバイアスが深い理解を阻害している要因として，ほぼ良い表象（good-enough representation）と素朴概念（naïve conception）について紹介する。最初に，次の文章を読んで欲しい。

飛行機の定期便がウィーンからバルセロナに向かった。到着する間際にエンジントラブルが発生した。ピレネー山脈の上で，パイロットはコントロールを失った。ついに，飛行機は国境のちょうど上で，墜落してしまった。残骸はフランスとスペインに同じくらい散らばった。両国の政府関係者は，どこに生存者を埋めるかでもめていた。

この文章を読み終えた大学生に「両国の政府関係者はどうするべきか？」という質問を行った（Barton & Sanford, 1993）。その結果，「生存者は」埋められるべきではないことに気がつかず，「遺族の意見を聞くべきだ」等と答えた参加者が約4割もいた。飛行機事故の場合にはほとんどの乗客は助からないという既有知識に基づき，読み手は文章を読み飛ばしている（福田, 2009）。私たちは，一字一字じっくりと読み，その情報を長期記憶に転送しているわけではない。既有知識を使ってそれと齟齬がなく，そして，その時の目的に十分であれば必ずしも正確ではない，ほぼよい表象を構築している（Ferreira et al., 2002）。

このようなその場では適切な知識が体系的にみると誤っている場合，教育場面で障害になることがある（麻柄他, 2006）。学習者がすでに持っている間違った知識，つまり素朴概念を正しい知識に置き換えることが教育の大きな目標の1つである。しかし，置き換えることはなかなか難しい。誤った知識は日常生活の中では十分に妥当性を持ち有効であったために，学習者はそれを獲得する。そのような経験を何回も積むことにより，誤った知識は，学習者の他の知識ともすでに強く結びついていく。つまり，皮肉な言い方をすれば，誤った知

表 3-4 メタ認知を促進する発問例（福田，2010 を改変）

問題の種類	例	子どものメタ認知の例	解答例
普通の問題	守君は時速 4 km で歩いて，2 km 先の学校に行きます。時間はどのくらいかかります？	この間の授業でかけ算をしていたな。じゃあ，2 と 4 をかけて 8！	8 時間
メタ認知的活動を促す問題	守君は時速 4 km で歩いて，2 km 先の学校に行きます。何時に出ると守君は 8 時に学校に着きますか？	この間の授業でかけ算をしていたな。じゃあ，2 と 4 をかけて 8！え，8 時間だったら，守君は夜中に家を出ないといけないなあ。これは，違う！そうだ…。30 分だ！	7 時半

注 1：点線の下線部は，テスト問題は直近の授業で行われたことが出題されるというメタ認知的知識を使っていることを示している。ただし，ここではそれが誤りに導いている。
注 2：実線の下線部は学習者が小学生の登校時間は何時くらいであるといった既有知識を使い，自分の答えが間違っていることに気がつくメタ認知的活動を示している

識が深い理解状態にあるといえる。では，どのようにしたら，教育の中で正しい知識を深い理解状態にすることができるのか。

（4）深い理解に達するために

a. 新情報を既有知識に意識的にリンクさせる

普段，私たちはその場限りの目的にあったほぼ良い表象を作りがちである。そうすると，テストで答えられるように丸暗記方略を使い，テストが終わってしまったら忘却する。これでは，新規場面に利用できる知識とはならない。

教師の工夫として，学習者が持っていると考えられる既有知識に関連させて新規事項を提示する有意味受容学習（5-6）が有効である。一方，学習者も授業中に出てくる事柄が自分の知っていることとどのように関連しているかを常に考えながら学ぶことが重要である。

b. メタ認知を活用する

メタ認知とは，簡単にまとめると自分の認知に関する認知を指す（三宮，2008）。大きく知識と活動に分けられ，それらは互いに影響をしあっている。メタ認知的知識には，自分や他者に関する知識と課題についての知識，学習方略（5-2）についての知識が含まれる。一方，メタ認知的活動にはモニタリングとコントロールが含まれている。モニタリングとは，自分が理解している所と，していない所を把握するといった自分の認知に関する監視活動を指す。その結果を評価し，軌道修正する働きをコントロールと呼ぶ。教師の工夫として，例えば表 3-4 のような学習者のメタ認知的活動を促進する発問をしたらど

3章 学習とは

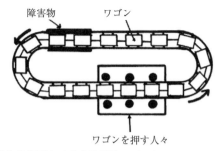

図3-14 素朴概念を修正させる直流回路モデル（Joshua & Dupin, 1987を改変）

うであろうか。ちょっとした工夫により，学習者は自力で正解に到達する。また，どのように学習したらいいのかを教えることも重要である。一方，学習者の工夫として，常に自分の理解や行動に注意を払い，目的は何かを明確にし，それを達成するためには今何をするかを考えることが有効である。

c. 素朴概念を修正する

例えば，直流回路において電球の前後では電流の大きさは変わらないことを教える理科の授業を考えてみよう。子どもの多くは，電球の前よりも後の方が電流は小さいという素朴概念を持っている。その理由は，①電球はずっと使っていると切れる，②切れるのであれば何かが消費されているはずだ，③電球と電池があるのだから電池の何かが消費される，④電池に関係するのは電流だから，電流が消費される，⑤よって，電球の後では電流の量が少なくなっているはずだ，のように学習者の中では，「消費」という概念と整合的に結びついた知識になっている。そのため，単に電球の前後に電流計をつけて，数値が同じことを確認させても，その授業だけの理解で終わってしまう。そこで，学習者が既に持っている消費システムの知識を利用し，さらに図3-14のようにイメージ化したモデルを示しながら授業を行う。学習者は①ワゴンを押す人は疲れる，つまり力を消費する，②電池が切れるのは力を使ったせいだ，③一方，ワゴンの数は変わらない，④ワゴンは電流を表している，⑤つまり，電流はどこでも同じであることに納得をする。このモデルは学習者にとって，すでに持っている消費概念を利用しているので受け入れやすく，新しい知識をスムーズにネットワークに組み入れることができる。

このように，人の処理のバイアスに気をつけながら，新規事項を深く処理し，既有知識に結びつけることにより，様々な場面で活用できる知識になる。

コラム3

脳からみた教育心理学　3．記憶と眠り

　学習したことを記憶として定着させるには，きちんと眠ることが重要である。物事を覚えたあとに睡眠をとることで，記憶の干渉を防ぐことができる。記憶の干渉とは，新しい情報によって以前覚えたことを忘却してしまうことである。睡眠には，このような記憶の干渉を防ぐという消極的な役割だけでなく，その日に覚えたことを整理し，記憶として強化するという積極的な働きをもつことが近年明らかになっている。

　ラットにエサまでの道順を学習させると，記憶の神経回路の拠点である海馬で，場所を記憶する場所細胞が活動する。学習中に活動した場所細胞は，睡眠中にも同じ順番で活動を繰り返す(Qin, 1997)。つまり，道順を学習したラットは，睡眠中に記憶を再処理し，無駄な記憶を省いて，記憶の洗練化を行っていると考えられている。ヒトを対象とした場所記憶の実験では，学習中に海馬が活発に活動していること，さらに学習した日の夜，睡眠中(深い睡眠である徐波睡眠中)にも同じ部位が活動していることがMRI画像で確認された。また，場所記憶の成績は睡眠中の右海馬の血流量と相関していた(Peigneux, 2004)。ヒトでも睡眠中に記憶が再現され，学習が促進されることを示している。

　また，言語を習得する学習にも睡眠の関与が明らかにされている。単語をペアにして覚える課題(例えばhouse–riverなどの対)の想起率は，脳の中心部で出現する睡眠紡錘波の量と相関しており，単語リストを学習した夜に睡眠紡錘波の出現数が多いほど，翌朝の記憶成績の向上が顕著であった(Schabus, 2004；Lustenberger, 2015)。

　さらに，ヒトの複雑な認知・思考過程に関連する前頭葉の働きにも，睡眠が重要な役割を果たす。ワーキングメモリ課題を8時間の間隔をあけて繰り返し練習する場合，課題成績は練習の間に睡眠をはさんだ場合にのみ向上した(Kuriyama, 2008)。

　このように，スポーツや楽器演奏の技術などの学習に関連する手続き記憶，言語や知識の習得に関連する宣言的(陳述)記憶いずれにおいても，日中に学習した知識は，睡眠後にはより長期的に保持されやすくなる。睡眠中には脳の神経細胞レベルで変化が起こり，記憶を整理し定着させるシステムが働いている(Smith, 2013)。これは単なる休息では得られない睡眠ならではの働きであり，学習を繰り返し行うことと同時に睡眠を適切にとることが，記憶の定着に大切である。

コラム4

アニメーションの理解

　皆さんが見ているアニメーション(animation)はどのような過程で理解されているのだろうか。アニメーションは映像という点で実写映像と共通している。そのため，実写映像理解過程モデルであるイベントインデックスモデル(event-indexing model，以下 EI モデル)を，アニメーション理解に利用することができる(梶井，2015)。そのモデルでは，映像内で起こっている出来事について，私たちは心的表象(mental representation)を自動的に作り上げていると仮定している。この心的表象は状況モデル(situation model)と呼ばれる。状況モデルで貯蔵される映像の情報は，次の見出し別に5つに分類される。すなわち，いつ(時間)，どこで(空間)，誰が(登場人物)，どのような目的で(意図)，どのように出来事が起きたのか(因果)である。この状況モデルは映像を見ている間に，逐次新しいものに更新されていく。この一連の流れが映像理解過程である(Magliano et al., 2001)。なお，この更新は映像視聴と同時に行われているため，視聴者の認知的負荷は増加し時間がかかる。

　では，どのような時に状況モデルは更新されるのであろうか。梶井(2012 a, 2012 b)は，EI モデルをアニメーション理解に援用し，状況モデル更新に時間がかかることに着目し，次のような実験を行った。最初にアニメーションをカットごとに区切った。カットとは，1つのカメラで撮られた途切れのないひと続きの映像のことである。そのカット毎の反応時間を測り，映像内のどんな情報の変化が反応時間増加に影響しているかを分析した。その結果，例えば夜のシーンから朝のシーンに変わるなどといった映像の情報の見出しが変化した時と，1つの BGM が終わった時に反応時間が増加することが明らかとなった。つまり，映像内の状況の変化や BGM の終了によって，アニメーションの場面の変化が起こり，それにあわせて視聴者の状況モデルの更新が行われるのである。

　アニメーションは，自閉傾向がある児童の物語理解を促進させる効果も確認されており(腰川・東原，2011)，国語科の教材としても採用されつつある(東原・河村，2012)。アニメーション制作現場だけでなく，教材を制作する際にも，例えば場面が変わった後のシーンでは背景のみが映るシーンを長くとるなどといった，視聴者の状況モデルの更新の処理負荷について配慮すべきであろう。また，アニメーションを視聴する側もこれらのテクニックに注目してみると，アニメーションをより楽しめるだろう。

4-1 読むことの学習 単語から文章へ

(1) 読みのはじまり：音と形の対応

およそ3歳頃，話し言葉をある程度身に付けた子どもは，読み聞かせや名札などの助けを借りながら，徐々に話し言葉の音と書き言葉の形を結び付け始める。しかし，当初はひとかたまりの単語を絵のように認識しており，一つひとつの文字を理解しているわけではない。読みながら文字を指さしていても，音と字が対応していない様子から確認ができる。文字への指さしや音の区切りを意識して話すことで，子どもは言葉が音節から成り立ち，音節と文字が対応していることに次第に気が付いていく。このような音の認識，分節，操作能力を音韻意識(phonological awareness)と呼ぶ。4～5歳頃には，一つひとつの文字を音声で識別しながら文字を捉える子どもも増え，それまで大人に読んでもらっていた絵本を，文字を指さしながら一文字ずつ拾い読みする様子等が見られる。このようにまず，音と形の対応の段階がある。

書き言葉の理解が進む中で良く見られるのが鏡文字(鏡映文字)である。鏡に映ったように反転した文字(あ)は音と形の対応の学習が進んでいることを示す一方，未熟な理解を示す指標となる。特に書字の始まりの時期には，こうした間違いの訂正をあまり執拗に行うと書字自体に嫌気がさしてしまう懸念もあるので，正しい形を伝えつつも焦らずに見守ることが大切である。

(2) 単語の理解

音と形の対応に気付いた後でも，しばらくは文字を単語や文節の単位で理解することは難しい。これは一つには語彙や概念の未熟もあるが，もう一つは読みという行為自体への不慣れのためである。内容としては十分に理解できるお話でも，読むとなるとたどたどしくなる場合などは後者の読みに関する不慣れの影響が大きい。理解と慣れの両方が揃って発達することで語句の意味，いわゆる文節に基づいて区切って読むことができるようになっていく。なお，後々の読解力の有力な指標として読解中の単語処理にかかわる短期記憶の容量(ワーキングメモリ容量)が挙げられている(3-7)。

(3) 文の理解：ガーデンパス文，文脈，比喩，推論

読むことの学習は，書いてあることを正確に理解するという段階を経て，徐々に書いていないことまでを理解する段階へと進んでいく。

例えば①「一郎は二郎を助けた」に比べると②「一郎は二郎を助けた三郎を助けた」という文の方がわかりにくい。これは単純に文が長いというだけの

問題ではなく読解中に一郎が助けたのは二郎ではなく三郎だということがわかり，理解を改めなければいけないからである。このように文章の途中で間違った理解に導かれてしまう文章を，理解が袋小路(ガーデンパス：garden path)に入るという意味でガーデンパス文と呼ぶ。ガーデンパス文は読みにかかる時間が長く，読み返しが増えることがわかっている。文を正確に把握することの難しさを示す例と位置づけられる。また，文は多くの場合，前後に文脈(context)を持っている。例えば，「二郎が三郎に助けられたことを一郎は知っていた」という文が②の前にあれば，②の読みやすさが上がる。また，「僕はうなぎだ」のように文脈がなければほとんど意味をなさない文もある(佐藤，1996)。読んでいる文だけではなく，その前後の情報も考える必要がある。

また，書いてある通りに読んだだけではわからない，あるいは別の意味を持つ文もある。例えば「女性は太陽だ」という文は，a)女性は宇宙に浮かぶ天体の１つだ，と理解すると間違いであり，b)女性は太陽のように尊く暖かい存在だ，等と理解するべきである。a)の理解を字義通り(literal)と呼び，b)を比喩と呼ぶ。比喩には「まるで〜のようだ，みたいだ」等，明確な指標が伴う直喩(simile)，例のように指標が伴わない隠喩(metaphor)等がある(中本，2005)。比喩を理解するためには，たとえられる語とたとえる語の共通性や類似点に気づく必要があり，字義通りの理解とは異なる認知過程が必要となる。なお，字義通りではない言葉の例として嘘や皮肉，謙遜，冗談なども挙げられる。このような理解は小学校中学年前後から進み出す(田村他，2013)。

さらに，書いてあることを正確に理解するためには書かれていない情報を補う必要もある。例えば，「うっかり花瓶にひじが当たった。ガチャン，という大きな音が響いた」という文章を読んだ時，文自体には明示されていないにも関わらず，多くの人が(イ)「花瓶が床に落ちて割れた」ことを理解する。さらに，人によっては(ロ)「花瓶が粉々に砕け散った」ことまで思い浮かべるだろう。このように文に書かれていない内容を想像で補って理解することを推論(inference)と呼ぶ。(イ)は橋渡し推論(bridging inference)と呼ばれ，現在処理している部分とそれまで処理してきた部分のいわば行間を埋めるために行われる。文の理解に不可欠だと言える。(ロ)は，不可欠ではないが，新しい情報を追加するために行われる推論で，精緻化推論(elaborative inference)と呼ばれる。

このように言葉の発達は小さな単位から大きな単位へ，そして直接的・明示的な内容から間接的・暗示的な内容へと進んでいく。

4-2　文章による学習　状況モデルと既有知識

　以下の議論は文章読解に伴い，心内に情報が表現されることを前提としており，これを心的表象と呼ぶ。

(1) 構築―統合理論

　構築－統合理論(construction-integration model：Kintsch, 1998)に基づくと，文章読解時の認知過程は心的表象の構築と統合の2段階に，さらに構築過程は文章のミクロ構造の処理とマクロ構造の処理の2つに分けられる。ミクロ構造は個々の語や句の処理から構築される(4-1)。マクロ構造とは個々の語や句ではなく，いわば文章の要約であり，語や句の情報を縮減・再構成することで構築される(Kintsch & van Dijk, 1978)。例えば「ジョンはチケットを購入し，デンバーの空港へ向かった。航空機に乗り込むと飲み物をもらい，うとうとしている内に，航空機はシカゴに向けて飛び立った」(Kintsch, 1998, p.177)という文章を読んだ際，個々の語句のミクロ構造が構築される一方で，意図的に推論を行わなくても，「ジョンはシカゴへ飛び立った」というマクロ構造が自然と構築される。これらの処理は読者のワーキングメモリ(working memory，例えばBaddeley, 1992)の制限のもとで行われ，語や句を目にした際に，あるいはその連続として文章を読み続けている間に，意識することなく半ば自動的に行われる処理である。したがって，ここには必ずしも文章の理解にとって必要な心的表象のみではなく，雑多な心的表象も同時に構築される。そこで統合過程において，これらが文章の内容としての整合性(coherence)を保つように，心的表象の結びつきの度合いに基づいて取捨選択され，その結果残ったものが文章内容に関する心的表象として記憶される。

　上記の構築－統合過程で生まれる心的表象は，表層形式(surface form)，テキストベース(textbase)，そして状況モデル(situation model)という3種類に分類される(図4-1)。表層形式はミクロ構造・マクロ構造以前の心的表象で，文章で用いられている単語や句そのものの心的表象である。私たちが語や句の意味を処理するためには，まず語や句自体を認識する必要があり，その際に構築される心的表象(例えば「猫」という文字の[neko]という音や「猫」という形)が表層形式と呼ばれる。テキストベースは先述のミクロ構造とマクロ構造の両者を含み，文章に書かれていた正確な語句ではなく，文章の意味の心的表象である(4-1)。そして状況モデルは，ミクロ構造そのものでもマクロ構造そのものでもなく，文章によって描かれた状況の心的表象であり，文章固有の

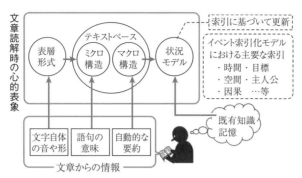

図 4-1　文章読解時の心的表象のモデル
(Kintsch, 1998；Zwaan & Radvansky, 1998 を参考に作成)

構造からは離れて読者の既有知識に基づいて構築される。以上より，文章の理解とはこれらの心的表象を適切に構築し，適宜更新していくことだと言える。

(2) イベント索引化モデル

イベント索引化モデル(event-indexing model：Zwaan & Radvansky, 1998)は，状況モデルの構造についてのモデルである。読者は状況モデル内の時間・空間・因果・目標・人物(ないし主人公)といった情報の変化や不連続性に敏感であり，これらの情報は状況モデルの主要な索引(index)としてモニターされ更新される(図 4-1)。また，更新の際には処理負荷がかかることから，読み時間が長くなることが示されている(Zwaan et al., 1995)。なお，主要な索引については，上記以外にも，感情(Komeda & Kusumi, 2006)や文学的表現など(Miall & Kuiken, 1999)などが挙げられる。

(3) 文章による学習

文章による学習を考える際には，少なくとも文章そのものの学習と，文章が表す内容の学習の 2 種類を考えることができる。(1)を参考に，前者はテキストベースの学習，後者は状況モデルの学習と考えるとわかりやすい。テキストベースしか理解していない場合，文章は覚えていても，意味がわからないということが起こりうる(Kintsch, 1986)。暗唱や詩歌などは表層形式，テキストベースの理解も重要であるため，一概には言えないが，文章の深い理解という点では状況モデルを目標に読解をする方が適す(Kintsch et al, 1990)。文章そのものではなく，その文章が表している内容を意識して学習・教育を行うと文章による学習がうまくいくだろう。

4-3 測定される読解力

人は文字や単語を認知し，文構造を解析し，文を理解し，文章全体としての状況モデルを構築する(4-1, 4-2)。この節では単語認知や文の構造は理解した後の読解力に焦点をあて，その定義を最初に検討する。

(1) 読解力の定義

表4-1に日本人の高等学校国語総合における読むことの学習指導要領を示した。主にテキストベースの理解が読解力としてとらえられている。表4-1のオのみが，状況モデルレベルの能力を対象としている。

一方，OECD(経済協力開発機構)によるPISA(Programme for International Student Assessment)調査における読解力の定義は「自らの目標を達成し，自らの知識と可能性を発達させ，効果的に社会に参加するために，書かれたテキストを理解し，利用し，熟考し，これに取り組む能力である(国立教育政策研究所，2013, p.3)」とされている。具体的には，①情報の取り出し(文章を理解し，文章中の情報の取り出す)，②解釈(書かれた情報から推論して文章の意味を理解すること)，③熟考・評価(書かれた情報を自らの知識や経験に関連づけ，自分の意見を述べる)について，高校1年生の読解力が測定される(有元，2005)。また，質問の形式は選択式と自由記述によって構成されている。PISAが定義している読解力では，主にどれだけ豊かな状況モデルを構築しているのかに焦点があてられている。同時に，どれだけ上手に表現できるのか文章の産出も読解力に含まれている。

このように，どこに力点を置くかは異なっているが，テキストベースや状況モデル内の表象の豊かさが読解力の程度を決めている点では共通している。

(2) 読解力の測定

読解力の測定例を図4-2に示した。問1は文章中の情報の取り出しについて測定している。問2の人物1は，この文章で扱われているか「石」の意味を取り違えている。それに対して，「書かれた情報から」推論して文章の解釈を述べることを要求している。問3では，文章から離れ，既有知識を使い，この物語のテーマを尋ねる熟考・評価の質問である。

このように，目指す読解力と発問が対応していなければならない。測定の妥当性が低くならないように，問題作成者は気をつけなくてはならない(7-2)。

表 4-1　高校国語総合の学習指導要領抜粋（文部科学省，2009）

(1) 次の事項について指導する。
　ア　文章の内容や形態に応じた表現の特色に注意して読むこと。
　イ　文章の内容を叙述に即して的確に読み取ったり，必要に応じて要約や詳述をしたりすること。
　ウ　文章に描かれた人物，情景，心情などを表現に即して読み味わうこと。
　エ　文章の構成や展開を確かめ，内容や表現の仕方について評価したり，書き手の意図をとらえたりすること。
　オ　幅広く本や文章を読み，情報を得て用いたり，ものの見方，感じ方，考え方を豊かにしたりすること。

けちんぼうと黄金

　けちんぼうが持ちものをすべて売りはらって，黄金のかたまりを買いました。そして，古い壁の近くに穴をほり，その黄金を地面にうめたのです。けちんぼうは毎日，黄金を見に行きました。しょっちゅうその場所に出かけるものですから，けちんぼうのもとで働いている職人がそれに目をつけ，けちんぼうの行動を観察することにしました。職人は宝物がかくされていることをすぐに知り，地面から黄金を掘りあて，それを盗んでしまったのです。例によってその場所にやってきたけちんぼうは，穴がからっぽになっていることに気がつき，髪の毛をかきむしりながら，大きな声でなげき悲しみました。となりの家に住んでいる人が，けちんぼうのなげき悲しんでいるようすを見ていましたが，そのわけを知って，次のように言いました。「まあまあ，そんなになげき悲しみなさんな，石をもっていって，穴の中に入れて，黄金がまだそこにあると思えばよろしい。あなたにとっては，まったく同じことだろう。黄金があろうとなかろうと，どうせまったく使いやしないんだから」。

問1　けちんぼうは，どのようにして黄金のかたまりを手に入れたのですか。
問2　物語を読んだ二人が次のように会話しています。人物2がこのような意見を言うとき，どんな理由をあげたらよいと思いますか。
　　人物1：隣の人は意地悪ね。黄金のかわりのものとして，石よりもっといいものを入れるように言えたはずよ。
　　人物2：いや，そうじゃないよ。この物語では，その石が重要なんだよ。
問3　この物語が伝えようとしていることは主になんですか？
　A　盗まれる可能性のある富をたくわえるな
　B　他人を信用するのはまちがえである
　C　持っているものを使わないのは，持っていないのと同じことだ
　D　変えられないことを，なげいてはいけない

図 4-2　PISA 2012 読解力予備調査問題（国立教育政策研究所，2013 より改変）

4-4 本からの学習　代理経験の重要性

　小説を読む人でなくとも，お話の世界の代理経験は本当にあるのだろうか，という点には多少の興味はないだろうか。また，国語や道徳の教科書でお話や小説を読む経験は本当に現実で役立つのだろうか。科学の世界では複数の観点からこのような代理経験に関する研究が進んでいる。

(1) 代理経験の科学的根拠

　身体化認知(embodied cognition)や身体化(embodiment)の研究分野では言語活動に伴う知覚や運動の処理を検討している。この中で，知覚的・運動的な単語や文を読んでいる際には，実際にその知覚や運動を行う際に活性化する脳領域が働いてことが示された(Fischer & Zwaan, 2006)。つまり，脳活動の範囲では，文章を読んでいる際の登場人物の知覚や運動を代理経験している可能性が支持されている。さらに登場人物の感情変化を含む物語理解の際に，空間的視点取得能力が関わっていること(Mano et al., 2009)，物語を好んで読む人ほど，読解中に知覚的情報の処理や感情を経験する傾向があること(Tsunemi & Kusumi, 2010；常深，2009)などが示されており，知覚・運動以外でも代理経験が成立している可能性が指摘されている。また，国語における小説の単元の目標に登場人物・作者の心情理解が含まれているように経験則としては代理経験から現実の他者理解能力が伸びることが素朴に期待されてきたと考えられるが(文部科学省，2008)，科学的根拠も増えている。例えば脳研究から物語理解と他者の理解(1-6)には共通の脳領域が関わっていること(Mar, 2011)，文章理解の研究からは物語には心的状態語(think, feel, guess)が多く使用され，他者の心情理解が促進されやすいこと(Mar et al., 2010)等が示されている。

　まだ体系的にまとまってはいないが，複数の研究が代理経験を実現する基礎的な認知過程の存在を支持していると言える。

(2) 代理経験との付き合い方：写像的理解

　成功例の観察学習のような比較的単純な代理経験の場合は特に問題にならないが，より複雑な，膨大な，あるいは問題との距離が遠い場合の代理経験についてはどうだろう。例えば世の中には教養小説と呼ばれるものがある。多くは青年期の主人公が様々な経験を積み人間的に成長する(あるいは反面教師として破滅する)内容だが，この読解経験は適切な代理経験になるだろうか。また，その中に現実には経験できないような内容が含まれる場合はただちに無意味になってしまうのだろうか。

ここで写像的理解(mapping comprehension)という概念を紹介したい。これは筆者の造語であり，自分が直接経験していない内容を比喩的に自分に置き換えて行う理解を指す。例えば，フィクションの中で見習いの魔法使が苦労して魔法を覚えることと，現実で新人が仕事上の能力を苦労して身に付けることは重なると理解できる。代理経験は多かれ少なかれ自分の状態や問題とはズレが出るものである。それを一義的に受け取ってしまえば，自分には当てはまらない，あるいは不適切な内容になり代理経験としての学習は成り立たないだろう。しかし，上記のような写像的理解を経て，自分の状況と重なる部分を抽出することで，良い代理経験として学習に役立てることができる。例で言えば，魔法ではなくとも，自分に必要な力を獲得するためには相応の努力をしなければならない，という学習が可能なのである。他にも，反面教師という理解もそのまま真似すれば不適切な代理経験の正と負を反転させ，真似してはいけない内容として受け取ることで良い代理経験からの学習になると言える。

（3）より良い人生を生きる——教養教育と代理経験

　最後に代理経験ならではの学習について触れる。教養小説は写像的理解を含め有効な代理経験になることが期待される小説と言える。しかしここで期待されている教養とは何だろうか。教養に対置されるのは実践である。実践を中心とした教育では，生活に即してすぐに役に立つ知識・技能を教える。一方の教養は知識・技能を習得する能力そのものを育もうとする教育であり，観察・注意・記憶・想像・分析などの各能力を高めることに重点を置くとされる。実践に比べると意義が見えにくい教養であるが，広い見識や長い経験からしか生まれない叡智(wisdom)という概念もある(Ericson, 1959)。教養は直接は教えることが難しい叡智に向かって積み重ねるべき見識や経験を指すとも言える。

　論を教養小説に戻せば，こういった小説の意義は主人公の理想的な成長ばかりではなく，現実に自分で経験するには深刻な失敗や恥，時には悪徳や死などをまさに代理経験できることではないか。そして本来人ひとりの人生では経験しきれない多くの人生を経験できることではないか。それは代理経験を通してしか成立しえない学習である。

　冒頭で紹介した身体化認知の研究からは，豊かな代理経験が成立するのはその源となる豊かな現実の経験の蓄積があってこそだということも示唆されている。したがって，現実で様々な経験をすることを欠いてはならないが，それに併せて多様な代理経験による学習を行うことで私たちは人間らしい高度な学習を行うことができると言える。

4-5 本からの学習　読書のすすめ

(1) 読書離れとは

　近年，問題となっている読書離れとは，昔の人々に比べ，現代の人々が本を読まなくなっている現象を指す。また，成長とともに人は読書をしなくなっていく現象を指すこともある。読書離れは不読率という指標で捉えやすい。ある集団で，全く本を読まない人の割合である。例えば，1か月に1冊も本を読まない人が50人中15人いるなら，30%の不読率となる。図4-3を見ると，1963年から1997年までの中学生・高校生は不読率が高まっている。徐々に本を読まなくなっている。ここに前者の意味での読書離れ傾向が読み取れる。一方，全体を見て明らかなのは，小学生，中学生，高校生の順で不読率が上がっていることである。これは後者の意味での読書離れである。

(2) 読書習慣を形成することの意味

　読書離れが問題視されるのは，読書に大きな価値が認められているからである。読書は知性や学力を高めることにつながると考えられている。読書離れが進行することは，知性や学力が低下するという懸念材料になる。

　確かに読書をすれば，読字力，語彙力，文法力，読解力などの言葉の運用力が高まる。しかし，本を数冊読んだからといって，それが生じるわけがない。その力は読書習慣が形成されることによってもたらされるのである。

　平山 (2003) は，女子大学生の読書習慣について，共分散構造分析を用いて検討した。その結果，1週間あたりの読書日数，1日当たりの読書時間，1年間の読書冊数，読書習慣に関連する自己評定3項目の6変数による「読書習慣」という変数は，漢字の読み，漢字の書き，本に関する知識の3変数による「読書関連知識」と因果関係にあることがわかった。つまり，大学生に読書習慣があれば，大学生の漢字を読む力や書く力が高くなるのである。

　読書習慣があれば言葉の運用力が高まる。そして，その運用力の向上により，さらに本を読むことが容易になれば，読書習慣がますます強化されるだろう。また，日常的に本を読むという活動は，精神的にも身体的にも負荷がかかるものである。つまり，そこで読み手は，集中力や忍耐力を求められている。したがって，読書習慣があるということは，日々の読書により，集中力や忍耐力を鍛えているのである。その知的な集中力や忍耐力は読書以外の知的行為，例えば学業にも振り向けられるので，学力向上にも寄与するのである。

　本を読むということは，紙の上の文字列から意味を見出していく作業であ

る。想像や推論をする力なくして，本を読み進めていくことはできない。特に，知らない単語や意味の取りにくい表現に出くわした場合，その意味を調べる手段や時間がないときは，文脈から推測したり，経験や既有知識に照らして予測したりするほかはない。Swanborn & de Glopper(1999)によると，通常の読書においては，読書をしているときに遭遇する未知語の約15%を子どもたちが学習するという。読書とは書かれたものを単に頭に入れることではない。想像し，推論し，理解し，学習するダイナミックな認知過程なのである。

今や，与えられたものを学ぶ時代から，主体的に課題を見つけて学ぶ時代へ，また，唯一の正解を求める時代から様々な解答の選択肢を生み出す時代へと学習観が変容している。その状況において，読書は新しい学習観にも適合する有益な学習手段であり，その習慣形成は学習者に利益をもたらす。

(3) 読書の動機と読書のすすめ

平山(2015)は，因子分析によって，大学生の読書動機を4つ見出した。娯楽休養(楽しみやリラックスのための読書)，錬磨形成(成長のための読書)，言語技能(言葉の力を高める読書)，影響触発(周囲から刺激される読書)である。本来，読書とは自由な活動であるので，もちろん上記以外の動機であっても構わないし，読書をする，しないも基本的には本人の意思次第である。

しかし，陰山(2009)は「日常生活で使う言葉の数は非常に少ないものです。話したり聞いたりしているだけでは，なかなか語彙を増やすことはできません。その語彙を増やすのに役立つのが読書なのです」(p.68)と述べている。やはり，質の高い語彙や豊かな表現が多く含まれる書籍を子どもに勧め，そのような書籍を読む力と読書習慣をつけさせることが大切である。

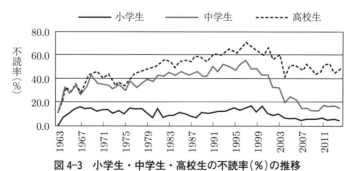

図4-3　小学生・中学生・高校生の不読率(%)の推移
(毎日新聞社と公益社団法人全国学校図書館協議会が毎年実施している「学校読書調査」のデータをもとにグラフ化した。)

4-6　オノマトペによる情感の学習

　私たちは，日常生活のなかで擬音語と擬態語という，いわゆるオノマトペ（onomatopoeia）を頻繁に用いる。「彼はのどの奥が見えるほど口を開けて笑った」と説明するよりも，「彼はゲラゲラ笑った」といったほうが愉快な気持ちの強さや笑い声の大きさを相手に容易に伝えることができる。また，「雨がしとしと降っている中を私は歩いた」と「雨がザーザー降っている中を私は歩いた」では，雨の降り方やそれによって引き起こされる情感が異なっている。

　このように，オノマトペは感性の言葉とも言われており（苧阪，1999），読み手や聞き手に対して情動や動き，五感などのイメージを強く喚起する働きを持つ（矢口，2011）。例えば，「ザーザー」という単語を視覚的に読んでいる時に，聴覚的なイメージも思い浮かべることができ，異なった感覚を読んでいる最中に処理している（**コラム5**）。さらに，オノマトペでなくては表現することができない事柄もある。

(1) 国語教育でのオノマトペの利用

　オノマトペは日本語の語彙として数多くあるので，就学前の日常会話ですでに学習は始まっている。そして，小学校入学後から主に国語教育の中で体系的なオノマトペ学習が始まる。

　例えば，文部科学省（2008）の『小学校学習指導要領解説：国語編』では，小学校1，2年生のひらがな表記とカタカナ表記の書き分け獲得の具体的な教材としてオノマトペが挙げられている。また，3，4年生の比喩表現の理解に関する指導においても，オノマトペが具体的な事例として取り上げられている。国語教科書内でもオノマトペは頻繁に登場し，岡谷（2015）によれば，現在出版されている小学校用国語教科書には5年生の平均255.8語を最多として多くのオノマトペが記載されていた。

　このように，初等国語教育においてオノマトペを用いた表現に親しむことは，単なる読み書き能力の獲得だけでなく，感性の理解や表現といった高次のコミュニケーションスキルへと発展することが期待できる。

　例えば，手で触ったり目で見た内容を，オノマトペを積極的につかって表現することで，自己の知覚体験を他者に伝えるという体験を獲得することができる。このような体験は，コミュニケーションの活発化や自己表現のきっかけとなるだろう。また，教科書などに記載されているお話のオノマトペに注目させることにより，文章ではなく音や動きを読み取るという従来とは異なる読書体

きらきら　　キラキラ

何が違うと思う？

図 4-4　オノマトペを用いた表記形態習熟の例

験も可能になる。

　また，同じオノマトペでも平仮名表記と片仮名表記では印象が変わるということも知られている（矢口，2012）。図 4-4 では，どちらの表記形態の方がより輝いていると感じられるだろうか。それぞれの表記で記載されたオノマトペの印象を報告しあうことで，平仮名と片仮名の違いやかき分けを意識するきっかけとなる。

（2）特別支援教育でのオノマトペ利用

　単なる言語情報だけでなく，様々なイメージを喚起するオノマトペは，健常児を対象とした国語教育だけでなく，身体障がい児や知的障がい児などを対象とした特殊支援教育でも活用されており，特に聴覚障がいを持つ生徒に対するオノマトペを活用した教育活動の報告が多い。

　例えば，下村ら（2012）は，聴覚障がい学生に対して黒板やテキストに記載されている言語情報以外の，教室内の雰囲気や教員の口調といった非言語情報法の伝達（例：ざわざわ）にオノマトペを用いた教材開発を行っている。また，池間ら（2008）は同じく聴覚障がい児の比喩理解において，オノマトペを使用することでより豊かな比喩理解が可能になる可能性を示している。また，田中・伊藤（2007）は，肢体不自由・知的障がい・視覚障がい（弱視）・てんかんを併せもち音声言語を獲得していない重複障がい児を対象とした特殊支援教育においてオノマトペの有効性を検証している。例えば，教師側が「どんどん」や「ぺろぺろ」のようにオノマトペを多用しながら対象児に模倣的に関わることで，対象児童とのコミュニケーションが活発化することが報告されている。

　これらの報告を合わせると，オノマトペを特殊支援教育で活用する最大の利点は，非言語的情報も交えた指導を可能とする点にある。健常児と比べると，教室内で獲得できる情報が限られる児童にとってオノマトペは，従来では経験することが困難であった情報に触れ体験する絶好の機会となりうる。

　また，教師側からオノマトペを提示するだけでなく，生徒にオノマトペを使った表現を促すことで，今彼らが何を考え何を感じているのかを知る一つのヒントにもなるだろう。

4-7 書くことの学習

(1) 文章を書くということ

　文章を書いていると，自分の考えていたように書けず，もどかしさを感じることが多い。むしろ，思った通りに書けることの方が稀有であるといえる。

　図4-5のAを見てみよう。頭の中に思想があって，単にそれを言葉に置き換えていくだけであるならば，もどかしさは生じないはずである。しかし，図4-5のBのように，書くという活動は複雑である。自分が書いた文章によって，頭の中の思想や内容が影響を受け，また，文章を書き直していく。このようなことを何回も繰り返すことが，文章を書くということなのである。

(2) 文章を書くことはなぜ難しいのか

　幼児期に子どもたちは話す力を徐々に身に付けていく。その子どもたちが，小学校に入り，ひらがなを習えば，すぐに文章が書けると予想される。しかし，実際は，口から発せられる豊かな「話し言葉」に比べて，鉛筆の先から出てくる「書き言葉」は非常に貧弱であることが珍しくないのである。

　なぜ，書き言葉の産出は難しいのだろうか。これは，「ガラス理論」（ヴィゴツキー，1975）により理解できる。電車に乗り，車窓から風景を眺めているときに，窓ガラスを意識することはない。しかし，ガラスに雨粒や虫が付くと，ガラス面に注目してしまい，外の風景がぼやけてしまうことがある。このたとえでいうと，窓ガラスはことばである。意識されないガラスが話し言葉（図4-6a）であり，意識されるガラスが書き言葉（図4-6b）である。

　ふつう，私たちが会話をするときは，具体的な文脈と動機の中にあることが多い。それは相手がいるからであり，話すべき内容も，話す意欲も自然と生じてくる。しかし，文章を生み出す作業は通常一人で行うものであり，書く内容，書く意欲は独力で生み出さねばならない。しかも，文章を書く作業は言葉だけを扱うので，言葉ばかりが意識されることになる。したがって，言葉に関して無自覚に，どんどんと言葉を生み出すことはできない。

(3) 書く力を高める

　文章産出について研究する場合，作文が手段なのか，目的なのかを明確に区別しなければならない（平山，2010）。例えば，日記を書く場合，一日を振り返る場合には手段としての文章産出であり，良い（質の高い）文章を後に残そうとする場合は目的としての文章産出である。ここでは後者について考える。

　文章産出過程は，大きく分けて，構想する段階，書く段階，推敲する段階が

ある。この3段階を行ったり来たりしながら、文章は作られていく。もちろん各段階も様々な要素で構成されている。したがって、書く力を高めるといっても、各段階においてトレーニングが必要であるため、容易いことではない。

構想段階ではいろいろなアイディアを生み出し、それらを取捨選択しながら、これから書く文章のプランを立てなければならない。したがって、書き手は知識の蓄えが必要であり、また、情報を調べる力もつけなければならない。

書く段階では、語彙力や表現力がものをいう。考えていること、感じていることを的確に言語化できるか否かは、作文の練習を重ねることだけでなく、日ごろの読書で言語力を高めることが不可欠である。なぜなら、読んだことのない言葉を想起したり、使用したりすることはできないからである。

推敲する段階では、一旦、書き手の気持ちを離れ、できるだけ他者のように、自分が書いた文章を読むことができるかが重要である。自分の産み出した文章を自分で読むと、書いていない内容や文脈を自分で補って読むため、他者が読むと、意味や筋が通らない文章になっている可能性があるからである。

書く力を高めるには、要約に注目したい。「要約は、文章理解力・文章表現力を向上させる優れたトレーニング方法」（石黒，2004）だという。読む力がなければ書くことができないのが要約課題である。読書不足が懸念されるなかで、読む経験を積みつつ、書く課題をこなす要約は書く力を高めるだろう。

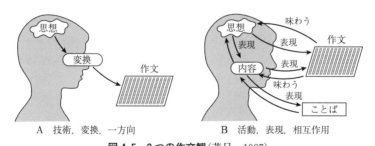

図4-5　2つの作文観（茂呂，1987）

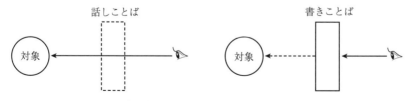

(a) 話しことばはガラスのように透明である．　(b) 書きことばではガラス（ことば自体）が見える．

図4-6　ガラスの理論（田中，1986）

コラム5

脳からみた教育心理学　4．言語

　脳の特定の部位が脳出血などで損傷を受けると，言語機能が失われる症例が19世紀後半にあいついで報告された。ひとつは，言葉を聞いたり，理解することはできるのに，うまく言葉を発することができず，何を聞かれても「タン，タン」としか発話できない症例で，患者の脳の左半球下部に損傷が認められた。この部位は，発見者であるブローカ (Broca, P.) の名をとってブローカ野 (Broca's area) と呼ばれるようになった。ブローカの報告した症例とは対照的に，言葉を話したり読んだりすることはできるのに，言葉の意味を理解することができない症例も報告され，この患者では側頭葉に損傷が認められた。この領域は発見者ウェルニッケ (Wernicke, C.) の名にちなんでウェルニッケ野 (Wernicke's area) と呼ばれている。また同じ頃，フランスの神経学者デジュリヌ (Déjerine, J.) が会話には異常がないにも関わらず，読み書きにだけ障害が認められた患者の脳を解剖し，左半球の角回に病変があることを報告した。

　人の言語活動は，左半球優位の処理が行われており，言語活動に関連する部位を言語中枢と称する。ブローカ野は文法と読解，ウェルニッケ野は単語と音韻の処理を担っている。角回は，頭頂葉（触覚），側頭葉（聴覚），後頭葉（視覚）が接する場所であり，一次視覚野で処理された文字情報が届き，意味的処理が行われていると考えられる (Sakai, 2005)。

　ところで，私たちは視覚や聴覚など別の感覚において，柔らかい，明るいといった共通した印象をもつことがある (4-6)。例えば，図のような2つの図形があり，1つは「ブーバ」，もう一つは「キキ」と呼ぶ場合，どちらがブーバでどちらがキキかを選ばせると，大多数の人が丸い図形の方をブーバ，ギザギザの尖った図形の方をキキだと答える。一般的に認められるこうした関係を，ラマチャンドラン (Ramachandran, V. S.) はブーバ・キキ効果 (Bouba/kiki effect) と名づけたが，角回に損傷のある人ではこのような連想がうまくできないことがわかっている (Ramachandran & Hubbard, 2001)。このことからも角回が，異なる感覚の属性を抽出して抽象化する部位であることが示唆される。

　言語は人間固有の高次脳機能である。人間を特徴づける言語のしくみを調べること，言葉による思考やコミュニケーションの能力が脳のどこに宿るのかを探ることで，人間とは何かという答えに近づいていけるかもしれない。

図1　どちらがブーバで，どちらがキキ？ (Ramachandran, 2001)

コラム6

書くことの良い効果とは？

　気持ちが落ち込んだときに，友人と話をしてみるという人は多いのではないだろうか。仲のいい友人に悩みを打ち明けると，すっきりすることがある。しかし，悩みの内容によっては友人に話せない場合もあるだろう。もし，あなたが勇気を出して友人に話したとしても，友人があなたの抱えている悩みを受け入れてくれるかは分からない。そんな時，悩みを紙に書きだしてみると，同じくらい良いかもしれない。

　一般的な大学生を対象に，人生で最もトラウマティックな体験について筆記させる実験を行ったところ，体験について書いた参加者は筆記直後に気分の落ち込みがみられたが，実験の数か月後には，体験とそれによる感情を筆記した参加者に通院の減少がみられた(Pennebaker & Beall, 1986)。このことから，自分の抱えているネガティブな体験とその感情を書くことは，短期的にはネガティブな効果を生むものの，長期的にはポジティブな効果を生むことが示された。このような自分のことについて筆記を行う研究は，様々な場面を想定して実験が行われている。例えば，遠藤(2009)は大学生を対象に，怒りについて筆記する効果を筆記の表現方法別に検討した。その結果，感情のみの筆記や体験のみの筆記よりも，感情と体験の両方の筆記の方が，より顕著に怒り感情が減少し，怒り経験への理解が促進されることが明らかとなった。一方，根本(印刷中)は映画視聴という間接的体験によって得られたネガティブ感情に注目し，その感情を筆記した直後の効果を調べる実験を行った。その結果から，間接的体験であっても直接的体験と同様のしくみによって筆記による影響があることが示唆された。

　では，なぜこのような筆記の効果は生まれるのか。長期的な良い効果が現れた参加者はそうでない参加者と比較して，因果思考，洞察，内省を表現し，全体の流れがまとまっていることが明らかとなった(Pennebaker et al., 1997)。また，トラウマティックな体験と感情について，箇条書きをする場合と，出来事を物語化して筆記する場合では，後者の場合のみ良い効果が現れた(Smyth et al., 2001)。このようなことから，体験について新しい解釈を行う認知的再評価の促進が，書くことによる良い効果のメカニズムの1つであると考えられている(Smyth et al., 2007)。つまり，筆記によって出来事や自分の感情に対して理解を深めることができ，それが良い効果につながると考えられる。

　筆記は誰にも邪魔されずに，一人で行える。誰かに話す場合と違って，受け入れられなかったり，否定的な反応をされたりするといった心配もなくなるだろう。

5-1 学習者の工夫　態度

(1) これからの学習者に求められる態度

社会の発展あるいは変化がゆるやかであった頃は，子どもたちは，教師から知識や技術を教えられ，それをきちんと身につけることによって，大人になり，社会に参加することができた。しかし，グローバル化や情報通信技術（ICT：Information and Communication Technology）の発展などにより，社会が激変するようになった今日では，一旦獲得した知識や技術がすぐに陳腐化してしまったり，せっかく就いた職業そのものが消滅してしまったりする危険性が増えた。そこで，知識や技術を頻繁に更新したり，まったく新しいことを一から学んだりすることが，一生を通じて求められるようになってきた。その際，受動的な学習では対応できない。自らが目標を立て，自ら工夫しながら，自ら学習を展開して行くような態度を形作りたい。

(2)「問い」を立てながら学ぶ

自ら学びを展開する上で有効な方法の1つは，「良い問いを立てる」ことである。「問い」の品質次第で学びの有益さが左右されるといっても過言ではない。"Ask a silly question and you get a silly answer." という諺がある。問いの立て方を間違ってしまうと，どうしても質の低い答えしか出せない。「よい質問には，半ばの答えが含まれている」（開高，1983）という言葉も示唆深い。問いは立てた時点で，答えの過半が決まってしまう。

(3) クリティカル・シンキングから学習態度を学ぶ

クリティカル・シンキング（批判的思考）という心理学の研究領域で得られた知見が，自ら学ぼうとする学習者がとるべき態度を教えてくれる。クリティカル・シンキング研究は幅広く，しかも深く行われているため，厳密に定義することは難しい。あえて言えば，しっかり，徹底的に，丁寧に考えることである。この表現はあまりに抽象的ではあるが，これを具体的なレベルで実行できるようになるために，クリティカル・シンキングの諸研究，例えば，道田(2012)などを参照してほしい。批判的思考を図5-1に示す。「見かけに惑わされず」に物事を見ることができるようになることが「しっかり」考えることである。また，1つの事物も見る角度によって，いくつもの様相が見えてくる。多角的に「多面的にとらえて」いくことが徹底的に考えることである。そして，ある事柄が信頼に値するかどうかを判断する際には，そこにきちんとした理屈があるか，そしてその理屈通りにそれが成り立っているかを吟味する必要

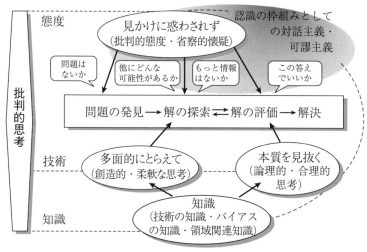

図 5-1　批判的思考（道田，2000）

がある。それが「本質を見抜く」ことであり，これは丁寧な思考によってなされることである。

　学習者は問いを立てるときも，その問いに答えを出すときも，頭を働かせて「考える」作業をしている。クリティカル・シンキングをするということは，自分の考えている過程や考えた結果に対して，さらに自分で考えるという行為（メタ認知）である。その作業を通じて，学習者は学びの隙を埋め，学びの成果をより豊かにすることができるのである。

（4）学びに美徳を持つために

　ポール＆エルダー（2003）は，クリティカル・シンキングという訓練された思考の要素を9つ挙げている。知的誠実，知的謙遜，知的正義感，知的忍耐，知的公平，根拠に対する自信，知的勇気，知的共感，知的自主性である。

　自分には十分に知らない，あるいは全く知らないことがあるという自覚（無知の知）を持ち，自分とは異なる考え方や意見にも十分に接し，必要とあれば自らの考えを改める勇気を持ち，根拠をもった思考を展開しつつ，辛抱強く，他者に依存しない思考を展開できることが，そしてそれをし続けることが，学習者にとっての理想とされる学習態度である。

5-2　学習者の工夫　方略

（1）学習方略はなぜ必要か

　学習方略(learning strategy)とは，辰野(2010)によると「学習の効果を高めることをめざして意図的に行う心的操作あるいは活動」である。学習課題によく適合した学習方略を用いれば，量的に学習を促進するだけでなく，学習を深めたり，誤った学習を回避したりするなど，質の向上にも役立つ。また，その効率化により，学習において発生するストレスも低減できる。

（2）学習方略にはどのようなものがあるか

　学習者が自らの学習プロセスに学習方略，メタ認知，動機づけという観点から主体的に関わることを自己調整学習(self-regulated learning)と呼ぶ。自己調整学習の研究の進展により，学習方略も非常に幅広く捉えられるようになった。では，現在，どのようなものが学習方略と呼ばれているだろうか。

　瀬尾(2014)は，学習方略の分類として，次のように整理している。

　①**認知的方略**：リハーサル，精緻化，体制化，学習課題に応じた方略

　②**メタ認知的方略**：理解モニタリング，自己評価，目標設定，プランニング，教訓帰納，自己説明

　③**リソース活用方略**：注意集中方略，努力管理方略，情動・動機づけ調整，学習環境の構成，他者への援助要請，外部情報の収集

　認知的方略とは，記憶や理解の対策である。リハーサル(rehearsal)とは学習内容の読みや書きを繰り返す浅い処理である。一方，深い処理といえるのは精緻化(elaboration)，体制化(organization)である。前者は学習内容を自分の知識やイメージなどと関連づけることであり，後者は学習内容を分類，整理することである。深い処理の学習方略は良好な成績につながりやすい。

　認知的方略は学習内容に向けられていたが，メタ認知的方略は，自分自身の学習状況に向けられている。理解モニタリングや自己評価といった方略の使用は，学習者に自分の学習の状態や達成度を教えてくれる。また，学習者なりに，自分の状態を踏まえて，学習目標を設定し，学習計画を立てることも，学習成果を上げることにつながる有効な方略である。さらに，学習において，間違ってしまったことを放置せず，分析し，対策を立てることで，次の学習に活かす教訓帰納(lesson induction)や，学んだことを自ら自分に説明することで，学習内容の意味づけを深める自己説明(self-explanation)も，自身の学習を対象化するという意味において，まさにメタ認知学習方略といえよう。

リソース活用方略とは，自分が持つリソース（資源）を巧みに使うこと，あるいは，周囲の環境や他者の力を上手に活用することで，学習への効果を高めていくことである。協働的な学習が，学習者に恩恵をもたらすことが知られてきた現在，依存的な意味ではなく，外部の力を上手に活用すべきである。

（3）学習方略の使用に影響を与える学習観

植阪(2010)によれば，学習観とは，広義には「学習のしくみやはたらきに対する考え方」であり，狭義には「どのような勉強の仕方が効果的かについての個人レベルの信念」だという。したがって，どのような学習観を持つかにより，学習方略を使用するかしないか，どう使用するかが決まる。

図5-2を見てみよう。とにかく勉強量が物を言うと考え，やみくもに丸暗記し，正解ならばそれでよい，という非認知主義的学習観を持てば，学習方略に対して無頓着になるだろう。一方，内容をよく咀嚼しながら，意味を理解しようとつとめれば，正解に至るまでの思考プロセスこそが重要になってくる。そのためには，積極的に妥当な学習方略を知ろうとし，使おうとするだろう。

（4）有効な学習方略を学習者が用いない原因

学習者は有効な学習方略を使用しないことがある。それはなぜか。有効であると理解している方略でも，学習者はそれを用いるコストが負担になれば使わない（コスト感阻害仮説），学習には有効な方略であると知っていても，とりあえずテストで良い成績をとるやり方を学習者は優先する（テスト有効性阻害仮説），学習者が学習方略の有効性を間違って捉えている（学習有効性の誤認識仮説）の3仮説を吉田・村山(2013)は検討した。彼らは「3つの仮説は必ずしも択一的なものではない」(p.33)としつつ，分析の結果，「学習有効性の誤認識仮説が概ね支持された」(p.39)という。つまり，方略の有効性を知った上での回避ではなく，方略に関する知識や理解が不足しているのである。

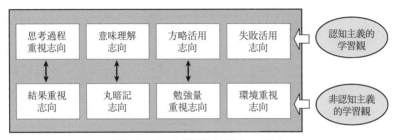

図5-2　2つの学習観(市川ら，2009)

5-3 学習者の工夫 やる気

(1) やる気とは何か

「馬を水辺に連れて行くことはできても，水を飲ませることはできない」ということわざがある。水を飲ませようとしても，喉の渇きがなければ，あるいは飲もうとする気持ちがなければ，飲みはしない。人間も同じことで，周囲がいくら機会を与えても，本人がやる気を起こさなければ無駄なのである。しかし，次のようなことも知られている。強い不安や恐怖などにより，心の不調に陥った人に行われる心理療法の1つに森田療法がある。入院治療の場合，クライエントはまず約1週間の臥褥期（がじょくき）に入る。食事と用便以外は何もせず，ひたすら横になって安静を保つ。最初，疲れ切ったクライエントはその状態に安らぐが，徐々に，動きたい，活動したいという欲求が出てくる。すなわち，人は平常であればやる気をもっており，それを発揮しようとするものなのである。

(2) 学習の2要因モデル

では，人間はどのようなやる気を持っているのだろうか。学習に関していえば，市川（1995）が提案した学習の2要因モデルが参考になる。縦軸に学習内容の重要性，横軸に賞罰の直接性を置くと，図5-3のように6つの志向性が浮かび上がる。学習者の志向性に応じて，教材や学習の指導法，成績の評価法やそのフィードバックを工夫することができる。なお，学習をする際に，利益を求め，罰を避けようとする外発的動機づけ（extrinsic motivation）と学習することそのものが楽しい内発的動機づけ（intrinsic motivation）の2種類が区別されることが多いが，ここでは前者は報酬志向，後者は充実志向にあたる。

(3) 5つの基本的欲求

人間のやる気のもととなる欲求は，マズロー（Maslow, A.H.）によって図5-4

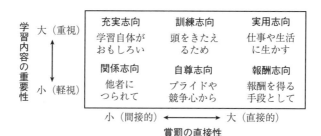

図5-3 学習動機の2要因モデル（市川, 1995）

のように整理されている。生理的欲求→安全の欲求→所属と愛情の欲求→承認の欲求→自己実現の欲求という形で階層化されていることからもわかるように，下位の欲求がある程度充足されることで，上位の欲求の追求が可能になるのである。したがって，この流れは心理的な発達と対応している。すなわち，乳幼児期は生理的欲求や安全の欲求が満たされることが不可欠で，歳を重ねるほど，承認や自己実現といった高度な欲求が焦点化されてくる。なお，学習の2要因モデルと対応づけることを試みるならば，所属と愛情の欲求段階では関係志向が，承認の欲求段階では自尊志向が強くなることが考えられる。

（4）やる気を出すにはどうすればよいか

では，人間のやる気はどうすれば高めることができるのであろうか。その際，人間が結果の原因をどこに求めるかという帰属理論（attribution theory）が示唆を与えてくれる。ワイナーら（Weiner et al., 1971）は，学習の結果の原因が自分の内部にあるか外部にあるか，その原因は安定しているか否かで4つの観点を提示した。例えば，自分の内部にあって安定しているものは「能力」であり，不安定なものは「努力」である。また，自分の外部にあって，安定しているのは「課題の難しさ」であり，不安定なのは「運」である。日本の学校や家庭では，努力や勤勉を強く奨励するので，過度に努力を強調すると，かえって学習者の疲労や諦めを生み，学習動機を下げる危険性もあるが，学習結果の原因は努力に帰属するのが望ましいと考えられる。なぜなら，「努力」をするかしないか（不安定）は，自分だけが決められる（内的）ことであるからである。

図5-4 5つの基本的欲求（マズロー，1971より平山，2000が作成したものを一部改変）

5-4 授業過程

　授業は教師と児童・生徒の相互作用によって作られている。その過程は，学習・教育目標と教育活動，教育評価によって構成されている（図5-5）。まずは実線の矢印にそって，マクロな授業過程を考えてみよう。

（1）マクロな授業過程

　日本の初等・中等教育課程における学習・教育目標は，文部科学省によって示されている学習指導要領に則っている。学習指導要領は，おおむね10年ごとに改訂され，社会状況に影響を受けて大きく変遷をしている（序文のp. v 図1を参照）。例えば，平成20年から21年では，グローバル化の要請に応える形で，小学校における外国語活動が組み入れられている。また，平成30年以降の次回の改訂案では，学習・教育目標を社会と共有することが挙げられている。このように学習指導要領は固定化されているのではなく，社会の要請によって変化するため，それにしたがう各種学校や教室，授業における学習・教育目標も変わっていく。また，表4-1のように，学習指導要領の内容は非常に抽象的である。学習者の様々な能力や態度を測定し，評価するためには具体的なレベルの目標に変換をしなくてならない。それを任されているのは教師である。

　このような学習・教育目標に合った教育活動が教室では行われる。アクティブ・ラーニング（5-9）やジグソー学習などの協働学習（5-7）では，学習者が教授者の立場に立つこともあるが，大部分は教師が教授活動を担う。彼らが使用する教授法や教材については，5-5から5-11までを参考して欲しい。また，教授活動も行動の一つであるから，それを行う教師の動機づけも関連し，教師の経験によっても影響される。この点については2-9を参照して欲しい。一方，教育活動に含まれている学習活動につては5-1から5-3を参照して欲しい。

　そして，教育活動に対して教育評価がなされる。教育評価には測定と評価が含まれている。国語のテストをして，A君が80点を取ったとする。テストそのものが測定であり，その結果からA君は国語が得意だと解釈するのが評価である。そのような教育評価により，学習者は，自分の学習活動を振り返り，ポジティブに評価された点についてはその活動を継続し，ネガティブだった場合にはその原因，対処法を考えるきっかけになる。つまり，評価はよりよい学習活動を継続させるために，学習者が自ら自分の学習活動を制御し，学校の学業に主体的に取り組む自己制御学習（self-regulated learning）に重要な要素であ

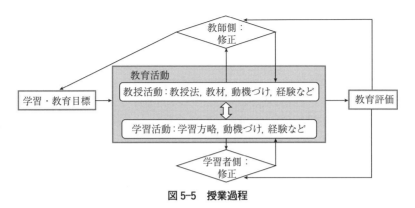

図5-5 授業過程

る。また，評価は学習者だけのものではない。教師にとって，評価は自分の教授活動を振り返る重要なフィードバック情報である。クラス全員の試験結果が悪ければ，その原因は学習者というよりも教師自身の教え方や教材の選び方に問題がある可能性があるだろう。つまり，評価によって，教師の教授活動のさらなる研鑽や学習・教育目標の修正等々が行われる。評価の具体的な方法に関しては，7章を参照して欲しい。

（2）ミクロな授業過程

もう一度，図5-5を見て欲しい。授業の学習目標に影響を与えることができるのは主に教師である。つまり，教師が授業の構成，その内容といった1コマの授業のデザインから，1学期や1年の授業デザインを決めている。この意志決定に対して，教師の経験や授業実施後の振り返りの質が影響を与えている。

しかし，経験や授業実施後の振り返りだけが授業デザインに影響を与えているわけではない。図5-5の相互矢印に注目して欲しい。教室では，教授活動と学習活動，つまり教師と児童・生徒間では絶え間ない相互作用が生じている。授業ではあらかじめ教師が考えたとおりに進まない場合もある。その場合に，児童・生徒の反応を無視して当初の計画通りに授業を進めていたのでは，効果的な学習活動を支援することはできない。「授業中」にも教師は自らの教授活動を振り返り，修正することができるし，それが求められている。このように，教師は，授業の場で児童・生徒に様々な方法で働きかけ，その反応の意味を考え，自らの行動を調整し，また働きかける省察的実践(reflection in action)を行っている(ショーン，2007)。

5-5 授業法　伝統的な授業法

　授業とは基本的に教室の中で行われる，生徒にとって重要な学びの環境である。どのような授業を行うのかという授業法のあり方によって，同じ科目やカリキュラムでも学習効果は異なる。したがって，教育者は学びのテーマや目的に応じて，適切な授業法を使い分ける必要がある。5-5から5-9まで授業法の種類やその特徴について紹介していきたい。これから紹介される授業の方法は様々である。教師はそのような異なった授業方法を目的に合わせて使い分ける力が求められている。また，新しい授業方法も開発されている。それに対しても対応していかなければならないだろう。

　また，授業方法を捉えるための1つの道筋として，授業研究がある。授業研究とは，教師が経験を積み重ね，授業のあり方を繰り返し探索し理解を深めていく，教師側の学びである(秋田，2012)。日本の授業研究は世界的にも注目されており，日本教育の大きな特徴と言えるだろう。このような教師側が客観的に授業のあり方を捉える取り組みによって，様々な授業方法の利点をより活用した授業のあり方が提案できるかもしれない。

(1) 一斉授業

　日本の教育現場において古くから実施されてきた伝統的な授業法に「一斉授業」がある。この授業法は，生徒が全員，黒板の前に立つ教師の方を向いて授業を受ける形態であり，19世紀初頭にイギリスで開発されて以降近代教育の基本的な授業形態となっている(宮坂，1982)。一斉授業の利点は，生徒に対して同時に同じ内容の学びの機会を提供するため，教育水準がほぼ均等化される点にある。生徒側が能力や動機づけの強さが近しい集団である場合，同じ課題や同じ手段で個人の学習が進むため効率的な授業実施が可能である。さらに，生徒側も手法や目標を共有しながら集団で学習を進めるため，良い意味での競争意識や切磋琢磨が生まれたり，相互の助け合いなどが期待できる。

　一方で，教室内のすべての生徒を対象とすることから，集団の中で比較的学力が低い生徒の理解度を基準とする必要があり，それに準じた内容を選択する必要が生じる欠点もある。この欠点は，理解の早い子の物足りなさを生み出す原因となりうる。さらに，授業が一方的になり生徒が消極的になるという欠点も存在する(北尾ら，1991)。また，一斉授業は教師が主導的に進める必要があるため，事前に教師が授業テーマを深く理解し，教材や資料を作成し，スケジュールや目的を明確に設定する必要がある。くわえて，教室内の生徒の学び

表 5-1　問答法を用いた数字表記の手法獲得

	質問と回答
教　師	（指を 10 本立てながら）「いくつありますか？」
生徒 A	「10 本です。」
教　師	「○○さん，黒板に 10 と書いて表すとどうなりますか？」
生徒 B	黒板に「10」と書く
教　師	「では，他に 10 を表す方法はありますか？」
生徒 C	「十」と書く
教　師	「他にはありませんか？」
生徒 D	黒板に線を 10 本書く
教　師	「そうですね，数字を表す方法はたくさんありますね。」

の達成度を逐一観察し，ペース調整や個別対応なども求められる。

このように，一斉授業は集団授業を進める上で利点も多いが欠点も存在する。集団に対して画一的な授業を提供することが望ましくない場合には，発見学習や協同学習，アクティブラーニングなどの授業法が候補となる。また，伝統的授業法の枠組みの中で一方的なやり取りや消極性を防ぐためには，問答法が利用されることが多い。

（2）問　答　法

問答法（dialogue）とはソクラテス式問答法とも呼ばれる手法で，あるテーマについて相手に何も伝えずに質問を繰り返していくことで，テーマについての理解を徐々に進める手法である（古川・福田，2006）。この場合，教師は「無知のふりをする」ことが望ましく，活発な回答を促すことで生徒の知識を最大限に発展させることが期待できる。表 5-1 は，生徒の回答を促すことで様々な数字の表記について学ぶ過程を例示している。また，学生主体の授業を目指す場合には，グループ学習などの形態を利用することも多い。

（3）一斉授業の意義

一斉授業は批判的な目にさらされることが多く，個別学習や協同学習などの他の授業形態の比較対象とされることが多い。しかし，今日でも依然として基本的な授業形態であることに変わりはなく，一斉授業の可能性を検証することは重要な課題の 1 つと言えるだろう。

5-6 授業法　有意味受容学習，プログラム学習

　授業の中で，生徒がどのように学習するかという学習法には様々な種類がある。教師は，学習テーマや児童の能力などに応じて最善の学習法を選択しなくてはならない。この項では，これまで心理学的に検討されてきた代表的な学習法を紹介する。

（1）発見学習 (discovery learnig)

　ブルーナー (Bruner, J. S.) が考案した学習法である。教師が説明や講義をするのではなく，生徒自身が自分で発見し，新たな知識や問題解決手法を獲得する方法で，学習すべき知識が直接提示されない点に特徴がある。科学者が新しい発見をした時の喜びや驚きを生徒が体験することを目指した学習法であるため，仮説検証授業と呼ばれることもある。

　発見学習は，答えそのものではなく答えを導き出すプロセスを重視した学習法である。したがって，学習過程を構造化して実践することが望ましい。その構造は大きく分けて5つある（谷川，2002）。

① **学習課題意識**　生徒が問題に直面し，既有の知識で解決できないことに気づく。そして，目の前の課題の特徴に意識を向け注目する。

② **仮説の着想**　課題の全体像が明らかになったのち，生徒はいくつかの手がかりをもとに，解決のための仮説を考案する。

③ **仮説の吟味**　着想した仮説は，いくつかの誤りや論理の矛盾を内含していたり，場合によっては，見当外れなこともあり得る。そこで，生徒は着想した仮説をより合理的なものに洗練させる。

④ **仮説の検証**　実験や既有知識との照合によって，吟味した仮説の正当性を検証する。生徒自身が検証する点が重要である。

⑤ **感動・発想**　検証の結果，新たな発見をしたことに生徒が喜び感動するプロセスが発見学習では最も重要である。また，獲得した新たな知識を他の事例にあてはめて，応用できるか否かを検証する。

　この5つのプロセスは，1つの直線上に並ぶものではなく，感動・発想から新たに学習課題意識へと繋がる，循環構造であることが望ましい。

　発見学習は，習得内容が記憶として保持されやすく内発的動機づけを高めることが期待できる一方で，生徒全体であるため能力や動機づけの低い生徒にはむかないという欠点もある。このような欠点を修正するために，教員側が仮説設定や問題定義などで，ある程度道筋を定め，実験と仮説検証を重視する授業

法として仮説検証授業がある(板倉，1974)。

(2) 有意味受容学習(meaningful reception learnig)

オーズベル(Ausubel, 1969)は上述の発見学習の欠点を批判し，より効率的な学習法として，受容学習を考案した。この学習では，学習すべき知識が最終的に学習すべき形そのままで提示され，学習者がこれを受容し学習する。受容の仕方により，受容学習は2つに分類できる。1つは，単に機械的に暗記させる暗記受容型学習である。もう1つは，学習者の認知構造に内容を意味的に結びつけることで効果的に学習する有意味受容学習である。オーズベルが提唱したのは，後者の有意味受容学習である。

有意味受容学習を促進する仕掛けとして先行オーガナイザが必要である。先行オーガナイザとは，学習すべき教材に先立って提示される予備知識の枠組みと考えてよい。先行オーガナイザには，「解説オーガナイザ」と「比較オーガナイザ」の2種類がある。1つ目の「解説オーガナイザ」は，これから学ぶ学習テーマの簡単な全体像や抽象化した文章などが該当し，学習者にとって新奇な学習内容を扱う場合に用いられる。2つ目の「比較オーガナイザ」は，学習者にとって新奇でない学習内容を扱う場合に用いられるものである。例えば，生徒にとって馴染みのない他国の政治や経済について新たに学ぶ際，その国の歴史や政治情勢を簡単な年表などで説明することは解説オーガナイザになる。一方で，日本の政治経済を取り上げつつそれと比較しながら学習する場合には，比較オーガナイザになる。いずれの場合も，学習者が学習内容を自分の認知構造と意味的に関連付けられるようにする手がかりである点は同様である。

有意味受容学習は，伝統的な一斉授業の中に容易に組み込むことができ，体系的に教えるので誤解や混乱がないという長所がある一方で，学習者が受容的になりやすいという欠点を持つ。

(3) プログラム学習(program learnig)

プログラム学習とは，スキナー(Skiner, B.F.)のオペラント条件づけ(**3-3**)を基本原理として考案された学習法である。学習者が自分のペースに合わせて自主的に学習をすすめる事ができる方法である。プログラム学習には以下の5つの特徴がある(北尾ら，1977)。

① **積極的反応の原理** 生徒が能動的である必要があり，このことが学習を促進する。

② **スモールステップの原理** 学習内容は，1つずつが容易に正答を得られるような小課題に分割される。

③ **即時確認の原理** 正誤情報は，子どもの反応に随伴し即座に与えられなければならない。
④ **ヒント後退の原理** 学習が進むに連れヒントを減らす。
⑤ **学習者自己ペースの原理** 学習は学習者自身のペースで行われる。

　スキナーが考案したプログラム学習は，小刻みに配列された問題をすべての学習者が同じように回答していく直線型プログラムであるが，クラウダー(Crowder, N.)が考案した枝分かれ型プログラムは多肢選択式であり，回答内容に応じて別に用意されたルートを進むことができる。これにより，生徒の知識量や学力の差が大きい場合，進捗が遅い生徒は最短で目的に到達するルートで学習し，進捗が速い生徒は複数のルートを経由することで学習完了速度に差が生じにくくなる（図5-6）。

　プログラム学習の長所は，学習者の能力や学習状況に応じて，マイペースで学習を進めることができる点にある。しかし，学習者の知識が断片的になりやすい，体系的でない教科はプログラムに組み込めない，といった欠点もある。

　プログラム学習法は，教員の手で実施するには複雑すぎるためコンピュータなどの学習ソフトで実施されることが多い。

　生徒一人一人の学習ペースを考慮した授業方法として，ブルーム(Bloom, B.S.)が提唱した完全習得学習(mastery learnig)も挙げられる。完全習得学習は，一斉に同じ進度で学習を進めるのではなく一人ひとりが完全に学習目標をクリアしてから次の一歩に進めるように，個別学習教材を活用することを想定している。具体的には，学習の過程で理解度を測るために形成的評価（テスト）をこまめに行い，学習者が教育目標を達成できているかを確認する。達成できていない学習者に対しては，個別指導や補助教材を提供する。これを繰り返すことで，学生が目標水準を達成する完全な習得を目指すものである。

（4）最適な授業法とは何か？

　ここまで，いくつかの学習法を紹介してきたが，どの授業法がもっとも効果が期待できるのだろうか。結論から言うと最善の授業法は存在しない。表5-2をみてもわかるように，それぞれの授業法には長所短所が存在する。したがって，教師はそれぞれの長所短所を熟知した上で使い分けることが求められる。複数の授業法を使い分ける際には，適性処遇交互作用(aptitude treatment interaction：以下 ATI)を意識する必要があるだろう。ATIとは，人の持つ適性とその人への処遇が相互に作用することで，組み合わせの効果が生じる現象を指す（並木，1997）。

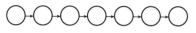

(a) 直線型プログラム

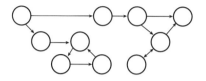

(b) 枝分かれ型プログラム

図5-6　2つの型の学習プログラム(古川・福田，2006)

表5-2　各学習法の長所と短所一覧

	長所	短所
発見学習	習得内容が記憶として保持されやすく内発的動機づけを高める	時間や労力がかかり動機づけの低い生徒にはむかない
有意味学習	体系的に教えるので誤解や混乱がない	学習者が受容的になりやすい
プログラム学習	マイペースで学習を進めることができる	学習者の知識が断片的になりやすく体系的でない教科はプログラムに組み込めない

　例えば，理科の授業で発見学習を実施しようとする。小学校低学年のまだ科学知識が乏しい生徒に対して，発見学習を実施しようとしても仮説の発想が困難であり，その先の発見を実体験することは困難である。しかし，ある程度の知識を獲得している小学校高学年や中学生であれば，発見学習の手法が有効に働くことが期待できる。これはすでに獲得している知識という適性と発見学習という処遇が相互に作用した効果といえる。学力や理解度の差が大きいクラス内で有意味受容学習を実施することも望ましくなく，それぞれのペースで学習をすすめることができるプログラム学習のほうが適しているだろう。また，TIは生徒個人レベルでも発生することも忘れてはならない。クラス内で同じ授業法を実施しても生徒間で効果が異なる場合も多い。

　生徒にとってより良い学びを実現するためには，生徒の適性に合致した授業法を実施し適正処遇交互作用の効果が発生することが望ましい。そのためには，教師は生徒やクラスの様子を観察し適性を見極めるとともに，それぞれの授業法の特徴を熟知しておく必要があるだろう。

5-7 授業法 協働学習

　教室内での授業では，教師と生徒が相互に作用した学びだけでなく，生徒同士が相互に作用する学びも必要である。生徒が相互に互恵的な関係を築きその中で学習することを協働学習（cooperative learning）という（Johnson, Johnson, & Holubec, 1993）。協働学習は小集団を活用することが多く，グループ内の生徒たちが協力して課題に取り組むことで互いの学習を最大限に高めることを目的として実施される。米国では19世紀から教育の中心的な位置を占めているが，日本の教育会でも協働学習を取り入れた授業は，小学校，中学校にとどまらず，高校へも広がりを見せている（涌井，2006）。

　そこで，本項では協働学習の実践例を紹介し，さらに近年その有効性が注目されている，障がいを持つ子どもを含むグループを対象とした教育における協働学習についても触れる。

（1）協働学習の実践例とその基本構造

　日本の教育界において協働学習は様々な科目で実践されているが，特に中学校以降の英語教育での実践報告が多い。これは『中学校学習指導要領解説外国語編』において，単なる読み書きだけでなく他者に意見を伝えコミュニケーションスキルを磨くことが求められている事と関係している（文部科学省，2008）。注意しなくてはならないのは，単に教材や時間を共有するグループ活動では協働学習とは言えない点である。真の協働学習実践のためには，①互助的な相互作用，②対面的な相互交渉，③個人としての責任，④集団スキルの促進，⑤集団の改善手続きという基本要素を満たしていることが望ましい（Johnson, Johnson, & Holubec, 1993）。

　このような枠組みは，様々な科目教育において有効である。例えば，理科授業での発見学習と組み合わせることで教育効果を高めることが期待できるだろう。そのような場合，教師側が生徒に提出出来る協働学習の技法として，Think-pair-share，ラウンドロビン，バズ学習，ジグゾー学習などがある（塩田，1989：Barkley, Cross, & Major, 2009）。

　Think-pair-shareとは，生徒が自身の考えを明確にしながら他者意見と対比させることで考えを深めていく技法である。教員からの質問に対して個別で考えたのちに，ペアとなった相手の答えとの相違点を明確にする。その後，複数人の組になってペア内で話し合った内容を紹介する。ラウンドロビンは，6人程度の集団でアイディアや意見を述べ合う，ブレインストーミングのような

手法を取るものである。

　バズ学習とは，生徒を小集団に分けテーマや質問に関して討議させ，その結論・意見をさらに全員で発表・討論する技法である。その際教師側が，司会やリーダー，書記や発表係といった役割を生徒が分担するように働きかけることで個々の責任感にもとづいた活動が期待できる。この役割分担の側面をより強調した技法がジグソー学習である。

　ジグソー学習は，小集団の中で担当者を決めたのちに各担当グループごとに学習を進める。その後集団に戻りメンバーに対して担当部分を説明する，という手順で進められる。つまり，集団内メンバー1人1人が専門家となり，等しくグループに貢献することが求められるのである。

　協働学習の手法を用いるメリットとして，グループ内の人間関係の改善や自尊心の改善，利他的行動や援助行動の増加，出席率の増加などが挙げられている（涌井，2006）。

（2）障がい児を含んだグループを対象とした協働学習

　近年，障がいのある子どもに合わせて通常学級の学習内容や教材等に手を加える「学びのユニバーサルデザイン（Universal Design for Learning）」という概念が注目されている。学びのユニバーサルデザインには，①多様な手段の提示，②多様な手段による表現，③多様な手段による活動，という3原則が存在する（CAST, 2011）。具体的な例として，視覚障がいや聴覚障がいを持つ生徒の理解を助けるための音声教材や電子黒板などの活用が挙げられることが多い。この点に関しては，5-8のICT教育で説明する。これに加えて，クラス内で健常生徒としょうがいを持つ生徒が相互に交流し学ぶ機会を提供することも，情報提示のオプションの充実と同様に重要である。

　クラス内やグループ内に発達障がいや軽度知的障がい，身体障がいを持つ児童がいる場合，5-6でも述べたように従来の一斉授業方式では健常児童と比べて理解度や授業の進捗に差が生じることが多い。しかし，生徒主体で相互に助け合いグループとしてのスキルを活用する協働学習であれば，それぞれの能力の差を踏まえた学びが可能である。このことから，協働学習は学びのユニバーサルデザイン化とマッチする学習法といえる（涌井，2006）。また，健常児童と障がい児童のグループで共に学ぶことで，科目教育だけでなく様々な障がいを理解するための交流学習という効果も期待できるだろう。

5-8 授業法　ＩＣＴ教育

ICT教育とは，情報通信技術(information and communications technology：ICT)の利用・活用方法を教育の一環として取り入れた教育を指し，タブレットやPCといった機器をネットワークシステムを介して活用する場合が多い。文部科学省(2012)は今後の教育の情報化の推進にあたっての基本的な方針として「教育の情報化ビジョン」を公表し，①情報活用能力の育成，②教科指導における情報通信技術(ICT)の活用，③校務の情報化の3つの側面を通して教育の質の向上を目指すことを明らかにしている。また，ICT技術も日々進歩しており，それに伴ってICTを活用した学びの姿は日々変化し，多様化している。

ICT教育は小学校，中学校，高校，特別支援学校といった幅広い教育機関で実践されているが，その実践傾向は必ずしも同一ではない。国内のICT教育の実態事例を調査した文部科学省(2012)の報告によると(図5-7)，小学校では，国語と算数の授業でデジタル教科書やデジタル教材を用いた活用例が多い傾向にある。中学校では，理科と社会，特別支援学校では自立活動での利用が高い。一方で，高校では極端に利用率の高い教科は見受けられない。

学習方法との組み合わせで最も多いのは「一斉学習(41.7%)」で，次いで「協働学習(38.3%)」である。一斉学習では，電子黒板でポイントとなる部分を拡大・強調して学んだり，静止画や動画などの教材を使用して学んだりする学習が多い。協同学習では，タブレットPCや電子黒板を活用し，子どもたち同士がお互いの考え方を伝え合ったり意見交換したりする学習に活用されている(文部科学省，2012)。

ICT教育の利点は，読み書きといった各科目における基礎的・基本的な知

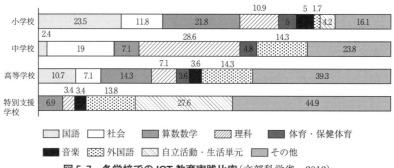

図5-7　各学校でのICT教育実践比率(文部科学省，2012)

識・技能の習得だけでなく，習得した知識・技能を活用して課題を解決するために必要な思考力・判断力・表現力を育成できる点にある．また，図 5-8 でも紹介しているように協働学習においてタブレットを使用しながら互いに問題を解きあうことによって，相互に作用する学びを助ける効果も期待できる．特に ICT 教育の効果が発揮されるのは特別支援学校での学習だろう．例えば，算数の授業中に PC モニター上で図形を拡大・回転させたり，国語の授業中にタブレットなどで音読音声も同時に流すことで，身体や知的発達に障がいをもつ生徒の学習を補助することができる（小林ら，2013）．このような試みは，**9-3** で詳しく紹介する．

　健常児を対象とした実践例として，小学校の算数の授業での活用を紹介する（文部科学省，2012）．例えば小学校 5 年生を対象にした「四角形と三角形の面積」の単元において電子黒板を活用した授業では，生徒に電子黒板に提示された三角形の頂点の位置を画面に触れながら直接移動させている．この操作により，三角形の形状が異なっても高さと底辺が同じ値であれば同じ面積になることが直感的に理解できる．このように生徒自身が操作し実体験することで，教科書に示されている情報だけで学習するよりも理解がより深まることが期待できる．また，中学校での理科の授業においてタブレット PC を利用しながら天体の動きを学習する事例も報告されている．この授業の中では，生徒が太陽や地球の動きについて画面上にタッチペンで書き加えながら予想し，それを電子黒板に投影することで生徒個人の仮説をクラス全体で共有できるような試みがなされている．ここでは算数（数学）と理科の理系科目での実践例を取り上げたが，文系科目での実践例も多い．加えて，体育や音楽などの実習系授業において，プレイ中のフォームや演奏時の姿勢などを撮影し，タイムシフト映像でその様子を確認するといった活動も ICT 学習の 1 つと言える．

　ここまで ICT 学習の実践例を紹介してきたが，ICT 機器活用が常に授業にメリットを与えるとは限らない点も留意しなくてはならない．例えば，教員が機器の利用に不慣れであったり，ネットワークシステムに不備があった場合，トラブルが頻発し授業スケジュールに深刻な影響を与えかねない．授業の主役はこれまで紹介してきた授業法や学習法であり，ICT 機器はあくまでも教育効果を高めるための補助的な位置づけであることを忘れてはならない．

5-9 授業法　アクティブ・ラーニング

アクティブ・ラーニング(active learnig：以下AL)とは「能動的な学び」を指し，生徒側が課題を見つけ，解決に向けて探究し，成果を表現する学習方法のことである。対して，伝統的な一斉授業のような教師主導で生徒側が受容的な学びを「パッシブ・ラーニング」という(河合塾，2013)。

ALは，具体的に以下の授業形態を取る。

① **学生参加型授業**　コメントシートの活用，フィードバック，理解度確認
② **共同学習を取り入れた授業**　協働学習を取り入れた授業
③ **各種の学習形態を取り入れた授業**　発見学習，体験学習など
④ **PBLを取り入れた授業**　Project Based Learnig

PBLとは，ALと連携している企業や自治体などからプロジェクト(観光客誘致や商品開発など)が与えられ，そのプロジェクト活動を通して問題解決能力などの育成を目指す授業法である。①から④を見ると，ALとはこれまで紹介してきた様々な授業法の多くを取り入れた手法であることがわかる。

日本では，大学教育が先んじてALの取り組みを進めているが，その背景には授業形態にALを導入しやすいという点があるだろう。しかし，今後小学校，中学校，高校を対象にALを導入したカリキュラムが推進される可能性が非常に高い。

文部科学省(2015)は，次の学習指導要領の改訂において小中高でのAL導入に積極的な姿勢を示している。その中では，知識獲得だけでなく「課題の発見・解決に向けた主体的・協働的な学び」を目指した取り組みが重視されている。つまり獲得した知識や技能を学習経験中や生涯に渡って活用できる人材育成がもとめられる。したがって，現職教員はこれまでのカリキュラムを踏まえた上で，問題発見や解決を念頭に置いた学びを実現しなくてはならなくなるだろう。

大学以前の教育カリキュラムでのAL導入の試みは既に報告され始めている。高校の物理教育における実践例では，物理実験の実施前に結果を予想しグループ内で討論し，実施の実験結果と仮説を比較する，という発見学習の形態をもちいたALが実践されている(山崎ら，2013)。

「いかに知識を習得するか」という，従来の教育的観点から見たALの有効性も高いことが知られている。図5-8のピラミッドはラーニングピラミッドと呼ばれる，様々な授業法とその記憶定着率をまとめたものである(Edgar,

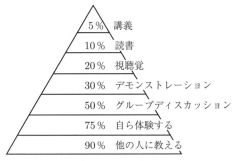

図5-8　日本語版ラーニングピラミッド（National Training Laboratories）

1946）。図を見ると，伝統的な授業手法で行われてきた「講義」や「読書」，「視聴覚」「デモンストレーション」の記憶定着率は最大でも30％と高くない。一方で，ALの中心を占める「グループディスカッション」や「自ら体験する」という形態での定着率は非常に高い。

しかしながら，ALという授業法自体は導入され始めて間もなく，確固たる授業形態として定着しているとは言いがたい。そのため，AL授業の失敗事例も数多い。これまで報告されてきた失敗事例では，生徒側，教員側，それぞれの要因が指摘されている（中部地域大学グループ・東海Aチーム，2014）。

生徒側の要因としては，怠慢や不強力といった「目的喪失」や，浅薄な議論や独断専行といった「知識技能不足」がある。一方教員側の要因として，とくに重要となるのが「成果偏重」と「自主性偏重」である。「成果偏重」とは，学びの成果を重視しすぎるがために，結果として教師主導型の形態になり学生からの提案減少や学生主体性の低意識化などをもたらす。「自主性尊重」では，ALで連携する企業との相互作用がないまま成果を出そうとしたり，明確な学習目標が提示できないなどの問題が含まれる。

これらの失敗要因は主に大学教育の中で報告されてきたものであるが，小学校，中学校，高校でのAL実践でも課題となる可能性は高い。より低年齢の生徒を対象としたAL実践では従来とは異なる問題点や失敗事例が生じるかもしれない。このような問題を防ぐためには，ALの利点だけでなく過去の事例や報告を注意深く参照する必要性があるだろう（中山，2013）。

5-10 教師の工夫　やる気の出る言葉かけ

　保育・教育を行う際には教育環境，教師の力量，授業の工夫，子どもの能力など多くの重要な要素があるが，子ども・学生の動機づけ，いわゆるやる気も無視できない。そこで本節では，やる気の出る言葉かけに注目する。

（1）達成感を得られる課題

　適度な難しさの課題に取り組むときに動機づけは最も高まる。簡単過ぎる課題では退屈であり，難し過ぎるとやる気が出ないというヤーキーズ＝ドットソンの法則が知られている（玉瀬，2004）。少し頑張ったらできるくらいの難しさ，つまり発達の近接領域程度が適切である。何かを作る課題なら準備をどれくらいするか，どれくらい手伝うか等で教える側が調整することも可能である。また，自分はこれをうまく成し遂げられる，という確信である自己効力感（self-efficacy：北村，2001）にもつながりやすく，これもやる気の源になる。

（2）適切に褒める・叱る：理解とタイミング

　条件づけ理論にも言葉かけのヒントが隠されている（3-2，3-3）。1つはタイミングである。報酬や罰は強化したい行動と時間的に近接していなければその効果が急激に弱まる。これは保育・教育場面にも当てはまり，褒める・叱るといった行動は適切なタイミングで行われなければ期待される効果が弱まってしまう。また同様に，内容がずれていても効果は弱まり，場合によっては逆効果になってしまう。したがって，褒める・叱るといった言葉かけは，まず対象や状況の理解が重要であり，さらに対象によって言葉や言い方を調整する必要があり，その上でできるだけ当該の行動の直後に行うことが望ましい。

（3）言葉という報酬を最大限に活かす

　報酬や罰を用いるのは外発的動機づけにあたる（5-3）。しかし，外発的動機づけは報酬・罰がなければ弱まったり，消えてしまったりする。また，物質的な報酬は内発的動機づけを下げてしまう場合がある。このような問題を考えると，あくまで物質的な報酬・罰はやむを得ない場合に限定し，補助的に利用する方がよい。しかし，言語的な報酬は例外的に内発的な動機づけを高めることが知られている（田中，2006）。適切なタイミングで適切な言葉での報酬を与えられれば，報酬の欠点を回避しながら動機づけを高めることができる。

（3）失敗を恐れさせない：試行錯誤学習

　「失敗したくない」という気持ちは，失敗と負の感情が結びつくために生まれるものだと言える。よって，仮に茶化すような雰囲気であっても失敗を非難

する，されるという環境では「失敗したくない」という気持ちが強化されやすくなる。まずは非難が行われない環境を作ることが効果的である。また，失敗を認めて，受け入れる雰囲気を作ることも効果的である。「失敗したくない」気持ちを弱めることができるし，試行錯誤学習(3-3)を促す意義もある。

(4) 知的好奇心

未知，珍奇，理解できないものに興味を引かれ，それを理解したいという気持ちが知的好奇心(curiosity)であり，内発的動機づけ(5-3)を引き起こすものの一つである。子どもは大人に比べ知らないことが多いため，本来知的好奇心が強く，大人が気にしないようなありふれたものにも興味を持つことが多い。これを阻害せずにどう伸ばしていくか，方向づけるかが保育・教育全てに共通する前提となる。年長者が自分の視点のみから子どもの興味・関心を下らないと言ったり，子どもっぽさを揶揄するような環境では，知的好奇心は弱まってしまう。逆に先生が子どもの興味・関心に気づいて称賛し，共有してより強めるように働きかければ，子どもは積極的に様々なことに興味関心を持ち，ひいては内発的動機づけを強めることが期待できる。

(5) 自己決定の支援

他人に決められて行うより，自分で選んだ方が動機づけは高まることが知られている(田中，2006)。保育・教育場面では，先生がやることを決めることも多く，子どもが自己決定できる範囲は限られるが，その中でもできるだけ自由度を高める工夫ができる。例えばお絵かきや写生の時間ならば何を書くかは子どもが決める，算数や英語でも複数の課題を用意して生徒が選択する等がこれに当たる。記憶研究からも，自分に関わる内容の方が記憶に残りやすいという自己関連づけ効果(self referential effect：余語，2006)，自分で出した答えや考え方の方が，そうではないものよりも記憶に残りやすいという自己生成効果(self generation effect：厳島他，1995)等自己決定の利点が指摘されている。よって，ただ正解を見せる，聞かせるだけではなく，自分で考え，間違い，そして回答を導き出した内容の方が，一見効率が落ちるように見えても深い学習になり定着しやすいことが期待される。また，同じ理由から，一見自分の生活と関係なさそうな内容でも，関係を見つけられれば学びやすくなる。

以上，保育・教育場面では，知的好奇心を引き出す環境のもと，失敗を恐れない雰囲気の中で，可能な範囲で自己決定した課題を通して，達成感が得られるような学習が進むように言葉がけを行うのが理想的である。また，言語的報酬の活用も望ましい。

5-11 教師の工夫　教材の配置

　この節では，学習者に対する直接的な支援ではなく，学習材料である教材から学習活動を促進させる方法について読解指導を例に考えてみたい。

(1) 内容中心学習

　教師は学習方略(5-2)をいつ，どのように使うのかについて生徒に伝える必要がある(McNamara, 2007)。しかし，それだけでは読解の苦手な生徒には効果的ではない(McKeown et al., 2009)。マキューンらは，単語や文レベルの読みや理解には問題は無いが，文章レベルの深い読みが苦手な小学5年生を基本的指導群，方略重視群，内容中心群に分け，2年間にわたる縦断的研究を行った。基本的指導群では書かれた文章の内容に関する質問，例えば「主人公はAと言っているがそれに賛成しますか？どうしてですか？」を尋ねる方法で授業を行った。方略重視群では，「まとめる，予想する，推測する，質問をつくる，自分の理解をモニターする」といった方略を実際に生徒に行わせた。例えば，「ここまでのところで，先生になったつもりで質問を作ってみましょう」といった活動などを授業中に行った。さらに，授業中，折に触れて生徒に方略を使うことの有効性も伝えた。一方，内容中心群では，例えば，「今まで読んできたところと，ここはどのように関連しているの？筆者が意図していることは何ですか？」といった文章の構造や文章の内容全体に関する質問を授業中に行った。この方法は文章に関する一貫性のある豊かな状況モデルを構築させる効果がある。その結果，2年後の再生テストと転移テストでは，内容中心群や基本的指導群の方が方略重視群よりも成績が良かった。この結果から，マニュアル的に児童・生徒に方略を教えればいいのではなく，テキスト全体の一貫性のある状況モデルを構築する支援が必要であることがわかる。そして，転移課題でも内容中心群の成績が良かったことから，授業で構築された豊かな状況モデルが読み手の既有知識となり，転移テストの新しい文章を読む際にも使用されていると考えられる。

(2) スキーマとスクリプト研究

　読み手が利用する既有知識には，構造化された知識であるスキーマ(3-7)と，特定の状況における一連の行動に関する知識であるスクリプトが含まれている。

　例えば，「昔むかし，ある所におじいさんとおばあさんが住んでいました」という文章の中に鬼が出てきても読み手には違和感はない。これは，物語とは

フィクションである等のスキーマが活性化され，その枠組みの中で文章を読んでいるためである。また，「達也はA定食を注文し，食べ始めた。……12時半になったので，いつもように，おばさんに挨拶をして店を出た。」という文章を読んだ場合にも違和感はないだろう。しかし，この文章には，達也が定食代を支払ったとは書かれていない。読み手は，飲食店での客のふるまいについてスクリプトとして知っているので，たぶん達也は支払いをしたのだろうと補足して読んでいる。いわゆる行間読みをしている。このような構造化された知識を活用することにより，文章を効率的に読むことができる。

スクリプトの効果に関して，バウワーら(Bower et al., 1979)は，参加者に「ジョンが医者に行った」という文章を読ませ，その文章を再生させる実験を行った。その結果，「ジョンは診療所に到着した」などの医者に行くというスクリプトにあっているが，実際の文章に書かれていない事も再生された。再生する際，読んだ文章から思い出したのか，それとも既知知識から取り出したのか，ソースモニタリングを間違ってしまうため，このような誤りが生じる。つまり，私たちがスクリプトを利用して文章を読んでいることを示している。また，「医者に行く」文章と類似したスクリプトを含む「歯医者に行く」文章を続けて読ませる。その結果，「医者に行く」文章を読んだ時だけよりも，文章には書かれていないがスクリプトにある行動を多く誤再生することがわかった。つまり，私たちは，「医者に行く」文章を読んで喚起されたスクリプトを次の「歯医者に行く」文章を読むときに利用して読んでいる。

(3) 教材の配置

このように内容中心学習の研究やスクリプト研究から考えると，私たちは書かれた内容に注目することにより，一貫性のある状況モデルを構築し，既有知識化している。その既有知識は，時間的に接近している場合，活性化されやすい。その活性化された既有知識を用いることにより，新規の文章を効率よく読める。つまり，類似したテーマをまとめて，内容中心学習をすることにより，スクリプトやスキーマを活用でき，豊かな状況モデルを容易に構築できる。その際に，自分の認知資源をそれぞれが苦手としている作業，例えば推論や語彙の意味確認作業等々に割り当てれば，新しい文章を読む際にも深い理解に到達すると考えられる。しかし，実際の教科書では，教材はばらばらに配置されているのが現状であろう。検定教科書は授業運営の一つの指針であり，どのように授業をデザインしていくかは，教師の力量や工夫に任されている。心理学の知見を生かした教材利用が求められるだろう。

コラム7

脳からみた教育心理学　5．学習と動機づけ

　私たちは，勉強や運動に対して意欲をもって取り組みたいと願っている。やる気が起きれば課題に集中することができ，課題に集中できれば成果が上がり，それがさらにやる気や動機づけを高めることにつながる。やる気がわく，意欲的になる，動機づけが高いとはどういうことなのだろうか。脳の中ではどのようなことが生じているのだろうか。そして，やる気を高めるにはどういった工夫をすればよいのだろうか。

　やる気や意欲を生む場所は，おでこの奥の部分，前頭葉であることがわかっている。20世紀の半ばに前頭葉を切断する前頭葉ロボトミー手術を受けた患者では，意欲が減退することが数多く報告された（Stuss, 1986）。サルを使った実験では，学習課題の報酬としてサルの好きなキャベツが期待できるときには，前頭葉の神経細胞はより活発に活動すること，そして前頭葉の神経細胞が活動することによって，学習は促進されることが示されている（Watanabe, 1996）。

　前頭葉と連絡を取り合い，その働きをコントロールしているのが，脳の中心にある側坐核とよばれる部分である。側坐核は，好き嫌いを判断する扁桃体や記憶の担い手である海馬と相談しあいながら，それが好きなことであるかどうかを判断し，やる気を出すかどうかを決めている。

　したがって意欲を高めるには，前頭葉や側坐核の神経細胞の働きを活発にすることが必要であるが，ただ待っているだけでは神経細胞の働きは活発にならない。逆説的ではあるが，作業を始めることで前頭葉や側坐核に刺激が与えられ，その結果やる気が起こってくる。やる気が出てから宿題をする，のではなく，ノートを開いて鉛筆を持って宿題を始めることでやる気が出てくる。そうして宿題を進めていくことで，力がついて，自分はできるという自己効力感につながってゆく。

　一方で，やる気はあるがどのように勉強に取り組めばよいかわからない，というケースもある。そのような場合，何をどのように頑張るのかという学習方略の側面からの支援も必要だろう（伊藤，2003）。例えば，学習内容を身近なことに関連づけて考えてみる，同じ教科を続けてやるのではなく時間を決めて別の教科に取り組む，暗記にばかり時間をかけるのではなく練習問題や小テストなどでアウトプットする機会を増やす，といった学習方略を取り入れてみる。また，疲労や睡眠不足は，前頭葉の働きを阻害する。疲れているときや睡眠が不足しているときは，学習や記憶の能率が落ちるが，これは認知機能そのものが低下することに加えて，意欲がなくなることも影響している。こうした脳の特徴を理解して，やる気や自信につなげていけるとよい。

知能や性格と特別支援
～個性のとらえ方～

6章　知能と性格
7章　学力と評価
8章　学校になじめない
9章　個性的な子どもたち

6-1 知能とは

(1) 2因子説と多因子説

かつてボーリング(Boring, E. G.)が「知能とは知能検査で測定するもの」と定義したように，心理学における知能理論の構築に際しては，知能検査で得られた結果を因子分析(factor analysis)と呼ばれる統計手法で検証することが基本であった。スピアマン(Spearman, 1904)は，国語や数学，音楽といった下位検査からなる独自の検査を分析し，知能は，すべての検査に共通して働く一般因子(g因子)と，各検査に固有の特殊因子(s因子)の2因子からなるという2因子説を主張した。これに対してサーストン(Thurstone, 1938)は，独自の検査も含めて57の知能検査を分析し，知能は，空間認識，知覚速度，数計算，言語理解，語の流暢性，帰納的推理，連想記憶の7つの基本的知能因子からなるという知能の多因子説を提案した。

(2) 知能と加齢

知能の多元性への気づきは，その後の知能研究を発展させた。キャッテル(Cattell, R. B.)は，一般因子を流動性知能(fluid intelligence)と結晶性知能(crystallized intelligence)に大別した。流動性知能は新しい課題に効果的に対処する能力であり，知覚速度や記憶範囲など，主に非言語性検査で測定される。一方の結晶性知能は特定の文化や教育における経験の中で蓄積される能力であり，言語理解や知識など，主に言語性検査で測定される。キャッテルはホーンとともに，14歳から61歳まで297名を対象に調査し，流動性知能に関する検査は若い集団で，結晶性知能に関する課題は年長の集団で得点が高いことを明らかにした(Horn & Cattell, 1967)。流動性知能は遺伝や脳損傷の影響を受けやすく，教育や学習の影響を受けにくいため，成人前後にピークを迎えた後，加齢に伴う脳の微細な損傷とともに低下していくのだという。

一方，流動性知能の低下が，高齢者の日常の課題解決にさほど影響をもたらさないことも指摘されている。これを説明する1つに知恵(wisdom)がある。バルテス(Baltes, P. B.)は，知恵とは経験に裏打ちされた豊かな知識と人生の多様な価値観や不確実性への理解であるとし，例えば「ある15歳の少女が今すぐ結婚したいと言っている。彼女はどうすべきだろうか」といった課題に，知恵のある人は様々な角度から柔軟な回答が可能であるという。バルテスによれば，この知恵に関連した知識や判断力は15歳から25歳の間に獲得され，その後の加齢に伴う変化がほとんど見られない(図6-1)。我々はつい情報を効率

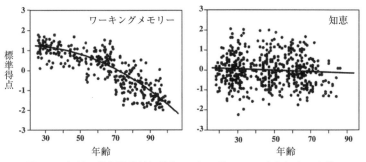

図 6-1　加齢に伴う流動性知能(ワーキングメモリー)と知恵の変化
(Baltes & Staudinger, 2000 を一部改変)

的に処理する能力や知識の量に焦点を当てがちであるが，丸暗記の知識でなく，様々な経験から何らかの意味を見出していく力が生涯を支えるといえる。そのために自らの経験を振り返り，内省するための言葉の力が必要だろう。

(3) 最近の知能理論

　知能検査で測定される力がそのまま現実生活の適応につながらない。このことは 1980 年代以降さらに注目を集めるようになってきている。

　スタンバーグ(Sternberg, R. J.)は，これまでの知能理論は誤りではないが不十分として，知能の三頭理論(triarchic theory)を提案した。ここでは，情報処理を中心とした「分析的知能」，過去の経験を新しい場面で活用する「経験的知能」，仕事内容や人間関係などの環境特性を見極め，その場に適した行動をとる「実際的知能」の 3 つの知能を扱っている。スタンバーグは，従来の知能理論が「分析的知能」しか扱っていなかったために，知能は先天的なものであり，教育により発達するものでないという印象を与えていたと指摘し，経験や環境の側面を考慮したテストや，思考技能を高める教材の作成も行っている (樋口, 1999)。

　他方，ガードナー(Gardner, H.)は，これまでの知能理論が言語能力と推論能力に偏っていたことを批判し，多重知能理論(MI)を提案した。この理論では，互いに独立して発達する 8 つの知能，すなわち，論理数学，言語，音楽，空間，身体－運動，対人関係，個人内，博物学を想定している。スタンバーグとは異なり，ガードナーは知能に関する測定を否定している点で心理学の立場からは批判も多いが，学校や教育の場面における子ども理解に際しては有効な観点であるといえるだろう。

6-2 知能の測定法

知能の測定は，心を科学的に捉えようとする心理学者にとって古くから関心を集めてきた。ここでは，サトウ・高砂（2003）に基づき，知能の測定法である知能検査の開発と展開の歴史を見ていこう。

（1）ビネー式知能検査

1905年フランスのビネー（Binet, A.）は，公教育の広まりを背景に，学校教育で特別な支援が必要な子どもを客観的に見出すため，シモン（Simon, Th.）とともに検査を開発した。検査は学校教育で求められる記憶，推論，判断といった高次の認知機能を用いる課題で構成され，あらかじめ年齢ごとの課題正答率が調べられていた。ある子どもの検査結果はその課題正答率に応じて精神年齢（mental age：MA）として表記され，それが実際の生活年齢（chronological age：CA）よりも2歳以上低い場合に特別な指導の対象とみなされた。

検査は1916年スタンフォード大学のターマン（Terman, L. M.）が標準化し，「スタンフォード・ビネー式知能検査（Stanford-Binet Intelligence Scale）」として広まった。このとき新たに導入されたIQ（知能指数：Intelligence Quotient）という概念はドイツのシュテルン（Stern, W.）が考案したものである。「精神年齢／生活年齢×100」という式で求められ，精神年齢と生活年齢が等しい場合に100となり，精神年齢が生活年齢より高ければ100より大きく，低ければ100より小さくなる。IQは知能の代名詞のように一般にも広く知られているが，それは実施した検査が測定する知能の一部でしかないことに留意したい。

（2）集団式知能検査の広まり

ビネーは各々の子どもに最適な教育を提供するために知能検査を開発したのであり，検査も対面で行う個別式検査であった。しかし1917年，ヤーキーズ（Yerkes, R. M.）がアメリカ陸軍兵の配置を目的として一度に多人数の検査が可能な集団式知能検査を開発したことから，知能検査は選抜や序列化の手段として学校や企業での選抜試験等で広く用いられるようになっていく。集団式知能検査には言葉を用いて回答する課題が中心のA式検査と，言葉を用いず回答可能なB式検査があるが，これは当時，英語が母語でない兵士にも検査を実施するために区別して作成されたものである。言葉はそれ自体が知能検査において測られる知的側面であると同時に，検査についての教示の理解や検査者とのコミュニケーションにおいても必要な力であり，検査内容に関わらず，検査結果に少なからぬ影響を及ぼすものであるといえる。

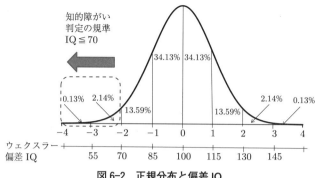

図 6-2　正規分布と偏差 IQ

(3) ウェクスラー式知能検査

　1939 年ウェクスラー (Wechsler, D.) は成人向け個別式検査の「ウェクスラー・ベルビュー知能検査」を開発した。ウェクスラーは，知能は全体として働くものだが，そこに質的に異なる複数の能力が含まれると考えた。そこで，ビネー式知能検査の項目を言語性課題と動作性 (非言語性) 課題とに大別し，検査全体の IQ の他に言語性 IQ と動作性 IQ を算出できるようにした。さらに下位検査のプロフィールを描けるようにして，知能の全般的水準だけでなく個人内の認知的な強さや弱さを捉えられるようにした。ウェクスラー式検査としては，ウェクスラー・ベルビュー知能検査の改訂版である成人用 WAIS (ウェイス) 知能検査以外にも児童用 WISC (ウィスク) 知能検査，幼児用 WPPSI (ウィプシー) 知能検査があり，幅広い年齢での検査実施も可能である。

　またウェクスラー式検査では，生活年齢の影響を受けやすい従来の IQ に代わって偏差 IQ (Deviation IQ：DIQ) を採用している点も特徴である。偏差 IQ とは，同一年齢集団の人々に知能検査を実施すると結果が正規分布すると仮定し，検査の得点平均を 100，標準偏差を 15 として，個人の検査得点を調整した値である。この偏差 IQ により，同一年齢集団における個人の検査得点の相対的位置を示せるため，現在はビネー式知能検査でも一部採用されている。なお，知的障がいの判定基準の 1 つである IQ 70 以下は，正規分布の 2 標準偏差内に集団全体の約 95％ を含むことに由来する (図 6-2)。

　このように，知能の測定方法は時代とともに改訂され，目的に応じて使い分けられている。重要なのは，知能検査を開発したビネーがそうであったように，知能検査の結果が対象者の利益となるように用いられることだろう。

6-3 認知スタイル

(1) 認知スタイルとは

　試験の場面であなたは1問1問じっくり取り組むだろうか。それとも，あまり時間をかけず，短時間ですべての問題を終えようとするだろうか。このような場面でのふるまいは，その成績の優劣に関わらず，個人間でしばしば差がある。心理学では，このように情報を処理したり，判断したりする過程において，個人の中で比較的一貫した特徴を認知スタイル (cognitive style) と呼ぶ。認知スタイルという概念は，知能研究と人格研究を結びつけるものとして1950年代に注目され，その後，数多くの認知スタイルが提案された。

　認知スタイルに関する初期の研究では，ウィトキン (Witkin, H. A.) の場依存型—場独立型の分類が有名である。ウィトキンが開発した埋め込み図形テスト (Embedded Figures Test : FFT) では，被検査者は，単純な形を見た後に，その単純な形が埋め込まれた複雑な図柄を見る。このとき，場依存型スタイルだと，背景の複雑な図柄によってその単純な形を素早く見つけられなくなるが，場独立型スタイルだと，背景に惑わされずに単純な図形を見つけられるというものである。

　一方，日本の認知スタイルに関する研究で最も用いられているのはケイガン (Kagan, J.) の提唱した熟慮型－衝動型である。ケイガンの発案した絵探し (Matching Familiar Figure : MFF) テストでは，6つの類似図形の中から，見本と同一の図形を探す (図6-3)。速さと正確さのいずれを優先するかは伝えられないため，個人の認知スタイルが関連してくる。このとき，回答時間は長いが，エラーが少ないのが熟慮型，エラーはより多いが，回答時間が短いのが衝動型である。冒頭の例も，この熟慮型と衝動型によって説明できるだろう。

　さて，認知スタイルはもともと，場依存型－場独立型，熟慮型－衝動型のように双極特性 (bipolar trait) が用いられ，そのいずれの極も等価であることが前提であったところが日常場面においては場依存型よりも場独立型で，衝動型よりも熟慮型で利点が多く，知的課題においてもより良い成績をとるという指摘から，そこで測定されているのがスタイルなのか，能力なのかが曖昧であるなどの問題点がある。しかし，教育の領域では，認知スタイルが個々の子どもの学校での成功を予測する良い指標であることから，認知スタイルに関する研究は学習スタイルに関する研究へと応用，展開されている (Kozhevnikov, 2007)。なお，学習スタイルは認知スタイルのように，生来の変化しないもの

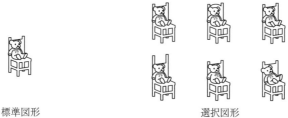

図6-3　絵探し（MFF）テストのイメージ

だけでなく，教授法の好みなど，教育環境や教師の期待などによって変化しうるものまでを含むものとなっている（青木，2005）。

（2）K-ABC 心理教育アセスメントバッテリー

　生来の子どもの認知スタイルを把握し，その特徴に応じて効果的な指導を考えていくことは知能検査の領域でも行われている。例えばカウフマン夫妻（Kaufman, A.S. & Kaufman, N.L.）が1983年に開発したK-ABC心理教育アセスメントバッテリーは，子どもの認知的な特性を調べる課題と学校等で習得する知識やスキルを調べる課題とを区別した検査である。認知的な特性を調べる課題は，情報を全体として捉えて要点をおさえる「同時的処理」によって解きやすい課題と，1つ1つ順を追って考えていく「継時的処理」によって解きやすい課題とが含まれており，課題の成績によってその子どもが継時的処理と同時的処理のいずれが得意であるかを見分けることができる。そのため，検査結果を教育的な指導に直接結びつけられるという点に特徴がある。実際，山中・藤田・名川（1996）は，K-ABCから同時処理過程に比べて継次処理過程が得意であることが明らかにされた脳性麻痺幼児に対する描画と書字の指導を行っている。特に，①図形や文字の視覚的なイメージよりも書き順を強調する②「止め」「曲げ」「はね」など細部を音声化して聴覚的手がかりを増やす③継次処理が得意であることを意識させる，といった指導の効果を確認している。なお，K-ABCは2004年に改訂され，日本版K-ABCⅡは2013年より使用されている。

　現在はe-learningの導入で，例えばコンピューター上で個人のペースにあわせて問題が解けるなど，「学習者中心の教育（student-centered learning）」に注目が集まっている（青木，2005）。個々の学習者の認知スタイルの把握や，それに応じた指導の提案は今後ますます必要となってくるだろう。

6-4 性格とは
(1) 性格に関する用語と定義
　私たちは自分や他者の特徴を,「気が短い」「控えめ」「やさしい」のように表現する。このような個人の特徴を,性格(character)または人格(personality)という。海外では"personality"が心理学の専門用語として用いられているが,この訳語である。「人格」は「人格者」のように道徳的意味を含み,英語ではむしろ"character"の意味に近い。この訳語対応の問題から,最近の日本の心理学では「パーソナリティ」とカタカナで表すことが多くなった。しかし本節では,一般的によく使われる「性格」の語を使うことにする。なお,性格に関連する語として気質(temperament)があるが,これは心理学では遺伝的に備わった性質という意味で使われる。
　性格(パーソナリティ)についてオルポート(Allport, G. W.)は,「個人の内部で,環境への彼特有な適応を決定するような,精神物理学的体系の力動的機構」(Allport, 1937 詫摩他訳, 1982, p.40)と定義している。最近では,「感情,思考,行動の一貫したパターンを説明するその人の特徴」(Pervin & John, 2000, p.4)という定義もよく用いられる。このように性格の定義は研究者により様々だが,多くの研究者は性格には独自性と一貫性があると考えている。独自性とは,個人が他者と異なる特徴を持つことを意味し,一貫性とは,個人の行動傾向が場面や状況を超えてある程度一貫していることを意味する。

(2) 性格をどう表すか
　私たちは,「彼は体育会系」「彼女は芸術家タイプ」のように,個人の性格をいくつかのタイプのいずれかに当てはめることが多い。このような性格の捉え方を類型論(typology)という。類型論の考えは古くからあり,ローマ時代に医師のガレノス(Galenos)が体液のバランスに基づく4つの類型を唱えている。20世紀の前半には,ドイツの精神医学者のクレッチマー(Kretschmer, 1921)が体型に基づく類型論を提唱した。彼は精神病患者の体型から,細身型に多い「分裂気質」と肥満型に多い「循環気質」を見出し,後に闘士型に多い「粘着気質」を加えた3類型をあげている。ただし,その後の研究では体型と性格の間に明確な関連性は示されておらず,今ではクレッチマーの説が取り上げられることはなくなった。また,分析心理学の提唱者ユング(Jung, 1960)は,個人の主な関心が自身の内側に向かう「内向型」と,外側に向かう「外向型」の類型を提唱した。この「内向」「外向」の用語は今日の特性論にも継承されてい

表6-1 性格の5因子と下位次元(Costa & McCrae, 1992)

特性	下位次元
神経症傾向(N)	不安，敵意，抑鬱，自意識，衝動性，傷つきやすさ
外向性(E)	温かさ，群居性，断行性，活動性，刺激希求性，よい感情
開放性(O)	空想，審美性，感情，行為，アイデア，価値
調和性(A)	信頼，実直さ，利他性，応諾，慎み深さ，優しさ
誠実性(C)	コンピテンス，秩序，良心性，達成追求，自己鍛錬，慎重さ

る。この他にも，20世紀前半には様々な類型論が提唱された。しかし，実際には個人が複数の類型の特徴を持つ場合が多いなどの問題点から，今日の心理学では類型論はほとんど注目されなくなった。

類型論が性格の分類であるのに対し，特性論(trait theory)は，性格を特性(trait)と呼ばれる要素に分け，これらの強さを量的に表す考え方である。ユングによる内向型と外向型も，特性論では連続的な量の両極として表される。すなわち，「外向型」は「外向性が高い」，「内向型」は「外向性が低い」ということになる。実際には，外向性が極端に高い者や低い者は少なく，中間に近い者が多い。

性格を記述するために必要な特性はいくつだろうか。これについては，因子分析(factor analysis)という統計法による研究が重ねられてきた。近年，多くの研究が5つの特性を示しており，5因子モデル(five factor model)またはビッグ・ファイブ(big five)として注目されている。性格の5因子としてコスタとマクレー(Costa, & McCrae, 1992)は，神経症傾向(neuroticism：N)，外向性(extraversion：E)，開放性(openness：O)，調和性(agreeableness：A)，誠実性(conscientiousness：C)をあげている(表6-1)。

(3) 性格形成の要因

トーマスら(Thomas et al., 1968)は，ニューヨークに住む子どもたちを対象に大規模な縦断的調査を行い，乳児の段階で気質に個人差があることを確認した。この研究から親の接し方が一方的に子どもの性格を決めるのではなく，子どもの気質が親の育て方に影響することも示されたのである(小塩，2010)。また，最近の行動遺伝学(behavioral genetics)の研究では，性格は遺伝の影響を受けると同時に，遺伝要因の現れ方は環境によって異なってくることも指摘されている(安藤，2000)。このように，性格は遺伝または環境のどちらかだけで決まるのではなく，両者の複雑な交互作用によって形成されるのである。

6-5 性格の測定法

(1) 検査法

性格の客観的理解のために用いられる主な方法が，性格検査である。性格検査には大きく分けて，質問紙法，投映法(投影法)，作業検査法の3つがある。

質問紙法は，数多くの質問項目に対し自分に当てはまるか否かを答えてもらい，その回答から被検査者の性格を測定する方法である。多くの質問紙法検査は特性論に基づいており，各特性の強さは得点で表される。代表的な検査として，矢田部・ギルフォード性格検査(YG性格検査)がある。この検査では，120の質問に「はい」「いいえ」「どちらでもない」で回答してもらい，その結果から12の特性を数量化し，さらに性格を5類型に分けることができる。この他の質問紙検査として，NEO-PI-R(revised NEO personality inventory)，5因子性格検査(five-factor personality questionnaire：FFPQ)，モーズレイ人格目録(Maudsley personality inventory：MPI)，ミネソタ多面人格目録(Minnesota multiphasic personality inventory：MMPI)がある。

質問紙法は同時に多人数に実施でき，実施が比較的容易である。一方で，被検査者は質問の意味を理解する必要があるため，言語が未発達な乳幼児には実施できない。また，質問内容から何が測定されているのかが見抜かれやすく，それゆえに被検査者が嘘の回答をする可能性もある。

投映法は，様々な解釈ができる曖昧な刺激について自由に答えてもらい，その回答から被検査者の性格を把握する検査である。この検査は，自身の内面が刺激に反映されるという仮説に基づいている。代表的なものとして，ロールシャッハ・テスト，TAT(thematic apperception test：主題統覚検査)，P-Fスタディ(picture frustration study：絵画欲求不満検査)，描画法がある。ロールシャッハ・テストでは，図6-4のような左右対称のインクの染み模様が描かれた図版を被検査者に見せて何に見えるか答えてもらい，その回答から被検査者の性格を把握する。TATは，人物のいる場面を描いた絵から物語を創作してもらい，そこから被検査者の欲求のあり方や環境への適応などを分析するものである。P-Fスタディは，欲求不満を生じる対人場面を描いた24枚の絵を用いる。これらの場面で自分なら相手にどう答えるのかを被検査者に回答してもらい，その回答から欲求不満に対する反応を分析する。描画法は被検査者に絵を描かせ，描かれたものの配置や部分の特徴から本人の性格傾向を捉える検査である。これには，木の絵を描かせるバウムテストなどがある。

図 6-4　ロールシャッハ・テストの図版の類似図（牛腸，1980）

投映法は被検査者に検査の意図が見抜かれにくく，回答に歪みが入りにくいが，実施と結果の解釈には熟練を要する。また，結果の解釈に検査者の主観が入りやすいことや，理論的背景が曖昧であるという問題も指摘されている。

作業検査法は，被検査者に一定の単純作業をしてもらい，その作業の量や質から性格を把握する方法である。代表的な作業検査に，内田クレペリン精神検査がある。これは，印字された隣り合う数字を合計し，答えの一の位の値を数字の間に書き込ませる検査である。1分ごとに行を変えて計算を続けさせ，これを，間に5分の休憩を挟んで前半と後半それぞれ15分（15行）ずつ実施する。各行の最後の計算済み箇所を結ぶと，一般的には，最初の行と休憩直後の行の計算量が多く，次第に計算量が低下する曲線（定型曲線）を描く。このパターンからのずれが大きい人の場合，心的活動の不調和，仕事のむら，抑制力のなさなどの特徴があるとされる。

（2）観察法・面接法

検査以外の性格の測定方法として，観察法と面接法がある。観察法は，日常場面や統制された場面における対象者の行動を観察する方法で，日常の行動をそのまま把握する自然的観察法と，観察したい行動が起きやすい状況を設定しておく実験的観察法がある。通常は観察者が第三者として対象者の行動を客観的に観察するが，対象者の活動の場に参加しながら観察を行う参加観察法もある。ただし，観察は主観的になりやすいので，客観性の高いデータを得るためには，観察者の訓練や観察方法の工夫が必要である。

面接法は，面接者が被面接者と直接対面し，その時の会話や態度から性格を捉える方法である。面接法には，あらかじめ質問の内容や順序が決められている構造化面接と，自由に面接を行う非構造化面接がある。客観的なデータを取る場合は構造化面接が用いられるが，臨床場面など被面接者の内面を深く知りたい場合は非構造化面接が多く用いられる。

7-1 学力とは

　学力とはもともと，学校での教科指導を通じて子どもたちが習得する力を意味していた。しかし近年，子どもたちが学校に限らず日常の中で習得し，実際に活用している力を学力とみなすようになっている（梶田，1999）。実は学力とは曖昧な概念であり，時代や社会の要請の中で変化しているのである。

　2008年文部科学省中央教育審議会の答申「幼稚園，小学校，中学校，高等学校及び特別支援学校の学習指導要領等の改善について」によれば，21世紀はグローバル化が一層進行し，新しい知識・情報・技術の重要性が増す「知識基盤社会(knowledge-based society)」である。文部科学省では，このような時代に必要な「生きる力」を支える「確かな学力」の要素として，2007年に一部改正された学校教育基本法の規定を受けて①基礎的基本的な知識・技能の習得，②知識・技能を活用して課題を解決するために必要な思考力・判断力・表現力等，③学習意欲であるとしている。

　「確かな学力」の3要素それ自体は決して新しいものではないが，これまでは，数値化して測定できる知識の「習得」に焦点が当たりがちで，その「活用」に必要な思考力・判断力・表現力，あるいは主体的に学習に取り組む意欲のような測定しづらい力は十分扱われてこなかったといえる。しかし，2003年度経済開発機構(OECD)による世界的な学習到達度調査(PISA調査)で，日本の生徒のPISA型読解力，すなわち，グラフ等から情報を読み取って活用する力の低さや，記述式問題での無回答の多さ，科学への興味関心の低さといった問題点が指摘されたことで，上記のような測定しづらい力の育成が強調されるようになってきた。2007年度から悉皆調査として実施されている全国学力・学習状況調査でも，基礎・基本の知識・技能は概ね定着している一方，その活用面での課題や，特に理科において，教科への関心・意欲・態度が学年とともに低下することが明らかになっている（図7-1）。

　このような状況打開のため，授業においては，教師からの一方的な講義だけでなく，課題の発見や解決に向けて子どもたちが主体的・協同的に学び合う「アクティブ・ラーニング」の導入が，大学入試においては，知識の「習得」を見ることが中心だった従来の大学入試センター試験から，知識の「活用」に必要な「思考力・判断力・表現力」を中心に評価する「大学入学希望者学力評価テスト（仮称）」へ転換が試みられている。

　このように，その方法や内容にはまだ課題も多いものの，これまで疎かにさ

7章 学力と評価

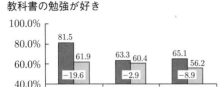
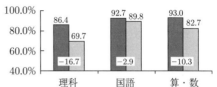
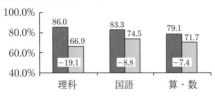
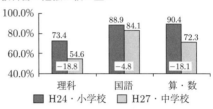

図 7-1　教科ごとの関心・意欲・態度の変化（小 6→中 3 の同一世代での変化）
国立政策研究所ホームページより転載　　H 24 小学校，　H 27 中学校
https://www.nier.go.jp/15chousakekkahoukoku/index.html

れがちだった知識の「活用」を積極的に教育の中に取り入れようとする動きがある。しかしそれは，知識の「習得」の重要性を低下させるものではない。市川（2002）は，基本的な知識・技能の「習得サイクル」と自らの課題の「探究サイクル」が有機的に結びついて機能する学習のサイクルを提案している（図 7-2）。学校で習得した知識を自らの課題探求の中で実際に活用し，そこで再び知識や技能の必要性に気づいていく，というように，知識の「習得」と「活用」のサイクルが循環している状態こそ，今求められている学力といえるだろう。

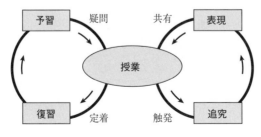

図 7-2　学習のサイクル（市川，2002）

7-2　学力の測定法

　教育評価は，対象を客観的に測定した上で何らかの評価を行う静的なプロセスと，評価を通じて教師や学習者に何らかの変容が生じる動的なプロセスからなる（図7-3）。ここでは，学力の測定を含む静的なプロセスに着目していく。

　まず，測定（measurement）とは対象をものさし（尺度）で数値化して捉えることである。しかし，現在求められている学力は「できる／できない」で数値化することが容易な知識の習得だけでなく，知識の活用に必要な思考力・判断力・表現力あるいは学習意欲のような数値化が難しい事象を含む（7-1）。そのため，学力を客観的に捉えるためには，数値化にこだわらず，言葉で記述するといった方法も必要である。そこで，学力の「測定」の代わりに，多様な方法で対象を客観的に捉えることを意味する「アセスメント」という言葉が用いられることも多い。

　さて，ある対象を客観的に測定する際には，まず，結果が安定し，一貫しているという信頼性（reliability）が重要である。例えば，同じ学力の子どもに同じテストを実施した場合は同じ点数になること，ある子どものテストの答案は，採点者が異なっても同じ点数になることが必要である。

　次に，テストが測定しようとしている現象を正しく測定しているという妥当性（validity）も重要である。前述の通り，学力には，知識・技能，思考力・判断力・表現力，学習意欲といった複数の側面があるため，学力全体を一度に捉えられるような妥当性のある検査の作成は難しい。したがって，学力の測定には，以下に紹介するような方法を柔軟に組み合わせて用いる必要がある。

（1）客観テスト式

　客観テスト式には，単一あるいは複数の選択肢から記号や語句を選んで答える選択回答式，空欄に該当する語句を記入するような空欄補充式などが含まれる。これらのテストは正誤が明確であることから，実施や採点において信頼性のある方法である。また，1問あたりに要する時間が相対的に短いために，多様な領域から多くの問題を出すことができるので，幅広い知識の習得具合を見ることができる。しかし，知識に対する深い理解がなくとも暗記だけで答えられてしまう場合も多いことから，知識に対する深い理解や解答を導き出す思考力などを問おうとしている場合には妥当性が低いといえる。また，選択式の場合には，極端な文章は最初から外すなど，テスト特有の手がかりから答えを導いてしまうようなテストワイズネスがはたらく可能性もある。

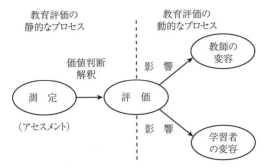

図7-3 教育評価の模式図(村山, 2006)

(2) 記述式

記述式は，概念を説明する，内容を要約する，ある事柄とある事柄を比較して述べるなど，一般的には文章で記述するテストであり，客観テスト式に比べると，知識に対するより深い理解や，思考力・判断力・表現力を測定することができる。ただし，客観テスト式のように絶対的な正誤がないため，採点における信頼性が低くなるという課題がある。あらかじめルーブリック(7-4)のような採点基準を作成し，いかに信頼性のある採点ができるかが重要となる。

(3) 日常的な観察

テストでなくても，授業中の机間指導を含め，子どもの発言や活動の様子，ノートなどを日常的に観察することも学力を捉える有効な手段である。観察とは，ただ漠然と子どもの様子を見るのではなく，習得した解法を活用して問題を解こうとしているかなど，学習にあった観点から，子どもの様子を捉え，具体的な言葉で記述することが重要である。また，観察する際，挙手の回数が多い，字がきれい，などの目立った特徴に引っ張られてその他の評価が歪んでしまうハロー効果のような，観察者バイアスにも注意したい。

また，村山(2003)が中学2年生を対象に行った実験結果から，学習者がテスト形式の予期によって自らの学習の仕方を変えることが示されている。すなわち，空欄補充式のテストを行うと予期した場合には理解の伴わない暗記型の学習が，一方，記述式でテストを行うと予期した場合にはその知識の意味を深く理解するような学習を行うようになったのである。このように，本来は教育評価の静的なプロセスである学力の測定の方法が，学習者の学びに影響を与えうることにも留意する必要があるだろう。

7-3 言語力の測定法と評価

(1) 聞く・話す・読む・書く

「言語力」とは「言葉を操る総合的な能力」である。言語は実生活上では，「聞く」「話す」「読む」「書く」の4つの形を持って現れるので，それらを測定することによって，言語力が推定される。この4活動は理解活動，産出活動に分類できる。また，使われる媒体が音声か文字かによって，2つに区別することもできる。したがって，音声による理解活動が「聞く」，音声を用いる産出活動が「話す」，文字による理解活動が「読む」，文字を用いる産出活動が「書く」というように位置づけることができる。

通常，理解活動は収束的である。すなわち，限られた方向に結果がまとまる（収まる）傾向がある。一方，産出活動は拡散的である。すなわち，結果が様々なものとなる。したがって，言語の産出活動を測定し，評価することは，理解活動でそれを行うことに比べて容易ではないといえよう。

また，読む力をテストするためには，文字で課題を作成するが，聞く力をテストするためには，音声で課題を作らなければならない。書く力をテストするためには，文字で書かれたものを評価対象にすればよいが，話す力をテストするためには，音声を録音したり，文字に書き起こしたりする作業が必要である。音声を伴う言語活動の測定には事前の準備や事後の処理に手間と時間がかかる。

(2)「読む」力の測定と評価

標準化された読みの検査，「教研式 Reading-Test 読書力診断検査」を紹介しよう。これは小・中学生の学力及び日常生活の質の向上のために読む力を測り，学習とその支援の基本資料を提供することを狙った検査である。

読む力（読書力）を ①読字力：正しく漢字を読めているか，②語彙力：言葉の意味を知っているか，③文法力：読みに必要な言葉の決まりが身に付いているか，④読解力：文章を正確に理解しているか，の4つの観点から捉えるテストである。様々な文章を読むときに，読字力，語彙力，文法力，読解力がそれぞれどのような関係にあるのかを厳密に説明するモデルはまだないが，「読む」力全体を向上させようとするとき，この4要素は不可欠である。4つの力各々とそれらのバランスをチェックするという活用ができる。

なお，この検査には「読書についてのアンケート」が付属している。検査とアンケートの結果の組み合わせから，「あの子はよく本を読むのになぜ読みの

力が低いのか」とか「あの生徒はあれだけ読む力があるのにどうして本を読まないのか」などの問いが立てられ，学習や読書の指導に活かすことができる。

(3)「書く」力の測定と評価

書く力，例えば，作文の評価は容易ではない。産み出される言葉の内容や表現方法が多様・多彩であるし，書き出された文章の評価は，最終的には読み手の印象で判断が左右されやすい。そこで様々な工夫が必要となる。

書く力を見る場合，「夏休みの思い出について書きなさい」というような作文課題を出してしまうと，書き手によって題材や内容や書き方が異なってしまうため，その広がりの大きさから，適切な評価が難しくなってしまう。したがって，ある程度広がりを抑制できるような課題，例えば意見文課題や要約課題を用いて見る。意見文では，主張が明確か，理屈が通っているか，根拠があるかなどの評価基準が立てられる。要約では，重要な内容が抜け落ちていないか，本質とはあまり関係ない内容が書かれていないか，原文には無い内容が書かれていないか，要求された文字数に近い分量が書けているか，など多くの観点の評価基準を設けることができる。拡散性のある言語産出活動であっても，以上のように課題を工夫し，適切な評価の基準を設ければ，一定の妥当性をもって書く力を測定・評価することができる。なお，課題の達成程度を数値化するために広まりつつあるルーブリックという評価法が参考になる。もちろん，評価者を複数にすることによって，主観をできるだけ排除する配慮も必要である。

(4)「聞く」力の測定と評価

文字で書かれた課題を用いた「読む」力の測定・評価と同じく，音声を用いた課題により，「聞く」力の測定・評価は可能である。ただし，音声の場合，課題文の読み上げの速度や音量，ノイズ，声の質などの影響が考えられる。英語のリスニングテストと同様かあるいはそれ以上の細心の配慮が必要である。

(5)「話す力」の測定と評価

「話す」力については，面接試験場面をイメージすればわかりやすい。的確な内容か，適切な表現かなどを評価基準に照らして，複数の判定者で評価することになる。しかし，話す際には，表情やしぐさが伴う。それも含めて評価するか否かなど，評価の観点もしっかり決めておく必要がある。評価の目的・観点・基準から逸脱しないように，評価者の事前の訓練も入念に行う必要がある。

7-4 学力の評価

　学力の評価というと，一般に，入学試験のように選抜を目的として行われるイメージを持たれることが多い。しかし，本来の学力の評価とは，教育の目標に対して行われている教育指導が子どもたちにとって効果的なのか，という実態を把握し，その後の教育目標や教育内容の改善をすることを目的としている(5-1)。近年，「確かな学力」(7-1)の育成のために，教育実践における「指導と評価の一体化」の重要性が改めて強調されている。

　教育目標や教育内容を改善するという視点で学力の評価を捉えると，学期末や単元末に筆記試験などを行って成績評価を行うだけでは十分でない。アメリカの教育心理学者ブルーム(Bloom, B. S.)が大別した3つの評価機能は，日本の教育評価にも受容され，発展させられている。まず，教育を始める前に，教育目標を設定したり，教育内容を計画したりするために，子どもたちの既有知識や経験についての診断的評価(diagnostic assessment)を行うことが必要である。そして，教育の途中で子どもたちの理解の状況を確かめ，目標や内容の設定がうまくいっているかについての形成的評価(formative assessment)も必要である。期待以上の効果があれば，目標そのものを設定し直し，さらに高いレベルを目指すこともあるだろう。学習が終了した時点で行う総括的評価(summative assessment)も，あくまでも，目的は学習の到達状況を明らかにすることで，不足した部分の再学習など，学習者を次なる学習目標につなげることが目的である。これらを整理したのが表1である。

　さらに，これらの評価がよりよく機能するためには，教師の指導改善だけでなく，評価結果を子どもたちにフィードバックすることで，子どもたち自身の学習改善につなげることが必要である。フィードバックをする際には，点数ではなく，理解が不十分であった箇所を指摘し，それについて学び直すための手がかりを与えるなどのように，今後具体的にどのような行動をとる必要がある

表 7-1　評価の機能

評価	診断的評価	形成的評価	総括的評価
時期	学年・学期・単元開始時	学年・学期・単元の途中	学年・学期・単元終了時
目的	学習の目標設定や計画立案	学習の目標や計画の修正	今後の目標や計画の立案
内容	学習以前の既有知識，経験，興味関心などの状況	学習途中の理解の状況	学習の到達状況

のかを言葉にして伝えてやることが重要である。また，教師と子どもたちが評価の内容や基準について積極的に対話する中で，子どもたちの中に評価者としての視点が備わることによって，学習者が自らの学習を振り返り，改善できる力を養うことの必要性も指摘されている（二宮，2015）。

　また，教育を通して，子どもの中に目標としている学力が育まれているのかどうかを評価し，それを指導や学習の改善につなげようとする際には，教育目標を基準とした絶対評価（目標に準拠した評価）を行うことが必要となる。しかし，これまでは，さまざまな批判がありながらも，評価における客観性の観点から，集団内での得点分布から相対的な位置を明らかにし，子どもの成績評価をつけるような相対評価が用いられていた。1955年からおよそ半世紀の間用いられてきた指導要録の5段階評価や，進路指導等で用いられる偏差値も，集団内の位置を数値化した相対評価である。

　2001年度の指導要録改訂により，成績評価として記録されるものは，これまでの相対評価から，絶対評価へと完全に移行することになった。なお，目標に到達している程度に応じて評価が与えられることから，これは到達度評価とも呼ばれる。このとき，絶対評価と並んで重視されるようになったのが，個人内評価である。これは，子ども個人を基準として，教科間の成績の比較や観点間での比較から，その得意不得意を明らかにする横断的個人評価と，過去の子どもの状況と現在の状況を比べ，その変化や成長を評価する縦断的個人評価がある。集団内での相対的位置しか教えてくれない相対評価においては，個々の子どもが設定された目標を達成しているのかどうか，どのような学力水準にあるのか，それが以前に比べて上がっているのか下がっているのか，など十分に可視化できなかったことが，絶対評価や個人内評価によって可能になり，一人ひとりの子どもに応じた教育指導のきっかけになるといえる。

　最後に，目標に準拠した評価は，その目標をどう設定するかが重要となる。目標設定が曖昧なままでは，評価者の主観によって，その評価が歪んでしまう危険性がある。一方，最初に設定した目標にこだわってしまうと，今度はその目標からはずれたところでの子どもたちの豊かな学びが見過ごされてしまう可能性がある。誰もがその評価に納得できるような具体的な言葉で，その評価基準内容を作ることと同時に，目標にとらわれずに子どもの実態や可能性を捉えて，目標それ自体の妥当性も問おうとする姿勢も重要である（石井，2015）。今後は，その準拠するための目標をどう設定していくのか，絶対評価の精度を高めていくことが課題である。

7-5 新しい評価

1990年代後半以降,「真正の評価(authentic assessment)」という理念のもと新しい評価への試みが始まっている。「真正の」とは「本物の」という意味である。この理念は日常とかけ離れた従来のテスト状況に対する批判から生じたものであり,より現実味のある課題の中で子どもの学力をとらえることを求める。ここではその理念を具体化した評価方法を紹介しよう。

(1) パフォーマンス評価(performance assessment)

パフォーマンス評価とは,評価したい学力を直接的に捉えるようなパフォーマンス課題(performance task)を実施し,そこでの子どもの実際のふるまい(パフォーマンス)から子どもの学力を解釈しようとするものである。松下(2007)が小学6年生を対象に行った評価事例から理解を深めてみる。

課題は,異なる距離を異なる時間で歩いたグループの速さを比較する内容である(図7-4)。通常の算数の課題であれば,速さの公式(距離/時間)を当てはめやすいよう,かかった「時間」が最初に書かれているが,この課題では「時刻」のみが書かれている点で日常の課題解決により近いといえる。また,解答に際しては,考え方を式,言葉,図,絵などを使って分かりやすく書くことが求められるが,これは,子どもの学力のうち,思考力や表現力を見るためである。

次に,子どものパフォーマンスの質はルーブリック(rubric)という評価基準表に基づいて複数の採点者が採点する。ルーブリックは複数の観点からなり,各観点にはいくつかのレベルが設定される。ルーブリックには,そのレベルごと見られるパフォーマンスの特徴が言葉で記述される(図7-5)。なお,ルーブリックは事前におおまかなものが作成された後,子どもの実態に合わせて採点と同時に作り込まれていくものであり,その作業自体が教師にとって子ども理解の場になるといえる。

では,ある児童の解答(図7-6)と採点例を見てみる。この児童は最後に間違えているものの,分数を含む複雑な計算をこなしており,「手続き的知識」の観点ではレベル3と採点される。ところが,①で算出した速さは距離が異なるから比較できないとし,②で距離をそろえた上で再び③で速さを求める公式(距離/時間)を当てはめている。これは,時間と距離に着目してはいるものの,その扱い方に決定的な誤りがあることから「概念的知識」の観点ではレベル1と採点される。もし速さのみを求める課題であれば速さと距離の概念が未

7章 学力と評価

> ハイキングに行ったら、ある地点でコースが二手に分かれていました。Aコースが3km、Bコースが5kmです。そこで、ゆう子さんチームはA、あきお君チームはBコースを選び、ゴールを目指して10時にその地点を出発しました。すると、ゆう子さんチームは11時、あきお君チームは11時半にゴールにつきました。ゆう子さんはあきお君に「どこかで休憩していたの？」と聞きましたが、あきお君は「休憩なんてしていないよ。ずっと歩いていたんだ」と言います。どちらのチームも休憩せず、一定の速さで歩いていたのです。では、どちらのチームが速く歩いたのでしょうか。考えたこととその理由を書いてください。

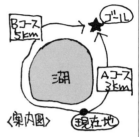

図7-4 パフォーマンス課題の例(松下、2007を改変)

分化であるというこの児童の問題点は明らかにならなかった可能性がある。パフォーマンス評価は、各レベルを得点化して用いることもできるが、その後の指導や学習につなげるためには、個々の答案に現れる子どもの個性的なパフォーマンスを大事にすることが重要だろう(松下、2007)。

（2）ポートフォリオ評価(portfolio assessment)

ポートフォリオ評価もまた、子どもの学力や学びを直接的にとらえようとする方法である。ポートフォリオとは、子どもの作品や作文、ワークシート、教師の指導と評価の記録、保護者のコメントなど、学習過程で得られるあらゆる資料の集積を意味している。子どもたちはこのポートフォリオを、目標に合わせて収集、取捨選択、保存していく過程の中で自らの学びを客観的に捉え、自己評価することが可能である。また、ポートフォリオ検討会では、ポートフォリオを見ながら、教師と子どもが対等な立場でこれまでの学びについて振り返って話し合い、その到達点の確認と今後の目標設定を行う。このような教師と子どもの対話の時間を十分に確保することは、子どもたちに評価者としての視点から自らの学習を振り返る力を育むと同時に、対話の中で、従来のテストでは十分明らかにならなかった試行錯誤的な学びの価値や、個人内の成長を明らかにすることができるだろう。

新しい評価は実施に多大な時間と労力を要するが、答えの正誤を判定するだけのテストよりも、詳しく、かつ正確に子どもの学力をとらえることができ、その後の指導や学習につなげることが可能であることから、指導と評価の一体化(7-3)を進める上で有効な手段となるだろう。その際、教師には子どもとの対話や、ルーブリック等で評価規準を明確に言葉で示していくことが必要である。現在、教師の側の言葉の力も求められているといえる。

観点 レベル	概念的知識 （問題の理解）	手続き的知識 （解法の手続き）	推論とストラテジー （数学的な考え方）	コミュニケーション （考え方の説明）
3	時間，距離に関する情報が正しく取り出せている	解を導くための計算が正しくできている	どんな量や比で比較するか正しく選択できている	考え方（プロセスと答え）が数式や言葉を使って書かれ，その根拠が十分に説明されている
2	時間，距離に関する情報は正しく取り出せているが，それらの関係づけに一部誤りがある	解を導くための計算をしているが，小さなミスがある	どんな量や比で比較するか正しく選択できているが，比較の仕方に一貫性や順序性がない	数式と答えは書かれているが，それについての説明が不十分であるか，誤っている
1	時間と距離に関する情報に着目しているが，正しく取り出せていない	解を導くための計算をしているが，重大なミスがある	どんな量や比で比較するかを正しく選択できていない	数式や答えがきちんと書かれていない
0	時間と距離の一方にしか着目できていない	解を導くための数式や言葉がない	比較が行われていない	考え方の説明がない

図7-5　ルーブリックの例（松下，2007を改変）

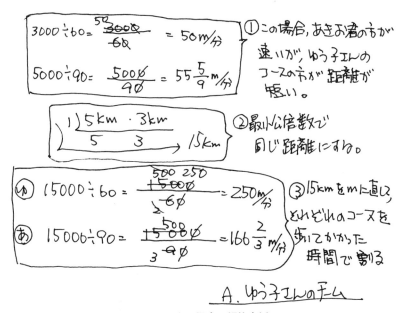

図7-6　ある児童の解答事例

コラム 8

フリン効果

二十世紀半ばから後半にかけて，知能検査得点が上昇している。すなわち過去の世代に比べ，その後に生まれた世代の方が知能検査において高スコアである。この現象を，その発見者にちなんでフリン(Flynn)効果と呼ぶ。ディアリ(Deary, 2004)による図1を見て欲しい。ベルギー，オランダ，イスラエル，ノルウェー，イギリスの各国で最新のIQを100とした場合の，過去のIQが表示されている。それぞれ，9年で7点，30年で21点，15年で9点，26年で11.5点，50年で27点上昇している。このために知能検査はある程度年数が経つと，改訂作業(問題を難しくすること)が不可避となっている。

なぜこのようなことが生じるのだろうか。いくつかの説明が試みられている(鈴木，2008)。①学校教育の普及：学校教育制度が整備され，教育を受ける年数が増え，教育の方法や内容も改善されたことで，知能が伸びたとする説。②子育ての変化：きょうだい数の減少で，子どもに対する親のかかわりが昔よりも濃厚になり，また，子育てに関する情報も増えたため，子どもが知的に発達する機会に恵まれたとする説。③栄養状態の改善：知能検査得点が上昇しているところでは，身長も伸びていることがある。栄養摂取がよくなることによって，身長の伸びが生じると見れば，栄養状態の改善が得点アップに寄与しているとみる説。④視覚的分析の日常化：駅で切符を購入したり，銀行で預金を引き出したりすることは，かつては口頭で行われた。しかし，今では機械上の記号的な操作で行われるようになった。そうした日常での適応行為が，知能検査における図形を分析的に処理する課題の成績向上に寄与したとする説。

しかしながら，決定的な説明は未だなされていない。フリン効果は，人間の知性とはどのような性質を持つものなのか，知能検査はいったい何を測っているのか，という難問を突き付ける。

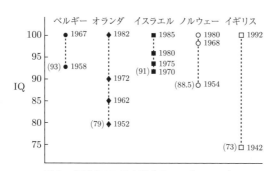

図1　各国のIQの上昇(ディアリ，2004)

8-1 学校不適応とは

(1) 適応及び不適応の定義

適応(adjustment)は，個人レベルで適用されることが多く，「個人と環境の調和的関係」と定義され，「環境の条件に適合するように主体の側の変化を生じること」(北村，1965)と定義された順応(adaptation)とは異なる。適応という概念は，環境からの要請に合わせて自分を変える受動的な面だけでなく，自分の欲求を満たすように環境側を変えていく能動的な面も含まれている。一方，ある環境で個人が不適応(maladjustment)となり欲求不満や心的葛藤等を生じると，心の安定を保つために回避や解消させて安定性を取り戻すはたらきを無意識にする。この手段を防衛機制(適応機制)と呼び，抑圧，投影，置き換え，補償，合理化，同一視，昇華，退行，逃避，反動形成等がある。

(2) 学校における不適応

学校には様々な不適応を抱える児童生徒が存在し，様々な不適応行動が生じている。心身症や神経症，摂食障害，緘黙，チック，心的外傷後ストレス障害(PTSD)といったストレス反応，自分の立場を無視した個人的・消極的行動により社会に対して間接的に悪影響を与えるひきこもり，不登校といった非社会的行動，意図的に社会の秩序を見出し，道徳的・社会的規範を無視する暴力，非行，いじめ，虐待といった反社会的行動に分けることができる。

(3) 適応上の諸問題

a. 不登校 不登校は，「何らかの心理的，情緒的，身体的，あるいは社会的要因・背景により，児童生徒が登校しないあるいはしたくともできない状況にあること(ただし，病気や経済的な理由によるものを除く)」とあり，「年間に連続して30日以上欠席した児童生徒」と定義されている(文部科学省，2015)。平成26年度は小学校で25,866人，中学校で97,036人と学年進行に従って人数が増加し，高校では53,154人に加え，中途退学者数53,403人である(文部科学省，2015)。小学校卒業から中学校入学段階の1年生の段階は不登校に陥りやすく，教科担任制，学校や教員の醸し出す雰囲気や文化の違い等，移行期の課題である「中1ギャップ」が指摘されている。不登校のきっかけは，いじめを除く友人関係をめぐる問題，学業の不振，親子関係をめぐる問題，不安など情緒的混乱，無気力など多様で，個々の背景に応じた対応が学校内外で必要となる。一方，不登校経験者の23%は就学就業せずにひきこもりに移行してしまう青年がいる(森田，2003)。登校刺激をしないのではなく，早

期対応と適切な継続的支援により，学校教育の環境や，卒業後も視野に入れた関係諸機関と連携した包括的な支援チームによる支援体制が求められる。

b. 暴　力　「自校の児童生徒が故意に有形力(目に見える物理的な力)を加える行為」を暴力行為といい，教師以外の学校職員を含む「対教師暴力」，何らかの人間関係がある児童生徒同士の「生徒間暴力」，対教師暴力と対生徒間暴力の対象者を除く「対人暴力」，施設設備の「器物破壊」等，小・中・高等学校における暴力行為の発生件数は約5万4千件である(文部科学省，2015)。暴力行為の増加の要因は，児童生徒の成育，生活環境の変化，児童生徒が経験するストレスの増大がある。児童生徒の傾向は，感情が抑えられず，考えや気持ちを言葉でうまく伝えたり人の話を聞いたりする能力が低下していること等が挙げられ，その背景として，規範意識や倫理観の低下，人間関係の希薄化，家庭の養育に関わる問題，あるいは映像等の暴力場面に接する機会の増加やインターネット・携帯電話の急速な普及に伴う問題，若年層の男女間の暴力問題等，児童生徒を取り巻く家庭，学校，社会環境の変化に伴う多様な問題がある(神野・原田・森山，2015)。暴力行為は低年齢化しているため，小学校からの一貫性のある指導と学校種間の連携が重要になってくる。

c. 虐　待　「学校，児童福祉施設，病院その他児童の福祉に業務上関係のある団体及び学校の教職員，児童福祉施設の職員，医師，保健師，弁護士その他児童の福祉に職務上関係のある者は，児童虐待を発見しやすい立場にあることを自覚し，児童虐待の早期発見に努めなければならない」と児童虐待防止法第5条(児童虐待の早期発見等)で定められ，学校関係者は早期発見の義務が課せられている。虐待は，身体的・性的・心理的・ネグレクトの4種類で，いつもと違う不自然な傷やあざ，説明，表情，行動・関係，状況といった不自然さに配慮したい。要因は，① 育児不安や育児疲れ，家事に非協力的で，母親の働きを評価しない父親の存在によるストレス，望まない妊娠，情緒不安定，攻撃的な性格傾向，アルコール・薬物依存，精神疾患，養育者自身が被虐待の経験がある(愛情飢餓・世代間伝達・体罰信仰)といった「親の要因」，② 手のかかる育てにくい子(未熟児，発達の遅れ，疾患，障害等)，子育てや将来への不安といった「子どもの要因」，③ 入院等による親子分離状態の長期化，自責感や養育不安，過度の期待といった「親子関係」，④ 夫婦・家族不和，経済的困窮，借金，失業，転居，若年結婚・出産，再婚，内縁関係といった「家庭状況」，⑤ 近隣との交流が無く，親・兄弟・友人等相談相手が身近にいないいった「社会からの孤立」が挙げられている(神野他，2015)。

8-2　学校でのいじめ

(1) いじめの定義

　いじめは,「当該児童・生徒が一定の人間関係のある者から,心理的,物理的な攻撃を受けたことにより,精神的な苦痛を感じているもの。なお,起こった場所は学校の内外を問わない」(文部科学省, 2012)と定義されている。この定義では,いじめられたとする児童生徒の気持ちが重視されている。そして,喧嘩を除き,仲間外れや無視,あるいはそこまではいかないものの心理的な圧迫などで相手に苦痛を与えたり,身体的攻撃のほか,金品をたかられたり,隠されたりするといったことが含まれている。いじめをする対象者は,同じ学校・学級や部活,当該児童生徒がかかわっている仲間やグループ集団等,当該児童生徒と何らか関係がある人間関係全てとなっている。2013年には,「いじめ防止対策推進法　総則1」において,いじめの定義に心理的な影響を与える行為として「インターネットを通じて行われるものも含む」という文が加わった。これは近年,問題となっているネット上のいじめやSNS(ソーシャルネットサービス,例えばLINEやFacebookなど)によるトラブルも含まれる。小・中・高・特別支援学校における,いじめの認知件数は185,057件と昨年より2,254件増加し,そのうち小学校は122,721件と一番多い件数となっており,深刻な社会問題となっている。

　いじめの背景は,いじめのきっかけを特定することができても,その原因を社会,学校,家庭のいずれかに特定することは難しい(表8-1)。全てが関わりあってくるため,支援にあたっては個人だけに焦点をあてるのではなく,社会・学校・家庭といった環境にも目を向けて支援する必要がある。

(2) いじめの構造

　いじめは,ある集団が特定の1人,あるいは2人をいじめるということが多い。その集団は,仲良しグループや部活動,時にはクラスの大半を占めるといったこともあり,その特徴として同調意識が高い。青年期前期のチャムグループの頃は特に,スケープゴートをつくって仲間意識を高める場合もあり,いじめが生じやすい。この問題を理解して対応する時,「いじめ集団の四層構造モデル(いじめの四重構造)」が参考になる(図8-1)。森田(2010)は,いじめる立場といじめられる立場の二者関係と理解されていた関係を「傍観者」「観衆」「加害者」「被害者」という「いじめの四層構造論」を明らかにした。いじめでは,いじめる人いじめられる人だけでなく,彼らをとりまくいじめを面白

おかしくはやし立てる「観衆」，見て見ぬふりをする「傍観者」も含め，その集団全体を捉えて対応策を検討することが非常に重要である。

ではなぜ，傍観者が減らないのであろうか。その原因として，小学校高学年から高校生までの同調行動といじめへの介入に対する不安や心配，恐怖が考えられる。また，主張スキルの低い同調することに対して葛藤したとしても，むしろ同調することで適応的になる(坂本，1999)。つまり，いじめの場面で傍観者が援助の気持ちがあって援助するか否かの葛藤を抱いたとしても，介入することで自分が被害を受けないかという不安やいじめに対する恐怖等が，傍観者の実際の援助行動を抑制しているといえる。傍観者が，いじめに歯止めをかけない場合，いじめの加害者と同様の立場の存在として受け止めてしまい，傍観者がいじめを助長する一因になりかねない。傍観者の存在は，いじめの加害者や被害者への働きかけを通して，いじめの抑制や停止，被害者の心理的負担の軽減に重要な役割を持つことが示唆されている(森田，2010)。

表8-1　いじめの背景にある社会・学校・家庭の問題

社会	・異質性を排除し，同質志向にとらわれる傾向が強い。・社会的規範が薄れ，個人的欲急を望む傾向が高い。・受験や成績評価などによるストレス。・個人や表現の自由に重きがおかれ，責任や人権，道徳性をむっした内容や暴力および性的場面の規制が緩いマスメディアの報道。・地域社会の密着した関係性の欠如。
学校	・子どもの心や発達が理解されていない。・子どもへの適切な支援や対応の遅れ。・教師が業務に追われて子どもと向き合う時間が減少。・問題の原因を家庭に帰属させる傾向が強い教師。・子どもの対人関係の希薄さ。・集団が子を育てる機能が低下し，いじめを抑制する力が弱くなった。
家庭	・基本的な生活習慣の欠如。・親の養育行動。・親子間及び家族間のコミュニケーション不足。・個々人の欲求の充足の重視。・核家族化。

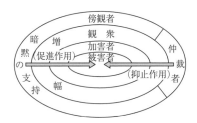

図8-1　いじめ集団の四層構造(森田，2010)

8-3 情報モラル

　近年，児童生徒の日常生活は情報機器の使用が欠かせなくなる一方，情報モラルの重要性がますます注目されている。携帯電話やスマートフォン等を使用してSNS等を活用したコミュニケーションをする児童生徒の中には，情報モラルが未熟であるために，不用意な発言や個人情報の発信，他者に対する誹謗中傷やいじめ，インターネット上の犯罪や違法・有害情報などの問題を生じる場合がある。これにより，対面上のコミュニケーションでは予想しえないような影響を周囲に与え，誤解やトラブルを生じる可能性もあり，状況によっては当事者の将来にまで影響を及ぼしかねない事態に陥ることもある。そのため，情報モラルを理解したうえで教育することが非常に重要なってくる。

(1) 情報モラルとは

　従来はITにかかわる専門家の職業倫理であった情報モラルは，インターネットに限定されていたが，近年のスマートフォンや携帯電話の普及により，全ての子どもたちが教育対象となった(石原，2011)。その情報モラルは，「情報社会で適正に活動するための基となる考え方や態度」と定義され，「一人一人が情報化の進展が生活に及ぼす影響を理解し，情報に関する問題を適切に対処し，積極的に情報社会に参加しようとする創造的な態度」を持つことが重要だと明示されている(文部科学省，2010)。さらに，「情報の送り手と受け手の両方の役割を誰もが持つ情報社会では，情報がネットワークを介して瞬時に世界中に伝達され予想しない影響を与えてしまうことや，対面のコミュニケーションでは考えられないような誤解を生じる可能性も少なくない。このような情報社会の特性を理解し，情報化の影の部分に対応し，適正な活動ができる考え方や態度が必要になってきている」と重要性も示されている。

(2) 発達段階に応じた体系的な情報モラル教育

　情報モラル教育は，学校全体で教育活動の中で体系的に取り組む必要性が求められている。各教科等の目標と連動しながら，情報モラルの視点を学習活動や指導に取り入れ，そのタイミングを練って設定し，繰り返し丁寧に教育や指導をすることが大切である。また，情報モラル教育を地域や学校の実態に応じた系統的な取り組みと心の発達段階や知識の習得，理解の程度に応じた適切な指導を大切にした体系的なカリキュラムも作成する必要がある。例えば，文部科学省委託事業により作成された「情報モラル指導モデルカリキュラム」では，「情報社会の倫理」「法の理解と遵守」「安全への知恵」「情報セキュリ

ティ」「公共的なネットワーク社会の構築」といった5分類の情報モラル教育の内容について，小・中・高の校種にあわせた指導目標で掲げられている。そのため，校種を問わず，年間指導計画の中に情報モラルの項目を設定し，教職員が共通理解をする中で教育や指導が行われる必要がある。

（3）国内における情報モラルの研究の実態

例えば実態調査では，三宅（2006）が中学生から大学生の情報倫理意識は一般に低く，内的な自己のプライバシーの保護に敏感だが，他者の知的所有権の保護は関心が低いことを明らかにした。また，原田（2013）は，高校生のネットいじめは性差に関係なく対面上とネット上のどちらでも起きるネットいじめに関する授業へのニーズが高いことを明らかにした。その情報モラルに関する授業では，道徳や総合学習の時間の授業などで活用できる教材開発が進んでいる。例えば，長谷川・久保田（2011）は，小学5年生を対象にチャット体験をもとにしたコミュニケーションについて話し合い活動を行わせ，望ましい発話の在り方，非難中傷といった問題のある発話に気づかせる効果を得た。また，小野他（2012）は，中学1・2年生にネットいじめの予防と回復のための教育を行い，ネットいじめの抑制と人間関係の改善の効果を報告した。梅田他（2012）は，高校2年生を対象に著作権を取り上げたジレンマ資料を作成し授業を行い，著作権の理解と規則尊重が向上し，一定の効果があるとした。

道徳には発達段階があり，その発達が認知発達に支えられて発達の機序が想定されている（Koholberg, 1969）。他者の視点で物事を理解させたいロールプレイを児童生徒にさせる時には，道徳性の発達が参考になる。例えば，大人の命令や禁止が万能で命令にそむいたら罪せられる他律的道徳からその都度の状況を考慮し，相互に許しあう自律の段階を示した。またセルマン（Selman, 1976）は視点取得能力を次の5つの段階で示している。

段階0：自己中心的視点取得段階　自他の視点の区別が困難で，自己中心的である。
段階1：主観的視点取得　自分と他者の視点を区別して理解するが，同時に双方を関連付けることができない。「笑っているから幸せ」といった表面的な行動から感情を判断するところもある。
段階2：二人称相応的役割取得　他者の視点に立って自分の行動や思考が内省できるが，第三者の視点からそれぞれの視点を合理的に調整することができない。
段階3：三人称相互的役割取得　自分と他者以外の第三者の視点をとることができ，それぞれの視点や相互作用を調節し，考慮することができる。
段階4：一般化された他者としての視点取得　多様な視点が存在する状況で自分自身の視点を理解する。社会システムの視点から合理的な個人の視点をとり，「言わなくても明らか」といった共有された意味を認識する。

8-4 ネットでのいじめ

(1) ネットいじめの変遷

　情報モラルの中でも特にネットいじめは，今日，深刻な教育問題の一つである。そのネットいじめは，インターネットの掲示板や携帯電話のメールによるいじめなどが多発した 2000 年以降，2004 年 6 月に起きた長崎における小学生女子の殺傷事件を機に，児童生徒の情報モラル意識の欠如が大きな社会問題として取りあげられるようになった。

　文部科学省の生徒指導上の諸問題に関する調査においても「コンピュータや携帯電話等で誹謗・中傷や嫌なことをされる」という項目調査が 2006 年から加わり，平成 25 年度の認知件数は小学校 1711 件，中学校 4835 件，高等学校 2176 件と増加する傾向にあり，いじめ全体の中で示す割合は高等学校が 19.7％と校種で一番多い。近年も目を覆うような痛ましい事件は続く中，被害者・加害者が低年齢化している傾向にある。

(2) ネットいじめと国内の研究

　ネットいじめはサイバーブリング(cyberbullying)とも言われ，匿名性，アクセシビリティ(情報端末がある限り，時間と空間を問わない)，被害者の反撃性の容易さ，書き込みがインターネットに上に残る継続性，集団化のしやすさ(戸田・青山・金綱, 2013)，また，傍観者性(閲覧者が膨大な数に上るため，責任の分散が生じやすい)，発言(書き込み)が取り消しにくいこと，年齢や性別を偽りやすいこと(小野・斎藤, 2008)などの特徴を持つ。

　近年では，ネットいじめの特徴が明らかとなる研究が進んでいる。内海(2010)は，中学生を対象にネットいじめを行った経験と受けた経験，攻撃性の特性，親のネット統制について調査した。その結果，加害・被害のどちらも経験した者は，顕在的に認められる表出性攻撃と目的を持った操作や仲間関係を損なうことを通じ他者を傷つける行動である関係性攻撃が高い傾向にあった。特に，父親がネット接続に制限をしないとネット使用時間が長くなることを明らかとした。また，高校生と大学生を対象にネットいじめの脅威に対する認知について調査した，藤・吉田(2014)結果，被害時の脅威の認知は無力感を経て周囲の人へ相談することを抑制してしまうことを明らかにした。つまり，ネットいじめは，加害・被害を両方体験すると攻撃性が高くなり，家族の介入がネット使用時間の制限につながる。そして，不安や恐怖を感じると，他者に自ら援助を求めなくなり状況が改善できず，事態の悪化も予測されるのである。

(3) 海外におけるICTを利用したネットいじめの教育

リーフレットや図書，DVD教材の配布から，You Tubeやスマートフォンアプリの使用といったICTを利用したネットいじめへの心理教育・予防教育が，海外では国レベルで取り組まれている。青山(2015)によると子どもたちが慣れ親しんでいるコンピュータゲームやオンラインゲームを取り入れていると報告されている。

例えば，オーストラリアでは，2002年にいじめの基礎知識を教える「Bullying, No way！」(www.bullyingnoway.com.au)というサイトがスタートした。発達段階に応じたコンテンツが用意され，いじめの状況下での対処方法，そして友達とうまく関係が築けないとき，などの内容以外に，感情理解に対するクイズやリラクゼーションの実践方法も含まれている。

(4) ネットいじめに対する情報モラル教育

ネットいじめに対する情報モラル教育の効果を検証した研究では，例えば，小学生を対象に携帯電話を使って電子掲示板に他者の悪口を書いた事例を読ませ，書きこまれた相手(他者)の考えを，どのように行動したら良いかを考えさせるという授業を展開した研究がある(中里・久保田・長谷川，2011)。この研究からは，解決スキル，言語的スキル，気遣い，他者への信頼が授業後に上昇することを明らかになっている。

また，ソーシャルスキルプログラムとしては，ネットいじめの予防として，話すスキル・聴くスキル・感情のコントロール・共感性の4つをターゲットスキルとしたSST(Social Skills Training)を原田(2014)が行い，解読，主張性，感情統制が授業後に上昇することを明らかにしている。

ネットいじめに対する情報モラル教育は，「日常生活におけるモラル(日常モラル)の育成」と情報モラルは重複する部分が多い(文部科学省，2010)。対面上とネット上のコミュニケーションでは，日常の生活で普段から相手を思いやることができる人はネット上でも同じ行動をするため(大貫・鈴木，2007)，他者の立場に立って思いやりのある行動をとることが大事になってくる。そのため，対面上のコミュニケーション力を身に付けつつ，あわせて社会的課題を自ら解決しようとする意欲や態度を育てることも重視したい。

8-5　個性を認めあう寛容性

「あなたとは異なる『友だちのよいところ』とはどんなところですか」と問われたら，あなたは答えることができるだろうか。私たちは集団の中で，様々なふれあいを通して，自他について知ることができる。しかし，現代の子どもたちは，生活体験や社会体験，自然体験，異年齢交流が不足し，人間関係が希薄化傾向になり，他者への思いやり，生命や人権の尊重など基本的な倫理観が十分に養われていないことが指摘されている(文部科学省，1996)。

(1) 同質性

特に寛容さが低くなる時期が青年期である。その背景の一つとして「同質性」が注目に値する。その同質性の特徴を持つ仲間集団をチャム・グループという。このグループは，内面的な互いの類似性の確認による一体感が重視され，互いの共通点・類似性を言葉で確かめあうという行為が見られるようになる仲間関係が特徴である(保坂，2000)。同じ興味・関心などを通じて同性の同輩集団の関係が結ばれ，互いの共通性や類似性を確かめあう関係が基本であるため，特に異質性を排除しやすい(2-3)。そのため，いじめやトラブル等，様々な問題を引き起こしやすい土壌を作っている。

(2) 共感的な人間関係

それらの問題に対して解決を志向することが，個性を認めあうことに大きく寄与することとなる。いざこざの場面に限らず，他者との関わりにおいては，他者理解や共感，コミュニケーション能力といったソーシャルスキルの発達が必要である。それは，仲間との交渉の中で育まれるとされ，とりわけ誤解や共感の欠如といった問題のある相互交渉の経験において他者理解や共感の発達が促される。それが個性を認めることにつながる。そのためには，相手の立場に立って共感する視点であるセルマンの「視点取得能力」が必要になる(8-3)。

この視点取得能力は，自他の違いを認識し，他者の立場から他者の欲求や感情，思考や意図等を推し量り，社会的な観点で判断する能力である。学級や集団の活動の中で活動場面の最中や振り返りの際に，互いの良さを認め合い，相互の信頼関係を高め合う時に役立つ。この能力は発達段階が高い者ほど効果的な言語表現をし，攻撃的な自己表現をしないことが明らかとなっている(Abrahami, Selman, & Srorn, 1981)。これらを背景とし，視点取得能力の向上を目指す教育的介入として，「愛と自由の声(Voice of Love and Freedom：VLF)」がある(渡辺，2001)。経験談を教師が話し，子どもと教師の信頼関係を築く導

入の結びつき，パートナーインタビューで相手の気持ちや立場を話し合うこと，ロールプレイで実践すること，手紙や感想を書くといった表現することの4つの展開を持つ。これ以外に，異年齢，考え方や性別，人種を超えて互いに協力できるように，その取組を支える集団をつくる手法のプログラムとして，SSTやピアカウンセリング，構成的グループエンカウンターがある (8-9)。

(3) 互いの個性を認め合う教育活動

　学校教育では，特別活動や道徳を中心に学校教育活動全体を通して，「互いを認め合うこと」が重視されている。例えば，特別活動では一人ひとりの児童生徒が学級活動やホームルーム活動で自分の良さや得意なことを活かす，行事で役割を分担して活動するなど，全ての児童生徒に自己存在感を与える取組を与える（国立教育政策研究所生徒指導・進路指導研究センター，2015）。道徳は，学習指導要領解説道徳編（文部科学省，2008）において「生徒一人一人が，寛容の心をもち互いに認め合い，助け合い，学び合う場と機会を積極的に設ける必要がある」とし，内容項目でも示されている（表8-2）。また，人権教育の目標では，自他受容の観点から自分の大切さとともに他の人の大切さを認めるといった他者に対する思いやり，親切，人間愛の精神が重要とされている。

　以上より，先に述べたプログラムに限定しなくとも，学校の中の授業や様々な教育活動を少し工夫することにより，児童生徒の個性を認め合う寛容性を育むことは可能である。

表8-2　道徳の内容項目の一部の学年・学校段階

小学校1・2年生	小学校3・4年生	小学校5・6年生	中学校
主として自分自身に関すること			
	・自分の特徴に気づき，よいところを伸ばす	・自分の特徴を知って，悪いところを改め良いところを積極的に伸ばす	・自己を見つめ，自己の向上を図るとともに，個性を伸ばして充実した生き方を追求する
主として他人とのかかわりに関すること			
・友だちと仲よくし，助け合う	・相手のことを思いやり，進んで親切にする ・友だちとして互いに理解し，信頼し，助け合う	・誰に対しても思いやりの心をもち，相手の立場に立って親切にする	・温かい人間愛の精神を深め，他の人々に対し思いやりの心を持つ ・男女は互いに異性についての正しい理解を深め，相手の人格を尊重する ・それぞれの個性や立場を尊重し，いろいろなものの見方や考え方があることを理解して，寛容の心を持ち謙虚に他に学ぶ

国立大学法人東京学芸大学総合的道徳教育プログラム編 (2011)「道徳の内容」の学年段階・学校段階の一覧表を一部抜粋して作成

8-6 心理療法　行動療法

(1) 行動療法とは

　行動療法(behavior therapy)とは心理療法の一つで,「学習理論(learning theory)に基づいて人間の行動を変える(変容する)方法のシステムあるいはプログラム」(内山, 1988, p.2)である。行動療法では行動の問題を, 望ましくない行動の学習, または望ましい行動の未学習や学習不足によるものと捉え, 適応的行動を増やし, 不適応行動を減らすための学習場面を設定することによって問題解決を目指す。行動療法は, 実験研究によって確認された学習原理を基にしたエビデンス(科学的根拠)の高い心理療法である。

(2) 行動療法の方法

　行動療法は, レスポンデント条件づけ(3-2)やオペラント条件づけ(3-3), 観察学習(3-6)といった学習理論を背景としている。レスポンデント条件づけを応用した治療法として, 系統的脱感作法(systematic desensitization)がある。これは, 恐怖症や不安障害の治療に用いられる方法である。恐怖や不安は, これに拮抗する感情を誘発する刺激と対呈示されることで解消する。これは逆制止とよばれ, 系統的脱感作法はこの原理を応用している。治療においては, まず, 恐怖や不安に拮抗するリラックス状態を引き出すための筋弛緩訓練を行う。クライエントがリラックス状態を自分で引き出せるようになったら, この状態のときに恐怖や不安を引き起こす刺激を呈示する。この際, 呈示する不安刺激は, 段階的に強度が弱いものから強いものへと変化させる。これを繰り返すと, しだいにクライエントの恐怖や不安は解消される。

　オペラント条件づけに基づく治療法は行動変容法(behavior modification)ともよばれ, 応用行動分析(applied behavior analysis)(9-4)の研究成果が基礎になっている(Miltenberger, 2001)。応用行動分析では, 強化, 罰, 消去などの結果事象の操作や, 先行事象の操作によって行動変容を目指す(3-3)。行動療法でよく用いられる強化手続きに, トークン・エコノミー(token economy)がある。これは, 対象者が適切な行動をしたらトークンとよばれる代用貨幣を与え, これが一定数たまったら本人の好きなもの(バックアップ強化子)と交換するという方法である。トークンは様々なものに交換できるため, 特定のものを強化子としたときのような飽和化(強化子への飽き)が生じないという利点がある。

　行動を減らす手続きとしては, レスポンスコスト(response cost)やタイムア

ウト(time-out)といった負の強化による方法がある。レスポンスコストは問題行動をしたら本人の好きなものを取りあげる方法で、タイムアウトは授業中に騒ぐ子どもを数分間別室に移すなど、強化的な場面から一定時間遠ざける方法である。また、問題行動を減らす方法として、過剰修正法(overcorrection)という正の罰の方法もある。これは、部屋を散らかしたら自分の部屋だけでなく全ての部屋の掃除をさせるなど、問題行動の後に正しい行動を過剰に行わせる手続きである。ただし罰には副作用があるため(3-3)、問題行動を減らしたい場合には、まずは罰よりも、消去や問題行動に拮抗する望ましい行動の強化といった方法を用いることを検討する。

行動の先行事象の操作としては、プロンプト(prompt)の利用がある。プロンプトとは適切な行動のためのヒントや手助けのことで、行動を促す言葉かけや見本となる行動の呈示(modeling：モデリング)、手を添えて正しい反応に導く身体的補助などがある。これらは、対象者の学習の進行に伴って段階的に除去され、最終的にはプロンプトなしでも適切な行動ができるようにしていく。

行動をまだ自発できない場合には、シェイピング(3-3)を行う。また、いくつかの小さな反応の連鎖からなる系列的な行動を訓練する場合には、チェイニング(chaining：連鎖化)という方法を用いる。例えばシャツを着る行動は、シャツを手に取る、シャツの前後を確認する、片方の腕を袖に通す、もう一方の腕を袖に通す、ボタンをはめるといった反応の連鎖からなる。チェイニングでは、こういった連鎖を段階的に訓練し、最終的に最初から最後まで一人でできるようにしていく。

(3) 認知療法と認知行動療法

認知療法(cognitive therapy)は、行動療法とは異なる理論的背景から生まれた心理療法である。認知療法では、不適応行動は本人の非合理的な信念や思い込みなどの認知の歪みによって生じると捉え、このような認知の歪みを適切な考え方に変えることによって不適応行動を減らすことを目指す。

認知療法と行動療法を総称して、現在では認知行動療法(cognitive behavior therapy)という用語が多く用いられている。ただし、行動療法から発展した療法は行動そのものに注目するのに対し、認知療法から発展した療法では認知を行動や感情を決定する主な要因と捉える。そのためこの両者は、問題の分析の仕方や介入法の点でも異なるものとなっている(下山, 2011)。

8-7　心理療法　遊戯療法

　不適応行動を生じ，学校で相談が負担な時，教育センターや民間の相談機関などの相談室の活用が有効となる。連携した専門機関では，専門家による行動療法や認知行動療法(8-6)，来談者中心療法などの心理療法により児童生徒を支援することで，ゆっくりと心の悩みを吐き出させる。来談者中心療法とは，ロジャースが創始した心理療法である。来談者の話を傾聴し，来談者自身がどのように感じ，生きつつあるかを真剣に取り組んでいくことで，カウンセラーの賢明さや知識を押し付けたりしなくても来談者が自ら気づき成長していくことができるという基本的な考えを持っている。親子関係や家庭の要因が背景にある相談の場合は，母子並行面接が有効となる。しかし，対象となる子どもの年齢が3，4歳から11，12歳までの場合は，主に遊戯療法(プレイセラピー)が行われている。そこで，この節では遊戯療法を紹介する。

(1) なぜ遊戯療法なのか？

　問題や課題を抱えている子どもの中には表現したくない，あるいは適切に気持ちや考えを表現できないことがある。また，子どもの年齢が低い時，言葉を理解できない，あるいはうまく表現できないことがある。そこで，子どもたちが自己を表現する「遊び」が重要になる。その「遊び」は子どもたちの内的世界を知ることができる。このような考えのもと，アンナ・フロイト，メラニー・クライン，アクスラインらによって「遊び」を媒介して行われる心理療法として遊戯療法は発展してきた。

(2) 遊戯療法の形式と理論

　弘中(2002)によると，遊戯療法は3つの形式に大別される。最も一般的な形式は，子どもとセラピストが一対一でかかわり合う個人遊戯療法である。これ以外に，複数の子どもとセラピストの間で生じる相互的なダイナミックスを特徴とする集団遊戯療法，人形遊び，フィンガーペインティングなど特定の遊びにセラピストが子どもを意図的に導入する制限遊戯療法がある。

(3) 守りとしての「遊び」の意義

　遊戯療法では外からの介入を許さない構造の中で基本的ルールがあり，それを実行するセラピストの姿勢によって「守られた場」として何をどのように表現しても自由で脅かされない中で，子どもは安心感と信頼感を抱く。そして，セラピストとの間のあたたかい信頼関係において，枠により秩序付けられていることを理解する。この制限のルールは遊戯療法の中核をなすもので，アクス

ラインの8つの基本原理がある(表8-3)。

　これにより，時に，内的にすさまじい体験が遊びとして行われることがあっても，遊びの終了や中断によって，もとの現実に戻ることができる。つまり，遊戯療法中に行われることは，「遊びの枠の中に収まる」ことになる。そして，怒りや妬みなどの現実の攻撃を表現することがあったとしても，遊びの中で行う限りは禁止や罰を受ける心配がないということが保障されるのである。また，情緒的緊張の解放であるカタルシス，現実には追及することが困難な衝動や欲求，願望をかなえたいという遊びを空想世界の中で自由に表現して満足を得ようとする行動である代償行動もある。

(4) セラピストの治療的態度

　アクスラインの8つの基本原理は，遊戯療法の理論的立場を超えて基本を示している。そして，子どもをあるがままに受け入れ受容，子どもの要求や行為を可能な限り許容していこうとする「受容」，子どもが何を感じ，遊びで表現しようとしているのかを敏感に理解しようとする「共感的理解」，子どもの成長力への信頼と主体性の尊重を重視する。このような態度の中で，週に1回50分程度，カーペットが敷かれた遊具や玩具があるプレイルームで，原則的に自由にかつ受容されつつ遊び，様々な自己表現を通して，問題解決につながる動きを展開する子供とかかわっていく。

表8-3　アクスラインの8つの基本原理

① セラピストはできるだけ早く，子どもとの間にラポール(あたたかく親密な関係)を作り上げなければならない。
② セラピストは，子どもがどのような状態にあっても，子どもをあるがままに受容する。
③ セラピストは，子どもがここでは自分の気持ちを自由に表現しても大丈夫だと感じられるような大らかな雰囲気を作るようにする。
④ セラピストは，子どもの感情を敏感に察知し，察知したその感情を適切な形で子どもに伝え返し，子どもの洞察を促すようにする。
⑤ セラピストは，子どもが適切な機会さえ与えられるならば，自分で自分の問題を解決できる能力を持っていることに信頼を置き，解決の道を選びとっていく子どもの主体性を尊重する。
⑥ セラピストは，いかなる形でも，子どもに指示を与えようとしない。子どもが治療をリードし，セラピストはそれに従っていく。
⑦ セラピストは治療を早く進行させようとはしない。治療は徐々に進展するプロセスであることを認識している。
⑧ セラピストは，治療の場が著しく現実から遊離することを防ぐために必要な，また子どもがセラピストとの関係において持つべき責任を自覚するのに必要な制限を設ける。

8-8　カウンセリングマインドを活かした支援

　子どもたちが自分の大事な内面にあることを相談し，アドバイスを求めるとき誰に話をするだろうか。校内には教師やカウンセリングをする専門家であるスクールカウンセラー(SC)やスクールソーシャルワーカー(SSW)がいる。そこで重要になるのが，教師の基本的な態度とSC，SSW等の専門家との連携である。

(1) カウンセリングマインドの態度とラポール形成

　教師が子どもたちの成長を支援する時に教育相談を中心に重要な態度とされているのが，カウンセリングマインドの態度とラポール形成である。近年，あらゆる教育活動の場面で重視され，カウンセリングの技術としてではなく，基本となる人間観として，すべての教師が持つことを願いとし一人ひとりを尊重する態度とされている(中原，2011)。そして，「専門のカウンセラーがカウンセリングを行うような気持ちでといった意味」(渡辺他，1996)と捉えられている。カウンセラーとクライエント(相談者)の関係は，人間関係の基本となる相互信頼の関係であるラポール(rapport)に基づいて，治療目標に対して共同作業が行われる。学校でも，互いを尊重し合う教師と児童生徒の関係性の中で教育活動を展開することが望ましい。そのため，教師と児童生徒の関係で愛情と信頼で結びついた心理的交流がなされている状態のラポール形成は，児童生徒と向き合う時に重要な教師の態度となってくる(渡辺ら，1996)。そのラポール形成は，子どもの言葉に耳をよく傾け，否定的な面ばかりではなく肯定的な面を積極的に見ようとし，そして，自分の考えや価値観を押しつけないといった態度が重要になる(渡辺，1996)。以上より，カウンセリングマインドとラポールは，児童生徒の人間形成に関わる諸問題に対して援助していく総合的な教育活動と位置付けることができる。

(2) カウンセリングマインドにおける三大原則

　心が健康・不健康に関わらず，カウンセリング過程は人間の成長プロセスであるとし，子どもの成長過程を援助する方法の一つとして，ロジャース(Rogers, 1942)は，人間中心教育のための三大原則を提唱している。この中の「カウンセラーのための必要にして十分な三条件」がカウンセラーに必要な基本的態度とされ，カウンセリングマインドでも重視されている。

　a. 無条件の肯定的関心　目の前の子どもをここは良いけれどここは良くないといった条件付きの理解で教師は接するのではなく，ありのままに，そのままでいて大丈夫という思いを持つ。そして，かけがえのない存在として子ども

を尊重し，無条件(積極的)に関心を向ける。言葉ではなく，自然で偽りのない気持ちが伝わるような態度で向き合う。

b. 共感的理解 ロジャースが「as if あたかも…あるかのように」と表現したように，子どもの気持ちをあたかも自分自身のことであるかのように敏感に感じとることをいう。無条件の肯定的関心ができれば，その時の子どもの内面にわき起こる感情や態度が伝わってきて，自然に共感的な言葉を子どもにかけることができるようになる。例えば，「あなたがそうせざるを得ないほど悲しかった気持ちが伝わったよ」と，あなたの気持ちをわかろうとしている私がいるということを伝えるのである。ようするに，子どもが感じている「今，ここで」の思いや気持ちを受け止めてあげることが共感的理解になる。

c. 自己一致「純粋性」や「真実性」とも呼ばれ，子どもとの関係の中で教師自身がありのままの自分でいられるかどうかということである。子どもと接している時，望ましい成長をする場合もあれば，受けいれることができない状況にふれることがある。この時に，教師が自身の内面に生じる感情を隠すことなく，子どもから感じ取ったものをありのままに受け入れて聴く準備をし，その時に生じた感情をそのまま子どもに返す。このようなプロセスで，「また同じことを」と子どもの気持ちや考えを無視し，「どうせまたやるだろう」とレッテルを貼ることではない。「価値観を押し付けたくなる自分がいる」「なんてわがままだろう」等，多くの感情の中の一つに揺さぶられて子どもに接するのではなく，子どもと接する時の自分のクセや未熟さ，弱さ等も受け入れながら対応することが重要になる。そして，子どもと対等な関係で接して尊重し，自分の間違いや弱さを子どもの前で素直に認める。つまりは，子どもと教師のどちらをも尊重する姿勢と態度が重要になってくるといえる。

（3）スクールカウンセラー(SC)とスクールソーシャルワーカー(SSW)

児童生徒が問題や課題を抱え，立ち止まって悩む時，一人で抱え込まずにSCやSSWといったサポート・ネットワークを活用させたい。SCは心理臨床の専門家で，適応上の問題や課題を抱えた児童生徒のアセスメントとカウンセリング，保護者や教師に対するコンサルテーションを行う。SSWは困難を抱えた児童生徒が置かれている環境面への働きかけを重視し，学校内外をつなぐ役割として学校外の関係機関との連携・調整をする。時にはSCのように児童生徒のアセスメントやカウンセリングを行う。児童生徒はSCとSSWの違いに混乱する場合もあるだろうが，役割を児童生徒に提示して関わることで，複数の支援者が校内にいることはむしろ児童生徒の解決や可能性につながる。

8-9　学校での集団カウンセリングとチーム支援

　学校教育では，カウンセリングに基づくアプローチが子どもの人格形成や様々な課題や問題の解決に有効とされている。近年，教師や対人援助サービスの専門家が集団カウンセリングとして予防的・開発的教育を行っている。

（1）予防的教育と開発的教育

　予防教育は，早期の発達段階から，すべての子どもを対象に，集団の力を利用しながら心理的課題や問題に取り組む。いじめ，喫煙飲酒，うつ病，ストレス，退学・中退などの諸問題が生じてから対策するのではなく，未然に防ぐために子ども達の生活環境を調整し，日々の生活が安心できるようにするための支援である。開発的教育は，すべての子どもを対象に，子ども一人ひとりの発達段階に即して発達課題を獲得し，自己理解を深めるとともに，よりよく生きようとする力を信じて集団および個に応じた支援を組織的に行うことである。どちらも心理教育的援助サービスの一環として，学校にいるすべての子どもが対象で，授業，学活（ホームルーム），休憩時間，放課後，行事，部活など，様々な場面を利用し，学校全体の教育活動を通して実施される。

（2）多様なアプローチ

　対面での個人のカウンセリング以外に，集団（学級・学年など）に対して授業，学級経営，学年や学校全体で取り組み，また，家族や友人への働きかけなど様々なアプローチを総合的に実施することで相乗効果を引き出すこともできるとし，予防的・開発的な視点から心理教育が実施されている。

　a. ソーシャルスキルトレーニング（social skills training：SST）

　ソーシャルスキルトレーニングとは，子どもの問題行動を性格のせいにしないで，不足しているソーシャルスキルについてトレーニングを通して学び，対人関係のトラブルの解決や円滑な関係を維持していくための考え方や行動を習得することが目的とされている。不足している行動をターゲットスキル（例：聴く，質問する）とし，①ターゲットスキルへの意識向上を促し学びの目標を提示するインストラクション（教示），②行動や表現のポイントをモデルで示すモデリング，③練習に対して教師がフィードバックを行うリハーサル，④相手や場面が異なってもターゲットスキルが有効であることを確認するフィードバック，⑤日常生活で学んだことを意識的に使用することを推奨するホームワークといった流れで行う。

　b. ピア・サポート（peer support）

ピア・サポートとは，同世代の仲間同士による支援活動を組織し，生徒の自然な援助資源を活かし，友人に援助の手を差し伸べようとする活動(川畑・池島, 2010)，コウイーとシャープ(Cowie & Sharp, 1996)は主な支援内容は，①友達作り活動，②相談活動，③もめ事などの対立問題と解消という3つに分類した。これらの活動は支援する側・される側の双方に，他者を思いやる気持ちを育み，生徒の向社会的行動の育成に役立つとされている。中・高生は悩みが増え，悩みを相談する相手が保護者や教師といった大人から仲間関係に移行していく時期でもある。そのような時期に，カウンセリングの訓練を受けた生徒が悩みを持った生徒の相談にのり，生徒が自分の力で問題を解決できるようにする活動は，生徒の学校生活及び仲間関係の発達や社会性の促進といった生徒の成長に効果を挙げることが期待される。

c. 構成的グループ・エンカウンター (structured group encounter : SGE)

構成的グループ・エンカウンターは，活動のねらいをある程度定めたプログラムに従って，リーダーが時間や人数を配慮した課題を提示しながら展開する構成度の高いグループアプローチである。自己理解や他者理解，自己受容，自己主張，信頼体験，感受性の促進をねらった課題に基づき，集団学習の体験を通して，行動の変容と人間的な自己成長をねらいとしている(國分, 1992)。SGEの効果には，①人間のコミュニケーションの前提となるリレーションの体験，②個の自覚，③ギブ・アンド・テイクのソーシャルスキルの育成の3つが挙げられる。一般的に，インストラクション，ウォーミングアップ，エクササイズ，シェアリングの流れで，この流れをいくつか組み合わせてプログラムを作成して実施する場合が多い。

(3) 専門性に基づくチーム体制の構築

これまでに述べた教育・支援のアプローチを引き出すために重要になるのが，「チームによる支援」である。SCやSSWなど多様な専門スタッフと連携・分担し，集団の知を活用して，教師はチームとして援助を担う体制を整備することが求められる(文部科学省, 2015)。これにより，学校全体が一貫性のある関わりをすることで，多くの問題を解決することができるだけでなく，学校の教育力・組織力を向上させ，集団および一人ひとりの子どもの状況に応じた援助を実現する。そのためには，多様な専門スタッフを一つのチームとしてまとめるために，管理職がリーダーシップを発揮し，まとめる役を担う担当教員のファシリテーター的スキルのアップ，教員研修，支援体制の構築といった組織力・教育力を向上させていくことが重要である。

9-1 発達障がいとは

(1) 発達障がいの定義

　最近，「他の子どもとうまく関われない」「落ち着きや注意力がない」「読み書きなどの修得が困難」といった子どもの存在が注目されている。2012年に文部科学省が全国の小中学校を対象に行った調査では，学習面または行動面で著しい困難を示す児童生徒の割合は6.5％と報告されている（文部科学省初等中等教育局特別支援教育課，2012）。このような子どもたちは，発達障がい（developmental disorders）の可能性がある。発達障がいとは，先天的な中枢神経系の機能障害によって認知機能や言語，社会性，運動機能などの発達が遅れ，生活上の困難を抱えている状態を指す。2004年に制定された発達障害者支援法では，「発達障害とは，自閉症，アスペルガー症候群その他の広汎性発達障害，学習障害，注意欠陥多動性障害その他これに類する脳機能の障害であってその症状が通常低年齢において発現するもの」と定義されている。教育場面で問題になりやすい発達障がいのうち，ここでは自閉症スペクトラム障がい（autism spectrum disorder：ASD）と注意欠陥多動性障がい（attention deficit/hyperactivity disorder：ADHD）について見ていく。

　広く用いられている発達障がいの診断基準として，アメリカ精神医学会が発行するDSM（diagnostic and statistical manual of mental disorders：精神疾患の診断・統計マニュアル）がある。2013年にこの第5版（DSM-5）が刊行され，障がいの診断基準や分類が改定された。そこで本節では，これまで標準的に用いられてきたDSMの第4版テキスト改訂版（DSM-IV-TR）と，今後，標準的な診断基準となるDSM-5の両方の内容に言及する。

(2) 自閉症スペクトラム障がい（ASD）

　自閉症スペクトラム障がいとは，いわゆる自閉症のことである。DSM-5では，「社会的コミュニケーションの障がい」と「行動，興味，または活動の限定された反復的様式」という2つの特徴により定義されている。従来のDSM-IVでは広汎性発達障がい（pervasive developmental disorders：PDD）と呼ばれ，典型的な自閉症である自閉性障がい，言語の遅れがないアスペルガー障がい，一部の症状が目立たない特定不能の広汎性発達障がいなどの下位分類が設けられていた。しかし，これらは程度が異なる連続した障がいと認識されるようになったため，DSM-5では下位分類を廃止して自閉症スペクトラム障がいにまとめられた。なお，「スペクトラム」とは連続体という意味である。

自閉症スペクトラム障がいの特徴である社会的コミュニケーションの障がいとは，具体的には他者に関心や興味を示さない，積極的に関わらない，関わり方が一方的，視線を合わせない，表情が乏しい，言葉を発しない，相手の言葉をそのまま繰り返す，気に入った言葉を意味もなく繰り返すなどである。そして，もう一つの特徴は，行動や興味が限定的・常同的ということである。物事の同一性や特定の行動へのこだわりが異常に強く，例えば開いている扉を閉めて回る，物をまっすぐに並べるなどの行動を示す。また，手をひらひらと動かしたり，体を揺らしたりといった常同的な反復行動も見られる。

　自閉症スペクトラム障がいは，知的障がいを伴うことが多い（ただし，知的発達の遅れがない場合もあり，これは高機能自閉症と呼ばれる）。情緒面でも問題を抱えており，こだわり行動が妨げられたり予定が急に変わったりするとパニックを起こしたり，他者への攻撃や自傷行動を示すことがある。また，感覚の過敏性を示し，大きな音や身体に触られることを嫌がる子どもも多い。ただし，これらの特徴の程度には個人差があり，発達に伴って軽減することもある。自閉症スペクトラム障がいの子どもを支援する際には，上記のような特徴を理解し，どのような状況において問題行動が起きるのかをよく観察して対処することが重要である。

（3）注意欠陥多動性障がい（ADHD）

　注意欠陥多動性障がい（以下，ADHD）は，注意力のなさと多動性・衝動性という特徴が見られ，これが年齢の割に著しく，そのために仕事や学業，対人関係において困難さを抱えている障がいである。DSM-5では，不注意や多動性・衝動性の症状が少なくとも6か月持続する場合にADHDと診断される。不注意症状とは，学業や仕事に注意できない，不注意な間違いが多い，注意の持続が難しい，指示に従えないなどである。多動性・衝動性は，手足をそわそわ動かす，席に座っていられない，順番を待てない，他人の行動を遮って干渉するなどである。症状の表れ方として，不注意症状が強い場合と，多動性・衝動性が強い場合，そして両者が混合して現れる場合がある。

　ADHDは，しばしば本人の性格や不適切なしつけによるものと誤解される。叱られることで自信を失い，持続的な怒りや反抗といった問題につながる可能性もある。したがって，本人の障がいを理解し，適切な対応と支援を行うことが重要となる。できないことを叱るのではなく，良い行動に注目してほめたり，指示を与える際には短めにしたりといった工夫が必要である。

9-2　学習障がいとは

　学習障がい(leaning disability)とは,「基本的には全般的な知的発達に遅れはないが,聞く,話す,読む,書く,計算する又は推論する能力のうち特定のものの習得と使用に著しい困難を示す様々な状態を示すものである。学習障がいは,その原因として,中枢神経系に何らかの機能障がいがあると推定されるが,視覚障がい,聴覚障がい,知的障がい,情緒障がいなどの障がいや,環境的な要因が直接的な原因となるものではない」とされている(文部科学省,2003)。その中では,日常接している生徒の学習活動について実態調査が実施された(文部科学省,2003)。その結果「知的発達に遅れはないものの,学習面や行動面で著しい困難を持っている子ども」が6.3%存在することが報告されている(表9-1)。

(1) 発達性読み書き障がい

　上野(2006)は,学習障がいのうち,「読む,書く」の習得と使用に著しい困難を示す割合が8割を占めている実態を踏まえて,発達性読み書き障がい(developmental dyslexia)が学習障がいの中核であると指摘している。発達性読み書き障がいは,文字や単語の音読や書字に関する正確性や流暢性の困難さが基本的特徴であり,神経生物学的原因に起因する特異的障害である(宇野・春原・金子・Wydell,2006)。

　発達性読み書き障がい児の多くは音韻変換に困難があると考えられている(武田,2012)。音韻変換とは,文字を読み書きする際に頭の中で文字から音,音から文字へ変換する処理である。したがって,発達性読み書き障がい児を支援する場合にも,音韻意識や変換を重視した手法が多くもちいられる。発達性読み書き障がいが疑われる生徒に対して,どのような音韻指導があるのかは9-3で詳しく紹介する。

　適切な支援を提供するためには,対象児童を適切に見いだすことが求められる。発達性読み書き障がいのスクリーニングは,担任教師による生徒の読み書き能力の評価と,発達性読み書き障がいに特化したスクリーニング検査の2つの方法がある(武田,2012)。

(2) 発達性読み書き障がい児ではない,気になる子どもの存在

　発達性読み書き障がい児童に対する支援が重要であることはすでに述べたが,それ以外にも注意すべき生徒が存在する。兜森・武田(2008)の報告では,教師評定では9.5%,スクリーニング検査では1.6%の児童に障がいの疑いが

ある。このように，教師評定とスクリーニング検査の結果の間に生じる差は他の研究でも見られており，検査の結果よりも教師評定の結果の方が多くの生徒を読み書きに困難ありと見なす傾向にある（矢口・福田・小高，2010）。

矢口ら（2015）はこのような，教師からは読み書き困難を疑われながらも検査では問題なしと評価される児童を発達性読み書き障がい周辺児と定義し，文法力が低いという言語的な特徴を明らかにした（図 9-1）。そのため，高度な文法理解力が求められる高学年になるにつれて，読み書きに困難を感じるようになる可能性が高い。したがって，音韻変換だけではなく長文を読み理解するための支援や教材が必要になる。

教室内には障がいの定義は満たしていないが能力的に気になる生徒も一定数存在する。彼らの困難を放置することでその後の学習や生活に悪影響を及ぼすという点では，発達性読み書き障がいと同様である。周辺児に注目することは，児童を障がいの有無で区別するのではなく，読み書きが苦手な児童の特徴に合わせた幅広い支援を考えるきっかけになるだろう。周辺児の存在を考慮した支援法として，9-3 で紹介する RTI（Response To Instruction）モデルが参考となるだろう。

表 9-1 知的発達に遅れはないものの学習面や行動面で著しい困難を示すと担任教師が回答した児童生徒の割合（文部科学省，2003）

学習面か行動面で著しい困難を示す	6.3%
学習面で著しい困難を示す	4.5%
行動面で著しい困難を示す	2.9%
学習面と行動面ともに著しい困難を示す	1.2%

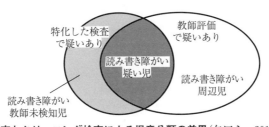

図 9-1 教師評定とクリーニング検査による児童分類の差異（矢口ら，2015）

9-3 特別支援の必要性　学習の支援

9-2 で紹介したように，学習場面において発達性読み書き障がい児は一定数存在する。教師は授業や指導を実施する中で，学習障がいを持つ生徒を対象とした特別支援を行う必要がある。

(1) ICT 教育を活用した読み書き支援

学習障がい児を対象とする学習支援策の1つに ICT 教育がある。その中でも特に有効なのがデジタル教科書である。デジタル教科書は，「デジタル機器や情報端末向けの教材のうち，既存の教科書の内容とそれを閲覧するためのソフトウェアに加え，編集，移動，追加，削除などの基本機能を備えるもの（文部科学省，2014）」と定義されている。例えば，国語の教科書に記載されているお話を文字だけでなく音読音声や画像，映像なども同時に提示し，視覚だけでなく聴覚を介した理解が可能となる。9-2 でも述べたように，発達性読み書き障がい児の特徴に音韻変換の困難がある。そのため文字と音が同時に提示されるデジタル教科書を利用して学習することは，音韻変換の習得に有効である。

発達性読み書き障がいや視覚障がいの生徒を対象としたデジタル教科書の1つに DAISY がある（野村，2012）。DAISY とは Digital Accessible Information System の略で，デジタル録音図書の国際標準規格として開発が進められている。コンソーシアムの HP から無償（一部有償）で公開されている「AMIS」などの再生ソフトによって，同じく無償公開（一部有償）されているテキスト音声ファイルを実行することで利用できる（図9-2）。このような教材を活用することで，児童は今自分が読んでいる文字や文章の音を理解しながら読み進めることができる。図9-3 の教材では色付けされている部分の音声がリアルタイムで流れ，テキストと音声の対応関係が理解しやすい。

ICT 教育を利用した学習支援の有効性は音韻変換の習得に限られたものではない。5-7 でも述べたように，ICT 教育の有効性の本質は生徒が主体となって学ぶ協働学習を推進できる点にある（文部科学省，2014）。学習に対する動機づけが乏しくなりがちな発達性読み書き障がい児に能動的に学ぶきっかけを与える点においても ICT を活用した学習支援の有効性を論じることができるだろう。

(2) 読み書き障がいの早期改善のための支援

発達性読み書き障がい児に対する支援では，医師から診断が下る以前から早期発見や早期支援を目指すことも重要である。それにより，9-2 で紹介したよ

図9-2 AMISを利用した「ごんぎつね」のデジタル教科書
灰色の部分の音声がリアルタイムで流れる。
http://www.dinf.ne.jp/doc/daisy/about/（2015年11月3日検索）

うな，障がいに至らないが読み書きが苦手な子の存在にも対応が可能となる。例えば小枝・内山・関(2011)は，小学校入学直後から読み書き困難が目立った児童に対して，診断に先んじて流暢な読みの獲得を目的とした指導を行なっている。彼らは発達性読み書き障がい児の語彙力不足という特徴に注目し，文章を文節ごとに区分し読む解読指導と単語の認識を高める語彙指導の2段階の指導を実施している。その結果として，誤読数の減少や音読時間短縮が報告された。

医師の診断が下った読み書き障がい児だけでなく，読み書きに困難をもつ児童全ての支援を目指して段階的に対策を講ずる指導モデルをRTI(Response To Instruction)モデルという(海津，2005)。RTIモデルでは，第1段階として幅広い児童を対象にした指導を行う。その中で困難が目立つ児童に補完的な指導を行い(第2段階)。それでも改善が見られない場合に医師の診断を下して，専門的な個別で指導する(第3段階)。つまり，診断が確定する前から困難に対して支援策を講じていき，その効果を観察しながら必要に応じて診断も行うという方法である。

ここまで紹介してきたような，学習を助ける支援と困難を改善する支援の2つの特別支援を実施することは，児童の人生にも大きく影響する。宇野・春原・金子・Wydell(2006)は，発達性発達性読み書き障がいに由来する自尊心低下といった二次的被害を指摘している。学習に関して困難をもつ児童を早めに発見し支援することは，生徒のQOL(Quality Of Life)の向上にも繋がる重要な課題といえる。

9-4 特別支援の必要性　行動の支援

(1) 応用行動分析

　発達障がい児・者への支援として近年注目されているのが，応用行動分析（applied behavior analysis）という学問領域である（8-6）。応用行動分析はスキナー（Skinner, B. F.）が創始した行動分析学（3-1）の一分野で，学習原理を教育，子育て，福祉，臨床，リハビリテーション，労働場面の行動改善，行動の自己管理など様々な問題解決に役立てる方法を研究している（Cooper, et al., 2007 ; Miltenberger, 2001）。

　応用行動分析に基づく支援を実施するには，まず，介入の対象となる標的行動を決定する。行動の問題には，やめさせたい不適切な行動，減らしたい過剰な行動，増やしたい不足している行動がある。これらの行動をリストアップし，その中から最も介入の必要性が高いものを選ぶ。標的行動は，第三者からも観察可能で，回数を数えたり持続時間を測ったりできるものにする。また，「授業を妨害する」のようなあいまいな表現ではなく，「授業中に教室内を歩き回る」のように具体的に表現する。行動を具体的に定義すれば，誰でもそれが起きたことを確認できるようになり，介入効果の正確な評価も可能になる。

　標的行動を決定したら行動の目標を決める。ただし，いきなり大きい目標を立てるのではなく，努力すれば達成できるような目標にする。また，達成したか否かを確認できるように，目標の達成基準を明確に表すことも大切である。

　応用行動分析では，問題行動の原因を環境との関わりに求める。行動と環境要因の関係は，三項随伴性（3-3）の枠組みによって分析される。この分析は，先行事象（antecedent），行動（behavior），結果事象（consequence）の英語の頭文字を取ってABC分析（ABC analysis）と呼ばれる。例えば，子どものかんしゃく行動を考えてみよう。この行動は，周りからの注目がないことがきっかけとなり，行動後に注目が得られることで強化されているのかもしれない。あるいは，難しい課題が与えられたことがきっかけとなり，行動後に課題が免除されたことで強化されているのかもしれない。このように，同じように見える行動でも様々な原因が考えられる。したがって，原因となる環境要因を分析し，その上で介入方法を検討しなければならない。

　問題行動の把握や介入効果の確認のためには，行動の記録が必要である。記録は介入を始める前から行う。介入前の行動記録はベースライン・データとよばれ，介入効果を確認する際の比較対照データとなる。ベースラインの測定

後，介入法を計画して実行する。介入法には，強化や罰といった結果事象の操作，プロンプトなどの先行事象の操作，シェイピングやチェイニングによる行動の形成などがある（3-3, 8-6）。介入計画を立てる際には，ABC分析の結果やその問題行動が生じる場面（自宅か学校かなど），周りのサポートを得られるか否かなども考慮し，実行可能性が高く，なおかつ効果が期待される方法を選択する。

介入を実行したら，ベースライン期と比較して介入期の行動がどのように変化しているのかを確認し，その変化に基づいて介入効果を評価する。効果が見られたならその支援を続け，行動が安定してきたら他の場面へ般化できるように介入法を更新する。もし効果が見られなければ，介入法を見直す必要がある。

（2）個性に応じた支援

障がいのある子どもを支援する上で留意すべきことは，その子どもの特性に合わせた支援を実践することである。たとえ診断名としては同じ障がいであっても，発達の遅れの程度や抱えている問題は一人ひとり異なっている。したがって，障がいの名前だけをもとに対応法を考えるのではなく，対象の子どもをよく理解し，その子どもの個性に合わせた支援をしなければならない。

文部科学省（2003）は特別支援教育の在り方として，子ども一人ひとりの状況に基づいて支援計画を策定し（plan），支援を実施し（do），そして評価する（see）というPlan-Do-Seeプロセスの重要性をあげている。支援法を計画するためには，まず，学校や園，そして家庭での子どもの行動観察を十分に行い，さらに関係者の話などの情報を整理する必要がある。これらの情報から，問題行動が生じる状況や背景を確認した上で，その子どもに合った支援計画を立てる。そして，計画に沿って支援を実行したら，この支援の効果を評価することが大切である。もし支援がうまくいったならその方法を継続し，うまくいかなかったなら計画や実行の方法を修正しなければならない。先に述べた応用行動分析による介入も，この特別支援教育のPlan-Do-Seeの過程に対応している（山本・池田，2005）。

個性に応じた指導の必要性は，発達障がいのある子どもだけではなく，すべての子どもに当てはまる。子どもは一人ひとり異なる特性を持っている。このような子どもの個性を理解することが，より良い教育の実践において重要である。

コラム 9

脳からみた教育心理学　6．デフォルト・モード・ネットワーク

　神経科学や精神生理学の領域では，特定の課題に対して活動する脳の領域を明らかにするため，課題を負荷した際に得られる脳の活動を，課題負荷のない状態と比較する手法を用いる。これは，脳の多くの領域は特定の課題を実行するまでほとんど活動しないという前提に基づくものであり，実験条件から安静条件の差分をとることで，実験者が検討したい心的機能にどの脳領域が関与しているかを特定する。

　しかし，ポジトロン断層撮影法(positron emission tomography：PET)や機能的磁気共鳴画像法(functional magnetic resonance imaging：fMRI)の研究がさかんになるにつれて，「何もしていないとき」には活動していたのに，「何かをしているとき」には活動しなくなってしまう領域があることが明らかにされた。具体的には，前頭葉内側部，前帯状回，後帯状回，下頭頂小葉など特定の脳領域で，課題時に活動が低下し，逆に安静時に活動が増大する(Raichle, et al., 2001)。これらの領域では，神経活動が低周波帯域(0.1 Hz 以下)で同期していることが明らかになり，これらの脳領域はデフォルト・モード・ネットワーク(default mode network；以下 DMN)と呼ばれるようになった。

　デフォルト・モードというのは，何もしないでいるときというような意味合いである。何もしないでぼんやりとしている時でも，脳では非常に重要な活動が営まれており，DMN の脳領域が心のはたらきに重要な役割を果たしているのではないかと考えられ始めている。

　DMN は発達にともなって形成され，他者とのコミュニケーションなど社会性の獲得と関連している可能性が示唆されている(Supekar, 2010)。自閉症スペクトラム障がい，注意欠陥・多動性障がい，認知症では DMN の結合が低下していることが報告されている(Buckner et al., 2008)。また通常は，安静状態から課題への移行時には，DMN の活動が減衰し，課題遂行に必要な脳活動に切り替わる。一方，注意欠陥・多動性障がいでは DMN の活動が減衰しないことから，安静状態や一時的な活動における機能低下だけでなく，活動の切り替わりでの機能不全が注意欠陥・多動性の特徴に関連している可能性がある(Helps, 2010)。

　DMN の測定は，実験参加者に課題をさせる必要がないため，課題をこなすことが難しい発達障がい児や認知症患者にも利用がしやすいという利点がある。DMN を測定することで，症状や機能低下の程度を生理的・客観的に評価できる可能性があると期待される。

コラム10

知識のネットワークを活用して失敗した授業例

　知識のネットワーク(3-10)を利用して筆者が行った大学の授業で，失敗した例を福田(2014)に紹介した。成功した例よりも失敗した事例の方が教授法について示唆が大きいと考えられる。よって，ここでも失敗した例を修正して紹介する。

　筆者は心理学を学んでいる大学2年生対象に「自ら実験計画を立て，実施する」ことを目標とした授業を行った。実験では検討したい要因だけを変化させて，他の要因は同じにすること，つまり要因の統制が大切である。しかし，大学2年生が統制の概念を理解し，実際に行うことは難しい。そこで，具体的な事物を扱って実験の統制の重要性を示している「植物の発芽の条件」の理科の教材(小学校5年生用)を用いた。この教材では，植物の発芽に必要な空気の条件を調べるために，光や水などの他の要因を統制する方法が示されている。筆者は，大学2年生にとって小5の理科の内容は既習であると仮定し，学習者の知識のネットワークを利用した授業ができると期待した。

　授業終了後，理科の教材を利用したことについて，適切だったかどうか学生に評価をしてもらった。その結果，多くの学生は理科の授業を思い出しながら，その知識をより洗練された内容にスムーズに置き換えられた。

　一方，「不適切」と答えた学生が11名中1名いた。授業後，個別に話を聞いた結果，その学生は理科が苦手で，「今日の授業は理科の教材を使って説明します」と筆者が言った途端，「もう，ダメだ」と思ったことがわかった。知識のネットワークは，学習内容に関する情報だけではなく，その情報を得た際のエピソードや感情にも繋がっている。よって，ある知識が活性化されると，同時に知識を獲得した時の情景が思い出され，どんな気持ちだったのかも追体験される。それがネガティブな場合，学習する意欲が失われる可能性もある。つまり，既有知識と新規事項をつなげてネットワークを拡大することはできない。なお，当該の学生に対して，授業外のサポートなどを行った結果，統制された実験を自ら実施できた。

　この失敗例は，知識のネットワークを利用した授業を行う場合に気をつけなくてはならないことを示している。学習者の過去経験は様々であり，それにまつわるエピソードや感情も異なっている。多くの学習者に対しては，既習内容を新規内容と結びつけていく教授方法が効果的で効率的である。同時に，その方法をうまく適用できない学習者に対して，どのように対応するかが省察的実践者である教師に求められている(5-4)。この例だけではなく，万人にあてはまる唯一の効果的な教授法はないことを忘れてはいけない。

引用文献

■1章
〈1-1〉
Chi, M. T.(1978). Knowledge, structure and memory development. In Siegler, R. S.(Ed.) *Children's thinking. What develops?* NJ : Erbaum. pp.73-96.
子安増生(2001). 発達心理学 中島義明(編) 現代心理学理論事典 朝倉書店
〈1-2〉
ヴィゴツキー, L. S.／土井捷三・神谷栄司(訳)(2003).「発達の最近接領域」の理論 教授・学習過程における子どもの発達 三学出版
〈1-3〉
Eysenck, M. W.(2000). *Psychology : A student's handbook*, Psychology Press.(山内光哉(監修) 白樫三四郎・利島 保・鈴木直人・山本 力・岡本祐子・道又 爾(監訳)(2008). アイゼンク教授の心理学ハンドブック ナカニシヤ書店)
木下孝司・加用文男・加藤義信(編)(2011). 子どもの心的世界のゆらぎと発達：表象発達をめぐる不思議 ミネルヴァ書房
Simons, D. J., & Chabris, C. F.(1999). Gorillas in our midst : sustained inattentional blindness for dynamic events. *Perception, 28*, 1059-1074.
東京都福祉保健局少子社会対策部 家庭支援課 母子保健係(2009). 東京都版チャイルドビジョン(幼児視界体験メガネ), (2015年10月24日 http : //www.fukushihoken.metro.tokyo.jp/kodomo/shussan/nyuyoji/child_vision.html)
〈1-4〉
Ekman, P.(1972). Universals and Cultural Differences in Facial Expressions of Emotions. In Cole, J. (Ed.), *Nebraska Symposium on Motivation*. Lincoln, NB : University of Nebraska Press. pp.207-282.
Ekman, P.(1977). Facial Expression. In Siegman, A. & Feldstein, S.(Eds.), *Nonverbal Communication and Behavior*(pp.97-126), New Jersey : Lawrence Erlbaum Association.
Ekman, P., & Friesen, W. V.(1971). Constants Across Cultures in the Face and Emotion. *Journal of Personality and Social Psychology, 17*, 124-129.
Goleman, D.(1995). *Emotional Intelligence*, Brockman, Inc.(土屋京子(訳)(1969). EQ〜こころの知能指数 講談社)
Lewis, M., Sullivan, M. W., Stanger, C., & Weiss, M.(1989). Self development and self-conscious emotions. *Child Development, 60*, 146-156.
Matsumoto, D., & Ekman, P.(1989). American-Japanese Cultural Differences in Intensity Ratings of Facial Expressions of Emotion.*Motivation and Emotion, 13*(2), 143-157.
〈1-5〉
Ericson, E. H.(1959). *Identity and the life cycle*.New York : Freeman.(西平 直・中島由恵(訳)(2011). アイデンティティとライフサイクル 誠信書房)
鯨岡 峻(1999). 関係発達論の構築 ミネルヴァ書房
Kuhn, M. H., & McPartland, T. S.(1954), An Empirical Investigation of Self-Attitudes. *American Sociological Review, 19*, 68-76.
Lewis, M., & Brooks-Gunn, J.(1979). *Social cognition and the acquisition of self*.New York : Plenum.
高橋雅延(2000). 記憶と自己 太田信夫・多鹿秀継(編著)記憶研究の最前線(pp.229-246)北大路書房
やまだようこ(編)(2007), 質的心理学の方法—語りを聞く 新曜社

引用文献

⟨1-6⟩
Apperly, I. A.(2011). *Mindreaders*, NewYork : Psychology Press.
古見文一・子安増生(2012). ロールプレイ体験がマインドリーディングの活性化に及ぼす効果　心理学研究, *83*, 18-26.
Gopnik, A., & Astington, J. W.(1988). Children's understanding of representational change and its relation to the understanding of false belief and the appearance reality distinction. *Child Development*, *59*, 26-37.
郷式　徹(1999). 幼児における自分の心と他者の心の理解—「心の理論」課題を用いて　教育心理学研究, *47*, 354-363.
今野裕之(2010). 自分のこころ・他人のこころ　福田由紀(編)　心理学要論—心の世界を探る　培風館
瀬野由衣(2008). 心の理解の発達　加藤義信(編)資料でわかる認知発達心理学入門　ひとなる書房 pp.88-103.
Premack, D., & Woodruff, G.(1978). Does chimpanzee have a theory of mind? *Behavioral and Brain Sciences*, *1*, 515-526.
Wimmer, H., & Pemer, J.(1983). Beliefs about beliefs : Representation and constraining function of wrong beliefs in young children's understanding of deception. *Cognition, 13,* 103-128.

⟨1-7⟩
相川　充(2000). セレクション社会心理学　人づき合いの技術—社会的スキルの心理学　サイエンス社
Argyle, M.(1967). *The psychology of interpersonal behavior*, Harmond-sworth : Penguin Books.
江村理奈・岡安孝弘(2003). 中学校における集団社会的スキル教育の実践的研究　教育心理学研究, *51*, 339-350.
藤枝静暁・相川　充(2001). 小学校における学級単位の社会的スキル訓練の効果に関する実験的検討　教育心理学研究, *49*, 107-117.
原田恵理子・渡辺弥生(2011). 高校生を対象とする感情の認知に焦点をあてたソーシャルスキルトレーニングの効果　カウンセリング研究, *44*, 81-91.
Kellar, M. F., & Carlson, P. M.(1974). The use of symbolic modeling to promote social skills in preschool children with low levels of social responsiveness. *Child Development*, *45*, 912-919.
文部科学省(2008 a). 小学校学習指導要領解説　道徳編
文部科学省(2008 b). 中学校学習指導要領解説　道徳編
文部科学省(2011). 「子どもたちのコミュニケーション能力を育むために(審査経過報告)」〜話し合う・創る・表現する」ワークショップへの取組
大貫和則・鈴木佳苗(2007). 高校生のケータイメール利用時に重視される社会的スキル　日本教育工学会論文誌, *31*, 189-192.

⟨1-8⟩
江尻桂子(2006). 第2章　子どもはどれほど有能か　内田伸子(編)発達心理学キーワード, 有斐閣. pp.25-48.
厚生労働省(2008). 保育所保育指針(平成20年3月)第3章　1(2)エ　言葉
小山　正(2008). 言語獲得期の発達　ナカニシヤ書房
丸山圭三郎(1987). 文化＝記号のブラックホール　大修館書店
正高信男(2001). 子どもはことばをからだで覚える　メロディから意味の世界へ　中公新書
文部科学省(2008). 幼稚園教育要領(平成20年3月)　第2章　ねらい及び内容　ことば
文部科学省(2008). 小学校学習指導要領　第1節国語(平成20年6月)
内閣府・文部科学省・厚生労働省(2014). 幼保連携型　人手子ども園教育・保育要領(平成26年4月)　第2章　第1　ねらい及び内容　言葉
岡本依子・菅野幸恵・塚田-城みちる(2004). エピソードで学ぶ乳幼児の発達心理学, 新曜社
清水益治・森　敏昭(編著)(2013). 0歳〜12歳児の発達と学び　保幼小の連携と接続に向けて　北大路書房

Tomasello, M.(1999). *The Cultural Origins of Human Cognition*, Harverd University Press.（大堀壽夫・中澤恒子・西村義樹・本多　啓(訳)（2006）．心とことばの起源を探る　勁草書房）
内田伸子(2006)．第4章　子どもの世界づくり，内田伸子(編)，発達心理学キーワード　有斐閣　pp.73-96．

〈1-9〉
榎井　緑(2009)．母語が日本語でない子どもの指導　小田　豊・芦田　宏(編)新保育ライブラリ　保育の内容・方法を知る　保育内容言葉　北大路書房　pp.122-129．
濱名　浩(2009)．書き言葉への興味や関心を育てる環境　小田　豊・芦田　宏(編)新保育ライブラリ　保育の内容・方法を知る　保育内容言葉　北大路書房　pp.82-89．
楠見　孝(2010)．批判的思考と高次リテラシー　楠見　孝(編)　思考と言語(現代の認知心理学3)北大路書房　pp.134-160．
岡本夏木(1985)．ことばと発達　岩波書店
柴山真琴・柏崎秀子(2002)．バイリンガル　柏木恵子・藤永　保(監修)言語発達とその支援　ミネルヴァ書房　pp.133-137．
田島信元・子安増生・森永良子・前川久男・菅野　敦(編著)（2002)．認知発達とその支援　ミネルヴァ書房
内田伸子(1990)．子どもの文章―書くこと考えること　東京大学出版会

■2章
〈2-1〉
Ainsworth, M. D. S., Blehar, M. C., Waters, E., & Wall, S.(1978). *Patterns of attachment: A psychological study of the strange situation.* Lawrence Erlbaum Associates.
新井邦二郎(2000)．発達課題―乳児から青年まで　新井邦二郎(編)図でわかる学習と発達の心理学　福村出版　pp.107-122．

〈2-2〉
ブックスタートホームページ http://www.bookstart.or.jp/about/ (2015年11月5日)
齋藤有(2015)．幼児期の絵本の読み聞かせ場面における大人の関わりに関する研究―幼児の自発的な学びを促す側面への着目―　風間書房
菅井洋子・秋田喜代美・横山真貴子・野澤祥子(2010)．乳児期の絵本場面における母子の共同注意の指さしをめぐる発達的変化―積木場面との比較による縦断研究発達心理学研究, *21*, 46-57．
Tomasello, M.(1999). *The cultural origins of human cognition.*, Harvard University Press.（大堀壽夫・中澤恒子・西村義樹・本多　啓(訳)（2006）．シリーズ認知と文化心とことばの起源を探る文化と認知勁草書房）
Tomasello, M., & Farrar, M. J.(1986). Joint attention and early language. *Child development, 57*, 1454-1463.
Tomasello, M., & Todd, J.(1983). Joint attention and lexical acquisition style. *First language, 4*, 197-211.

〈2-3〉
保坂　亨(1996)．子どもの仲間関係が育む親密さ―仲間関係における親密さといじめ　現代のエスプリ, 353, 43-51．
河村茂雄(2007)．学級づくりのためのQ-U入門「楽しい学校生活を送るためのアンケート」活用ガイド(第2版)　図書文化社

〈2-4〉
平山祐一郎(2000)．学級集団―クラスを生かす　新井邦二郎(編)　図でわかる学習と発達の心理学　福村出版　pp.83-94．
池田　浩(2009)．チームワークとリーダーシップ　山口裕幸(編)　コンピテンシーとチーム・マネジメントの心理学　朝倉書店　pp.69-85．
岸田元美(1987)．教師と子どもの人間関係　教育開発研究所
三隅二不二(1986)．リーダーシップの科学　指導力の科学的診断法　講談社

〈2-5〉

ブルーナー, J. S./鈴木祥蔵・佐藤三郎(訳) (1963). 教育の過程　岩波書店

Gesell, A., & Thompson, H. (1929). Learning and growth in identical infant twins : An experimental study by the method of co-twin control. *Genetic Psychology Monographs, 6*, 1-123.

佐藤　学(2004). 習熟度別指導の何が問題か　岩波書店

Rosenthal, R., & Jacobson, L. (1968). *Pygmalion in the classroom : Teacher expectation and pupils' intellectual develoment*. Holt. Rinehart & Winston.

ヴィゴツキー, L. S./柴田義松(訳) (2001). 新訳版　思考と言語　新読書社

〈2-6〉

福田由紀・楢原拓真(2015). 朗読をすると気分が良くなるのか？：音読と比較して　読書科学, 57, 23-34.

岩附啓子・河崎道夫(1987). エルマーになった子どもたち—仲間と挑め心躍る世界に　ひとなる書房

森野美央(2013). 人との関わり(人間関係)清水益治・森　敏昭(編著) (2013). 0歳〜12歳児の発達と学び　保幼小の連携と接続に向けて　北大路書房　pp.70-80.

松本雄一(2013). 企業デザイナーとしての熟達　伊東昌子(編)　コミュニケーションの認知心理学　ナカニシヤ出版　pp.189-205.

滝口圭子(2013). 言葉の獲得(言葉)　清水益治・森　敏昭(編著) (2013). 0歳〜12歳児の発達と学び　保幼小の連携と接続に向けて　北大路書房　pp.89-97.

〈2-7〉

Cazden, C. B., & Beck, S. W. (2003). Classroom Discourse. In (Eds.) Graesser, A. C., Gernsbacher, M. A., & Goldman, S. R. (2003). *Handbook of discourse processes*, Mahwah, NJ : Lawrence Erlbaum Associates. pp.165-197.

Fisher, R. (2005). Teacher-child interaction in the teaching of reading : a review of research perspectives over twenty-five years. *Journal of Research in Reading, 28*, 15-27.

磯村陸子・町田利章・無藤　隆(2005). 小学校低学年クラスにおける授業内コミュニケーション：参加構造の転換をもらたす「みんな」の導入の意味　発達心理学研究, 16, 1-14.

経済産業省(2006). 社会人基礎力とは(http://www.meti.go.jp/policy/kisoryoku/kisoryoku-image.pdf)

Mehan, H. (1979). *Learning lessons : The social organization in the classroom behavior*, Cambridge, MA : Harvard University Press.

村瀬公胤(2005). 授業のディスコース分析　秋田喜代美・恒吉僚子・佐藤　学(編)　教育研究のメソドロジー　東京大学出版会　pp.115-137.

清水由紀・内田伸子(2001). 子どもは教育のディスコースにどのように適応するか—小学1年生の朝の会における教師と児童の発話の量的・質的分析より—　教育心理学研究, 49, 314-325.

〈2-8〉

秋田喜代美(2000). 子どもをはぐくむ授業づくり—知の創造へ　岩波書店

福田由紀(2012). 言語力を育てるために　福田由紀(編)言語心理学入門—言語力を育てる　培風館

Kiewra, K. A. (1991). Aids to lecture learning. *Educational Psychologist, 26*, 37-53.

岸　俊行・塚田裕恵・野嶋栄一郎(2004). ノートテイキングの有無と事後テストの得点との関連分析　日本教育工学会論文誌, 28, 265-268.

松川利広・松本　哲・新子慶行(2007). PISA型読解力の向上を目指した実践研究—書評を書く活動(国語科)を通して—　教育実践総合センター研究紀要, 16, 175-182.

魚崎祐子(2014). 短期大学生のノートテイキングと講義内容の再生との関係—教育心理学の一講義を対象として　日本教育工学論文誌, 38, 137-140.

ズルキフリー　ムハマド・田野俊一・岩田満・橋山智訓(2008). 日本語のメモ書き作業に於ける手書き入力の有効性　電子情報通信学会論文誌, *J91-D*, 771-783.

〈2-9〉

福沢恵利子(2008). 教師ストレスの背景要因に関する研究—校種・性別・年齢による違いを中心に　青森県総合学校教育センター紀要, F9-05.

貝川直子(2009). 学校組織特性とソーシャルサポートが教師バーンアウトに与える影響　パーソナリティ研究, 17, 270-279.
河村茂雄(2002). 心の健康を損なう危険性の高い教師群についての検討―教師のやりがいとストレスの視点から　学校メンタルヘルス, 5, 67-74.
草海由香里(2014). 公立小・中学校教師の休職・退職意識に影響を及ぼす諸要因の検討, 2, 67-79.
三隅二不二(1992). リーダーシップの行動科学　有斐閣
文部科学省(2015). 平成25年度公立学校教職員の人事行政状況調査について
　　http://www.mext.go.jp/a_menu/shotou/jinji/1354719.htm
山崎準二(2012). 教師のライフコースと発達・力量形成の姿　山崎準二・榊原貞宏・辻野けんま「考える教師」―省察，創造，実践する教師　学文社　pp 98-117.

■ 3章
〈3-1〉
Ebbinghaus, H.(1885). *Über das Gedächtnis : Untersuchungen zur Experimentellen Psychologie*, Leipzig : Dunker & Humbolt.(宇津木保(訳)(1978). 記憶について―実験心理学への貢献　誠信書房)
今田　寛(1996). 学習の心理学　培風館
実森正子・中島定彦(2000). 学習の心理　行動のメカニズムを探る　サイエンス社
Pavlov, I. P.(1927). *Conditioned reflex : An investigation of the physiological activity of the cerebral cortex*, London : Oxford University Press.(川村　浩(訳)(1975). 大脳半球の働きについて　条件反射学(上・下)　岩波書店)
Skinner, B. F.(1953). *Science and human behavior*, New York : Macmillan.(河合伊六・長谷川芳典・高山巌・藤田継道・園田順一・平川忠敏・杉若弘子・藤本光孝・望月昭・大河内浩人・関口由香(訳)　科学と人間行動　二瓶社)
Skinner, B. F.(1974). *About behaviorism*, New York : Knopf.
Thorndike, E. L.(1898). Animal intelligence : An experimental study of the associative processes in animals. *Psychological Review Monograph Supplements*, 2, No.8.
Tolman, E. C.(1932). *Purposive behavior in animals and men*. New York : Appleton-Century-Crofts.
Watson, J. B.(1913). Psychology as the behaviorist views it. *Psychological Review, 20*, 158-177.
〈3-2〉
Pavlov, I. P.(1927). *Conditioned reflex : An investigation of the phsiological activity of the cerebral cortex*, London : Oxford University Press.(川村　浩(訳)(1975). 大脳半球の働きについて　条件反射学(上・下)　岩波書店)
〈3-3〉
Ferster, C. B., & Skinner, B. F.(1957). *Schedules of reinforcement*, New York : Appleton-Century-Crofts.
Skinner, B. F.(1938). *The behavior of organisms*, New York : Appleton-Century-Crofts.
Thorndike, E. L.(1898). Animal intelligence : An experimental study of the associative processes in animals. *Psychological Review Monograph Supplements*, 2, No.8.
Thorndike, E. L.(1911). *Animal intelligence*, New York : Macmillan.
〈3-4〉
O'Neil, M.(1991). Evaluation of a conceptual model of architectural legibility. *Environment and Behavior, 23*, 259-284.
Tolman, E. C.(1932). *Purposive behavior in animals and men*, New York : Appleton-Century-Crofts.
Tolman, E. C., & Honzik, C. H.(1930). Introduction and removal of reward, and maze performance in rats. *University of Calfornia Publications in Psychology, 4*, 257-275.
〈3-5〉
Mazur, J. E.(2006). *Learning and behavior. 6 th ed.*, Upper Saddle River, NJ : Prentice Hall.(磯　博行・坂上貴之・川合伸幸(訳)(2008). メイザーの学習と行動　日本語版第3版　二瓶社)
Osgood, C. E.(1949). The similarity paradox in human learning : A resolution. *Psychological Review, 56*, 132-143.

Thorndike, E. L.(1927). The law of effect. *American Journal of Psychology, 39*, 212-222.
Trowbridge, M. H. & Cason, H.(1932). An experimental test of Thorndike's theory of learning. *Journal of General Psychology, 7*, 245-260.
〈3-6〉
Badura, A.(1965). Influence of models' reinforcement contingencies on the acquisition of imitative response. *Journal of personality and social psychology, 1*, 589-595.
池上貴美子(2012). 模倣の発達　梅本堯男(監)落合正行・土居道栄(編)　認知発達心理学—表象と知識の起源と発達　培風館
Meltzoff, A. M., & Moore, M. K.(1977). Imitation of facial and manual gestures by human neonates. *Science, 198*, 75-78.
Miller, N. E., & Dollard, J.(1941). *Social learning and imitation*, New Haven : Yale University Press.
中津山英子(2012). 学習　福田由紀(編)　心理学要論—こころの世界を探る　培風館
〈3-7〉
Baddeley, A. D.(1990). *Human memory : Theory and practice*, Allyn & Bacon.
Baddeley, A. D., & Logie, R. H.(1999). Working memory : The multiple component model. In A. Miyake & P. Shah *Models of working memory : Mechanisms of active maintenance and executive control*. Cambridge University Press.
Bratlett, F. C.(1932). *Remembering : A Study in Experimental and Social Psychology*. Cambridge University Press.
Craik, F. I. M., & Lockhart, R. S.(1972). Levels of processing : A framework for memory research. *Journal of Verbal Learning & Verbal Behavior 11*, 671-84.
Daneman, M., & Merikle, P. M.(1996). Working memory and language comprehension : A meta-analysis. *Psychonomic Bulletin&review, 3*, 422-433.
Ebbinghaus, H.(1885). *Über das Gedächtnis*, Untersuchungenzur experimentellen Psychologie. Leipzig : Duncker & Humblot.(Translation by Henry, A. R. &Clara, E. B.(1913).)
福田由紀(2010). 心理学概論　培風館
Jenkins, J. G., & Dallenbach, K. M.(1924). Obliviscence during sleep and waking. The American *Journal of Psychology, 35*, 605-612.
Miller, G. A.(1956). The magical number seven, plus or minus two : Some limits on our capacity for processing information. *Psychological Review, 63*, 81-97.
杉山　崇(2010). 記憶　福田由紀(編著)心理学概論　培風館
苧阪満里子・苧阪直行(1994). 読みとワーキングメモリ容量　心理学研究, *65*, 339-345.
若林明雄(1998). 解離性同一性障害(多重人格障害)の精神病理学的・認知心理学的検討：心因性記憶障害としての多重人格症状　性格心理学研究, *6*, 122-137,
渡辺正孝(1994). 忘却　重野　純(編)キーワードコレクション心理学　新曜社
〈3-8〉
Cohen, N. J., & Squire, L. R.(1980). Preserved learning and retention of pattern-analyzing skill in amnesia : Dissociation of knowing how and knowing that. *Science, 210*, 207-210.
柏木惠子・藤永　保(監修)（2002). 言語発達とその支援 ミネルヴァ書房
Kintsch, W.(1998). *Comprehension : A paradigm for cognition*. Cambridge, England : Cambridge University Press.
正高信男(2001). 子どもはことばをからだで覚える　メロディから意味の世界へ　中公新書
森　敏昭・井上　毅・松井孝雄(1995). グラフィック認知心理学　サイエンス社
Simicock & Hayne(2002). Children Fail to Translate Their Preverbal Memories Into Language. *Psychological Science, 13*, 225-231
Tulving, E.(1972). Episodic and semantic memory. In Tulving, E. & Donaldson, W.(Eds.), *Organization of Memory*, New York : Academic Press. pp.381-391.
吉見昌弘(2009). 言葉の獲得　書き言葉　小田　豊・芦田　宏(編)新保育ライブラリ保育の内容・方法を知る　保育内容言葉　北大路書房 pp.62-66.

〈3-9〉
荒木紀幸(2007). 自尊感情 荒木紀幸(編著).教育心理学の最先端―自尊感情の育成と学校生活の充実 あいり出版
Chomsky, N. (1986). *Knowledge of language : its nature, origin, and use*, Praeger Pub. Chomsky, N. (1965). *Aspects of the theory of syntax*, M. I. T. Press.
橋本憲尚(1999). コンピテンス 中島義明・安藤清志・子安増生・坂野雄二・繁桝算男・立花政夫・箱田裕司(編著)心理学辞典 有斐閣
東江平之・前原武子(1989). 教育心理学―コンピテンスを育てる 福村出版
White, R. W. (1959). Motivation Reconsidered : The concept of Competence. *Psychological Revew*, 66, 201-207.

〈3-10〉
Barton, S. B., & Sanford, A. J, (1993). A case study of anomaly detection : Shallow semantic processing and cohesion establishment. *Memory and Cognition, 21*, 477-487.
Ferreira, F., Bailey, K. G. D., & Ferrano, V. (2002). Good-enough representations in language comprehension. *Current Directions in Psychological Science, 11*, 11-15.
福田由紀(2014). 学びをつなぐ授業のためのちょっとした工夫 授業の研究(Fner⁺), *189*, 2-3.
福田由紀(2013). 活用できる知識の構造とその育成 初等教育資料 4月号 *898*, 20-23.
福田由紀(2012). 認知心理学からみた深い理解 指導と評価, *58*, 8-11.
福田由紀(2010). ことばが意味をもつために―言葉と思考の発達 川島一夫・渡辺弥生(編)図で理解する発達―新しい発達心理学への招待 福村出版
福田由紀(2009). 私たちは文章をとことん読んでいるのだろうか？―文章理解モデルに関する浅い処理の視点 法政大学文学部紀要, *58*, 75-86.
Johsua, S., & Dupin, J.J. (1987). Taking into account student conceptions in instructional strategy : An example in physics. *Cognition and Instruction, 4*, 117-135.
麻柄啓一・進藤聡彦・工藤与志文・立木徹・植松公威・伏見陽児(2006). 学習者の間違った知識をどう修正するか―ル・バー修正ストラテジーの研究 東北大学出版会
三宮真智子(編) (2008). メタ認知―学習力を支える高次認知機能 北大路書房

■ 4 章
〈4-1〉
川上正浩(2002). カタカナ文字の形態的類似性評定調査 読書科学, *46*, 132-139.
川上正浩・辻 弘美(2012). ひらがな文字の形態的類似性評定調査 読書科学, *54*, 80-88.
川﨑惠里子(編著) (2005). ことばの実験室 心理言語学へのアプローチ ブレーン出版
森下正修・近藤洋史・蘆田佳世・大塚結喜・苧阪直行(2007). 読解力に対するワーキングメモリ課題の予測力：リーディングスパンテストによる検討 心理学研究, *77*, 495-503.
中本敬子(2005). 比喩の理解, 川﨑惠里子(編著), ことばの実験室 心理言語学へのアプローチ ブレーン出版 pp.79-102.
佐藤公治(1996). 認知心理学からみた読みの世界―対話と共同学習をめざして 北大路書房
田村綾菜・常深浩平・楠見 孝(2013). 児童期における「文字通りでないことば」の理解の発達的変化：二次的誤信念の理解との関連 昭和女子大学大学院生活機構研究紀要, *22*, 17-30.

〈4-2〉
Baddeley, A. (1992). Working memory. *Science*, 556-559.
Komeda, H., & Kusumi, T. (2006). The effect of a protagonist's emotional shift on situation model construction. *Memory and Cognition, 34*, 1548-1556.
Kintsch, W. (1986). Learning from text. *Cognition and Instruction, 3*, 87-108.
Kintsch, W. (1998). *Comprehension : A paradigm for cognition*. Cambridge, England : Cambridge University Press.
Kintsch, W., & van Dijk, T. A. (1978). Toward a model of text comprehension and production. *Psychological Rerview, 85*, 363-394.

Kintsch, W., Welsch, D., Schmalhofer, F., & Zinny, S. (1990). Sentence memory ; A theoretical analysis. *Journal of Memory and Language, 29*, 133-159.
Miall, D. S., & Kuiken, D. (1999). What is literariness? Three components of literary reading. *Discourse Processes, 28*, 121-138.
Zwaan, R. A. (1999). Five dimensions of narrative comprehension : The event-indexing model. In S. R. Goldman, A. C. Graesser, & P. van den Broek (Eds.), *Narrative comprehension, causality, and coherence : Essays in honor of Tom Trabasso*. Mahwah, NJ : Erlbaum. pp.93-110.
Zwaan, R. A., Magliano, J. P., & Graesser, A. C. (1995). Dimensions of situation model construction in narrative comprehension. *Journal of experimental psychology : Learning, memory, and cognition, 21*, 386-397.
Zwaan, R. A., & Radvansky, G. A. (1998). Situation models in language comprehension and memory. *Psychological Bulletin, 123*, 162-185.

〈4-3〉
有元秀文(2005). PISA調査で, なぜ, 日本の高校生の読解力は低いのか？ 日本語学, 24, 6-14.
国立教育政策研究所(2013). OECD生徒の学習到達度調査―2012年調査国際結果の要約(http : //www.nier.go.jp/kokusai/pisa/pdf/pisa 2012_result_outline.pdf)
文部科学省(2009). http : //www.mext.go.jp/a-menu/shotou/new-cs/youryou/kov/kov.pdf

〈4-4〉
Ericson, E. H. (1959). *Identity and the life cycle*. New York : Freeman. (西平 直・中島由恵(訳)(2011). アイデンティティとライフサイクル 誠信書房)
Fischer, M. H., & Zwaan, R. A. (2008). Embodied language ― A review of the role of the motor system in language comprehension. *Quarterly Journal of Experimental Psychology, 61*, 825-850.
Mano, Y., Harada, T., Sugiura, M., Saito, D.N., & Sadato, N. (2009). Perspective-taking as part of narrative comprehension : a functional MRI study. *Neuropsychologia, 47*, 813-24
Mar, R. A. (2011). The Neural Bases of Social Cognition and Story Comprehension. *Annual Review of Psychology, 62*, 103-134.
Mar, R. A., & Oatley, K. (2008). The function of fiction is the abstraction and simulation of social experience. *Perspectives on Psychological Science, 3*, 173-191.
Mar, R. A., Tackett, J. L., & Moore, C. (2010). Exposure to media and theory-of-mind development in preschoolers. *Cognitive Development, 1*, 69-78.
常深浩平・楠見 孝(2009). 物語理解を支える知覚・運動処理―擬似自伝的記憶モデルの試み 心理学評論, 52, 529-544.
Tsunemi, K., & Kusumi, T. (2011). The effect of perceptual and personal memory retrieval on story comprehension. *Psychologia, 54*, 119-135.
Zwaan, R. A., & Radvansky, G. A. (1998). Situation models in language comprehension and memory. *Psychological Bulletin, 123*, 162-185.

〈4-5〉
平山祐一郎(2003). 大学生の読書実態の分析―女子大学生を対象として 読書科学, 47, 99-107.
平山祐一郎(2015). 大学生の読書の変化―2006年調査と2012年調査の比較より 読書科学, 56, 55-64.
陰山英男(2009). 一日3時間以上, 勉強するな！～陰山英男 オキテ破りの名言集～ 小学館
Swanborn, M. S. L., & de Glopper, K. (1999), Incidental word learning while reading : a meta-analysis., *Review of Educational Research, 69*, 261-285.

〈4-6〉
池間裕香・多田拓也・太田富雄(2008). 聴覚障害児の比喩の理解におけるオノマトペの効果 福岡教育大学障害児治療教育センター年報, 21, 9-13.
文部科学省(2008). 小学校学習指導要領解説国語編
岡谷英夫(2015). 小学校国語教科書に見るオノマトペと日本語教育 人工知能学会論文誌, 30, 257-264.

苧阪直行(1999). 擬音語・擬態語の認知科学　苧阪直行(編著)感性のことばを研究する　新曜社
下村有子・瀬戸就一・南保英孝・川辺弘之・杉森公一(2012). 聴覚障害学生に授業の雰囲気を伝えるシステムの構築　情報処理学会全国大会講演論文集 2012, 7-9.
田中美成・伊藤良子(2007). 視覚障害を伴う重複障害児への擬音語・擬態語を用いた　模倣的関わりの効果　東京学芸大学紀要：総合教育科学系, 58, 449-458.
矢口幸康(2011). オノマトペをもちいた共感覚的表現の意味理解　認知心理学研究, 8, 119-129.
矢口幸康(2012). テクスチャーを表現するオノマトペの感覚関連性評定に表記形態が与える影響認知科学, 19, 191-199.

〈4-7〉
平山祐一郎(2010). 内容と教育心理学―作文　福沢周亮・小野瀬雅人(編)　教科心理学ハンドブック　教科教育学と教育心理学による"わかる授業の実証的探究"図書文化　pp.32-33.
石黒　圭(2004). よくわかる文章表現の技術Ⅱ―文章構成編　明治書院
茂呂雄二(1987). 児童の作文　福沢周亮(編)　子どもの言語心理　1児童のことば　大日本図書　pp.127-160.
田中　敏(1986). 子どもがことばに気づくとき―話しことば，作文，読み　高野清純・多田俊文(編)　児童心理学を学ぶ(新版)　有斐閣　pp.59-76.
ヴィゴツキー, L. S./柴田義松・森岡修一(訳)(1975). 子どもの知的発達と教授　明治図書

■ 5章

〈5-1〉
開高　健(1983). 開高健全対話集成7・文学篇②群衆の中の孤独　潮出版社
道田泰司(2000). 批判的思考研究からメディアリテラシーへの提言　コンピュータ＆エデュケーション, 9, 54-59.
道田泰司(2012). 最強のクリティカルシンキング・マップ　日本経済新聞出版社
ポール, R. & エルダー, L./村田美子・巽由佳子(訳)(2003). クリティカル・シンキング「思考」と「行動」を高める基礎講座　東洋経済新報社

〈5-2〉
市川伸一・南風原朝和・杉澤武俊・瀬尾美紀子・清河幸子・犬塚美輪・村山航・植阪友理・小林寛子・篠ヶ谷圭太(2009). 数学の学力・学習力診断テストCOMPASSの開発　認知科学, 16, 333-347.
瀬尾美紀子(2014). 学習の自己調整　市川伸一(編)　学力と学習支援の心理学　放送大学教育振興会　pp.47-64.
辰野千壽(2010). 学習方略の心理学―賢い学習者の育て方(第2版)　図書文化社
植阪友理(2010). メタ認知・学習観・学習方略　市川伸一(編)　発達と学習　北大路書房　pp.172-200.
吉田寿夫・村山航(2013). なぜ学習者は専門家が学習に有効だと考えている方略を必ずしも使用しないのか―各学習者内での方略間変動に着目した検討　教育心理学研究, 61, 32-43.

〈5-3〉
平山祥子(2000). 性格―個人差を理解し生かす　新井邦二郎(編)　図でわかる学習と発達の心理学　福村出版　pp.71-82
市川伸一(1995). 学習と教育の心理学　岩波書店
マズロー, A. H./小口忠彦(監訳)(1971). 人間性の心理学　産業能率短期大学出版部
Weiner, B., Frieze, I., Kukla, A., Reed, L., Rest, S., & Rosenbaum, R. M.(1971). Perceiving the causes of success and failure. In. E. E. Jones et al.(Eds.) *Attribution : Perceiving the causes of behavior.* General Learning Press.

〈5-4〉
ショーン, D. A./柳沢昌一・三輪建二(監訳)(2007). 省察的実践とは何か―プロフェッショナルの行為と思考　鳳書房

〈5-5〉

引用文献

秋田喜代美(2012). 学びの心理学 授業をデザインする 左右社
古川 聡・福田由紀(2006). 子供と親と教師をそだてる教育心理学入門 丸善
北尾倫彦・杉村 健・山内弘継・梶田正巳(1977). 教育心理学 有斐閣
宮坂義彦(1982). 一斉授業 平原春好・寺崎昌男(編)新版教育小辞典 学陽書房

〈5-6〉
Ausubel, D. P.(1968). *Educational Psychology : A Cognitive View*. Rinehart and Winston.
古川 聡・福田由紀(2006). 子供と親と教師をそだてる教育心理学入門 丸善
板倉聖宣(1974). 仮説検証授業－授業力(ばねと力)による具体化 仮説社
北尾倫彦・杉村 健・山内弘継・梶田正巳(1977). 教育心理学 有斐閣
並木 博(1997). 個性と教育環境の交互作用―教育心理学の課題 培風館
谷川幸雄(2002). 発見学習の基礎理論と実際 北海道浅井学園大学生涯学習システム学部研究紀要, 2, 169-185.

〈5-7〉
Barkley, E. F., Cross, K. P., & Major, C. H./安永 悟(監訳) (2009)協同学習の技法―大学教育の手引きナカニシヤ出版
CAST(2011). Universal design for learning guidelines version 2.0.
Johnson, D. W., Johnson, R., T. & Holubec, E. J.(1993). *Circlr of learning : Cooperation in the classroom* (4 th ed.), Interaction Book Company.
文部科学省(2008). 中学校学習指導要領解説外国語編
塩田芳久(1989). 授業の活性化「バズ学習」入門 明治図書
涌井 恵(2006). 協同学習による学習障害児支援プログラムの開発に関する研究 国立特殊教育総合研究所

〈5-8〉
文部科学省(2012). 国内のICT教育活用好事例の収集・普及・促進に関する調査研究事業：教育ICT活用事例集
小林朝雄・堤麻里子・片岡一公・妹尾清伸(2013). 一斉指導における特別支援教育の観点からのICT活用に関する研究 岡山県総合教育センター 研究紀要, 6, 1-6.

〈5-9〉
中部地域大学グループ・東海Aチーム(2014). アクティデラーニング失敗事例ハンドブック―産業界ニーズ事業・成果報告― 一粒書房
Edgar, D.(1946). *Audio-Visual method in teaching*, Dryden press.
河合塾(2013).「深い学び」につつながるアクティブラーニング 東信堂
文部科学省(2015). 教育課程企画特別部会における論点整理について
中山留美子(2013). アクティブ・ラーナーを育てる能動的学修の推進におけるPBL教育の意義と導入の工夫 21世紀教育フォーラム, 8, 13-21.
山崎敏昭・谷口和成・古結 尚・酒谷貴史・山口道明・岩間 徹・笠 潤平・内村 浩・村田隆紀(2013). 高校物理に導入したアクティブ・ラーニングの効果と課題 物理教育, 61, 12-17.

〈5-10〉
厳島行雄・和田万紀・末永俊郎(1995). 自己生成効果の検討 ネットワーク理論からのアプローチ 実験社会心理学研究, 35, 70-79.
北村英哉(2001). 冷めた心と熱い心：認知, 感情, 動機づけ 山岸俊男(編) 社会心理学キーワード 有斐閣 pp.97-122.
森 敏昭・秋田喜代美(編) (2006). 教育心理学キーワード 有斐閣
小田 豊・芦田 宏(編) (2009). 新保育ライブラリ 保育の内容・方法を知る 保育内容言葉 北大路書房
玉瀬耕治(2004). ストレスと心理的障害 無藤 隆・森 敏昭・遠藤由美・玉瀬耕治 心理学 Psychology : Science of heart and mind, 有斐閣 pp.449-469.
田中希穂(2006). 社会的動機づけ 山内弘継・橋本 宰(監修) 心理学概論 ナカニシヤ出版 pp.154-166.

余語真夫(2006).　社会的世界と自己，山内弘継・橋本　宰(監修)　心理学概論　ナカニシヤ出版　pp.342-350.

〈5-11〉
Bower, G. H., Black, J. B., & Turner, T. J.(1979). Scripts in memory for text. *Cognitive Psychology, 11,* 177-220.
McKeown, M. G., Beck I. L., & Blake, R. G. K.(2009). Rethinking reading comprehension instruction : A comparison of instruction for strategies and content approaches. *Reading Research Quarterly, 44,* 218-253.
McNamara, D. S.(Ed.)　(2007). *Reading comprehension strategies : Theories, interventions, and technologies.* New York : Erlbaum-Taylor Francis Group.

■6章
〈6-1〉
Baltes, P. B., & Staudinger, U. M.(2000). Wisdom : a metaheuristic(pragmatic) to orchestrate mind and virtue toward excellence. *American psychologist, 55,* 122-136.
Gardner, H.(1999). *Intelligence Reframed : Multiple Intellgences for the 21 st Century.* New York : Basic Books.（松村暢隆(訳)　(2001).　MI—個性を生かす多重知能の理論　新曜社）
樋口直弘(1999).　論説　思考技能教授における知能観とその教材化―スタンバーグの三頭理論(triarchic theory)を中心に　立正大学文学部論叢, *109,* 51-76.
Horn, J. L., & Cattell, R. B.(1967). Age differences in fluid and crystallized intelligence. *Acta psychologica, 26,* 107-129.

〈6-2〉
サトウタツヤ・高砂美樹(2003).　流れを読む心理学史―世界と日本の心理学　有斐閣アルマ
〈6-3〉
青木久美子(2005).　学習スタイルの概念と理論―欧米の研究から学ぶ　メディア教育研究, *2,* 197-212.
Kozhevnikov, M.(2007). Cognitive styles in the context of modern psychology : toward an integrated framework of cognitive style. *Psychological bulletin, 133,* 464-481.
松原達哉・藤田和弘・前川久男・石隈利紀(1993).　K-ABC 心理・教育アセスメントバッテリー解釈マニュアル　丸善メイツ
山中克夫・藤田和弘・名川　勝(1996).　情報処理様式を活かした描画と書字指導―継次処理様式が優位な一脳性麻痺幼児について　特殊教育学研究, *33,* 25-32.

〈6-4〉
Allport, G. W.(1937). *Personality : A psychological interpretation,* New York : Holt, Rheinhart & Winston.（詫摩武俊・青木孝悦・近藤由紀子・堀　正(訳)　(1982), パーソナリティ：心理学的解釈　新曜社）
安藤寿康(2000).　心はどのように遺伝するか：双生児が語る新しい遺伝観　講談社.
Costa, P. T. Jr., & McCrae, R. R.(1992). *Revised NEO Personality Inventory(NEO-PI-R)and NEO Five-Factor Inventory(NEO-FFI)professional manual,*Odessa, Florida : Psychological Assessment Resources.（下仲順子・中里克治・権藤恭之・高木　緑(1999).　日本版 NEO-PI-R, NEO-FFI 使用マニュアル　東京心理）
Jung, C. G.(1960). *Psychologische Typen, 9., revid. Auflage, Rascher Verlag.* Zürich und Stuttgart.（高橋義孝・森川俊夫・佐藤正樹(訳)　(1987).　心理学的類型 II　人文書院）
小塩真司(2010).　はじめて学ぶパーソナリティ心理学―個性をめぐる冒険　ミネルヴァ書房
Kretschmer, E.(1921). *Körperbau und Charakter : Untersuchungen zum Konstitutionsproblem und zur Lehre von den Temperamenten.* Berlin : Springer.（斎藤良象(訳)　(1944).　体格と性格　肇társ房）
Pervin, L. A., & John, O. P.(2000). *Personality : Theory and research. 8 th ed.* New York : John Wiley & Sons.
Thomas, A., Chess, S., & Birch, H. G.(1968). *Temperament and Behavior Disorders in Children.* New

引 用 文 献

York: New York University Press.
〈6-5〉
牛腸茂雄・片口安史(1980). 扉をあけると 片口インクブロット研究所

■7章
〈7-1〉
市川伸一(2002). 学力低下論争 ちくま新書
梶田叡一(1999). 学力 中島義明・安藤清志・子安増生・坂野雄二・繁桝算男・立花政夫・箱田裕司(編) 心理学辞典 有斐閣 p.115
総合初等教育研究所(2008). 小学校学習指導要領改訂の要点 文渓堂
〈7-2〉
村山 航(2003). テスト形式が学習方略に与える影響 教育心理学研究, 51, 1-12.
村山 航(2006). 教育評価 鹿毛雅治(編) 朝倉心理学講座8 教育心理学 朝倉書店 pp.171-193.
〈7-3〉
福沢周亮・平山祐一郎(2008). 教研式 Reading-Test 読書力診断検査 図書文化社
〈7-4〉
石井英真(2015). 教育評価の立場 西岡加奈恵・石井英真・田中耕治 新しい教育評価入門—人を育てる評価のために 有斐閣 pp.23-49.
二宮衆一(2015). 西岡加奈恵・石井英真・田中耕治 新しい教育評価入門—人を育てる評価のために 有斐閣 pp.51-75.
〈7-5〉
松下佳代(2007). パフォーマンス評価—子どもの思考と表現を評価する 日本標準

■8章
〈8-1〉
神野 建・原田恵理子・森山賢一(2015). 生徒指導論 大学教育出版
北村晴朗(1965). 適応の心理 誠信書房
森田洋司(2003). 不登校—その後 不登校経験者が語る心理と行動の追跡 教育開発研究所
文部科学省(2014). 平成25年度「児童生徒の問題行動等生徒指導上の諸問題に関する調査」について
〈8-2〉
文部科学省(2010). 教育の情報化に関する手引き
文部科学省(2012). 平成23年度「児童生徒の問題行動等生徒指導上の諸問題に関する調査」について
文部科学省(2014). 平成26年度「児童生徒の問題行動等生徒指導上の諸問題に関する調査」結果について
森田洋司(2010). いじめとは何か—教室の問題 社会の問題 中央公論新社
〈8-3〉
原田恵理子(2014). 高校生におけるネットいじめの実態 東京情報大学研究論集, 17, 9-18.
長谷川春生・久保田善彦・中里真一(2011). 情報モラル指導におけるネットコミュニケーションの体験の効果 日本教育工学会論文誌, 34, 407-416.
石原一彦(2011). 情報モラル教育の変遷と情報モラル教材 岐阜聖徳学園大学紀要教育学部編, 50, 101-116.
Koholberg, L.(1969). Stage and sequence: The cognitive develop mental approach to socialization. In D. A. Goslin(Ed.), *Handbook of socialization: Theory and research*. Chicago: Rand McNally and co. (永野重史(監修) (1987). 道徳性の形成 新曜社)
宮川陽一・福本 徹・森山 潤(2009). 義務教育段階における情報モラル教育に関する研究の動向と展望—CiNii 論文情報ナビゲータを活用した学術研究の動向把握を通じて 岩手大学教育学部研究年報, 69, 89-101.

文部科学省(2010). 教育の情報化に関する手引
三宅元子(2006). 中学・高校・大学生の情報倫理意識と道徳的期は錦の関係,日本教育工学会論文誌, Vol.30(1), 51-58.
小野 淳・斎藤富由起・社浦竜太・吉森丹衣子・飯島博之(2012). 中学校におけるサイバー型いじめの予防と心理的回復を目的としたソーシャルスキル教育の試み その3 ―協働的プログラムによるフォローアップ研究 千里金蘭大学紀要, 9, 21-28.
Selman, R. L.(1976). Social-cognitive understanding : A guide to educational and clinical practice. In T. Lickona(Ed.), *Moral development and behavior*. NewYork : Holt, Rinehart and Winston. pp.299-316.
梅田恭子・江藤徹郎・野崎浩成(2012). 高校生を対象とした著作権に関するジレンマ資料を活用した情報モラル授業の検討 愛知教育大学教育創造開発機構紀要, 2, 157-163.
〈8-4〉
青山郁子(2015). 海外におけるICTを利用した心理教育事例 原田恵理子・森山賢一編 ICTを活用した新しい学校教育 北樹出版 pp 121-122.
藤 桂・吉田富二雄(2014). ネットいじめ被害者における相談行動の抑制―脅威認知の視点から 教育心理学研究, 62, 50-63.
原田恵理子(2014). 学年全体を対象としたソーシャルスキルトレーニングの効果 東京情報大学研究論集, 17, 1-11.
文部科学省(2010). 教育の情報化の手引き
中里真一・久保田善彦・長谷川春生(2011). ネットいじめに関する情報モラル学習の効果―ケータイ所持の有無との関連を中心に 日本教育工学会誌, 35, (Suppl.), 121-124.
小野 淳・斎藤富由起(2008). サイバー型いじめ(Cyber Bullying)の理解と対応に対する教育心理学的展望 千里金蘭大学紀要(生活科学部・人間社会学部), 5, 35-47.
戸田有一・青山郁子・金綱知征(2013). ネットいじめ研究と対策の国際動向と展望〈教育と社会〉研究, 23, 29-39.
内海しょか(2010). 学生のネットいじめ,いじめられ体験―親の統制に関する子どもの認知,および関係性攻撃との関連 教育心理学研究, 55, 12-22.
〈8-5〉
Abrahami, A., Selman, R. L, & Srorn, C.(1981). A developmental assessment of children's verbal strategies for social action resolution. *Journal of Applied Developmental Psychology, 2*, 145-163.
保坂 亨(2000). 学校を欠席する子どもたち 長期欠席・不登校から学校教育を考える 東京大学出版会
国立教育政策研究所生徒指導・進路指導研究センター(2015). 特別活動と生徒指導 Leaf.6
文部科学省(1996). 21世紀を展望した我が国の教育の在り方について(中央教育審議会第一次答申)
文部科学省(2008). 中学校学習指導要領解説道徳編
渡辺弥生(2001). VLFによる思いやり育成プログラム 図書文化社
〈8-6〉
Miltenberger, R. G.(2001). *Behavior modification : Principles and procedures. 2 nd ed.,* Belmont, CA : Wadsworth/Tomson Learning.(園山繁樹・野呂文行・渡部匡隆・大石幸二(訳) (2006). 行動変容法入門 二瓶社)
下山晴彦(2011). 認知行動療法とは何か 下山晴彦(編) 認知行動療法を学ぶ 金剛出版 pp.14-33.
内山喜久雄(1988). 行動療法 日本文化科学社
〈8-7〉
Axline, VM(1974). *Play Therapy.* Houghton-Miffilin.(小林治夫(訳) (1972). 遊戯療法 岩崎学術出版社)
弘中正美(2002). 遊戯療法と子どもの心的世界 金剛出版
〈8-8〉
中原美惠(2011). カウンセリングマインドと教師の成長 児童心理臨時増刊 936 金子書房
Rogers. C. R.(1942). *Counseling and Psychotherapy : Newer Concepts in Practice*(末武康博・諸富祥

彦・保坂亨(編)(2005).カウンセリングと心理療法—実践のための新しい概念(ロジャース主要著作集))
渡辺弥生・丹羽洋子・篠田晴男・堀内ゆかり(2009).学校だからできる生徒指導・教育相談　北樹出版

⟨8-9⟩

Cowie, H., & Sharp, S.(1996). *Peer Counseling in schools : a time to listen.*, D. Fulton.(髙橋道子(訳)(1996).学校でのピア・カウンセリング—いじめ問題の解決に向けて　川島書店)
川畑恵子・池島徳大(2011).個別支援を必要とする生徒への支援—ピア・サポートトレーニングプログラムを導入して　教育実践総合センター研究紀要, 20, 267-271.
國分康孝(1992).構成的グループ・エンカウンター　誠信書房
文部科学省(2015).チームとしての学校の在り方と今後の改善方策について(中間まとめ(概要))

■ 9 章

⟨9-1⟩

American Psychiatric Association (2000). *Diagnostic and statistical manual of mental disorders, 4 th ed.* Text revision. Washington D. C.: American Psychiatric Publishing.(高橋三郎・大野　裕・染谷俊之(訳)(2003).DSM-IV-TR　精神疾患の診断・統計マニュアル新訂版　医学書院)
American Psychiatric Association (2013). *Diagnostic and statistical manual of mental disorders, 5 th ed.* Arlington, VA: American Psychiatric Publishing,（日本精神神経学会(監修)　高橋三郎・大野裕・染矢俊幸・神庭重信・尾崎紀夫・三村將・村井俊哉(訳)(2014).DSM-5精神疾患の診断・統計マニュアル　医学書院)
文部科学省初等中等教育局特別支援教育課(2012).通常の学級に在籍する発達障害の可能性のある特別な教育的支援を必要とする児童生徒に関する調査結果について　文部科学省〈http://www.mext.go.jp/a_menu/shotou/tokubetu/material/_icsFiles/afieldfile/2012/12/10/1328729_01.pdf〉(2015年8月10日)

⟨9-2⟩

兜森真粧美・武田　篤(2008).発達性読み書き障害の早期発見に向けての検討—小学低学年児童へのスクリーニング検査の実施　秋田大学教育文化学部教育実践研究紀要, 30, 77-84.
文部科学省(2003).今後の特別支援教育の在り方について(最終報告)特別支援教育の在り方に関する調査研究協力者会議
武田　篤(2012).発達性読み書き障がいとは　福田由紀(編著)　言語心理学入門　培風館
上野一彦(2006).LD(学習障害)とディスレクシア(読み書き障害)—子どもたちの「学び」と「個性」講談社
宇野　彰・春原則子・金子真人・Wydell, T. N.(2006).小学生の読み書きスクリーニング検査—発達性読み書き障害(発達性dyslexia)検出のために　インテルナ出版
矢口幸康・小高佐友里・福田由紀(2010).発達性読み書き障がい児・者の能力に関するシステマティック・レビュー　日本読書学会第54回研究大会発表資料集, 76-84.
矢口幸康・小高佐友里・梶井直親・福田由紀(2015).発達性読み書き障がい周辺児に関する言語能力特性の検討　読書科学, 57, 1-6.

⟨9-3⟩

海津亜希子(2005).米国でのLD判定にみられる大きな変化—RTIモデルへの期待と課題　LD研究, 14, 348-357.
小枝達也・内山仁志・関あゆみ(2011).小学1年生へのスクリーニングによって発見されたディスレクシア児に対する音読指導の効果に関する研究　脳と発達, 43, 384-388.
文部科学省(2014).学びのイノベーション事業　実証研究報告書
野村美佐子(2012).マルチメディアDAISYを活用した電子教科書　情報の科学と技術, 62, 203-208.
宇野　彰・春原則子・金子真人・Wydell, T. N.(2006).小学生の読み書きスクリーニング検査—発達性読み書き障害(発達性dyslexia)検出のために　インテルナ出版

〈9-4〉
Cooper, J. O., Heron, T. M., & Heward, W. L.(2007). *Applied behavior analysis,*(2 nd ed.), Upper Saddle River, N. J.: Pearson Prentice Hall.(中野良顯(訳)（2013）．応用行動分析学　明石書店)
Miltenberger, R. G.(2001). *Behavior modification : Principles and procedures.* 2 nd ed. Belmont, CA: Wadsworth/Tomson Learning.(園山繁樹・野呂文行・渡部匡隆・大石幸二(訳)（2006），行動変容法入門　二瓶社)
文部科学省(2003)．今後の特別支援教育の在り方について(最終報告)　特別支援教育の在り方に関する調査研究協力者会議
山本淳一・池田聡子(2005)．応用行動分析で特別支援教育が変わる—子どもへの指導方略を見つける方程式　図書文化

■コラム
〈コラム1〉
Brothers, L.(1990). The social brain : A project for integrating primate behavior and neurophysiology in a new domain. *Concepts in Neuroscience. 1,* 27-51.
di Pellegrino, G., Fadiga, L., Fogassi, L., Gallese, V., & Rizzolatti, G.(1992). Understanding motor events : a neurophysiological study. *Experimental Brain Research, 91,* 176-180.
Singer, T.(2006). The neuronal basis and ontogeny of empathy and mind reading : Review of literature and implications for future research. *Neuroscience and Biobehavioral Reviews, 30,* 855-863.
〈コラム2〉
Frey, B. S.(2011). Happy people live longer. *Science, 331,* 542-543.
Seligman, M. E., Steen, T. A., Park, N., & Peterson, C.(2005). Positive psychology progress : empirical validation of interventions. *Am Psychol, 60,* 410-421.
〈コラム3〉
Kuriyama, K., Mishima, K., Suzuki, H., Aritake, S., & Uchiyama, M.(2008). Sleep accelerates the improvement in working memory performance. *The Journal of Neuroscience, 28,* 10145-10150.
Lustenberger, C., Wehrle, F., Tüshaus, L., Achermann, P., & Huber, R.(2015). The multidimensional aspects of sleep spindles and their relationship to word-pair memory consolidation. *Sleep, 38,* 1093-1103.
Peigneux, P., Laureys, S., Fuchs, S., Collette, F., Perrin, F., Reggers, J., Phillips, C., Degueldre, C., Del Fiore, G., Aerts, J., Luxen, A., & Maquet, P.(2004). Are spatial memories strengthened in the human hippocampus during slow wave sleep? *Neuron, 44,* 535-545.
Schabus, M., Gruber, G., Parapatics, S., Sauter, C., Klösch, G., Anderer, P., Klimesch, W., Saletu, B., & Zeitlhofer, J.(2004). Sleep spindles and their significance for declarative memory consolidation. *Sleep, 27,* 1479-1485.
Smith, K.(2013). Neuroscience : off to night school. *Nature, 497,* S 4-5.
Qin, Y. L., McNaughton, B. L., Skaggs, W.E., & Barnes, C. A.(1997). Memory reprocessing in corticocortical and hippocampocortical neuronal ensembles. *Philosophical transactions of the Royal Society of London. Series B, Biological sciences.* 352, 1525-1533.
〈コラム4〉
東原文子・河村　久(2012)．発達障害児に対するデジタル教科書を利用した説明文指導　日本教育情報学会第28回年会論文集，328-331.
梶井直親(2015)．実写映像理解のモデルはアニメーション理解に応用できるかアニメーション研究，17, 15-24.
梶井直親(2012 a)．状況的次元の連続性破綻によるアニメ視聴理解への影響　日本認知心理学会第10回大会発表論文集，45.
梶井直親(2012 b)．状況的次元の連続性破綻によるアニメ視聴理解への影響(2)　日本心理学会第76回大会発表論文集，840.

引用文献

腰川一惠・東原文子(2011). 自閉傾向のある児童に対する物語理解における教材の効果と検討‐絵本とアニメーションの比較から 第49回日本特殊教育学会大会発表論文集, 596.
Magliano, J. P., Miller, J., & Zwaan, R. A.(2001). Indexing space and time in film understanding. *Applied Cognitive Psychology, 15*, 533-545.
〈コラム5〉
Ramachandran, V. S., & Hubbard, E. M.(2001). Synaesthesia-A window into perception, thought and language. *Journal of Consciousness studies, 8*, 3-34.
Sakai, K. L.(2005) Language acquisition and brain development. *Science, 310*, 815-819.
〈コラム6〉
遠藤寛子(2009). 怒り経験の筆記が精神的健康に及ぼす影響 感情心理学研究, *17*, 3-11.
根本勇也(印刷中). 間接的体験とその時のネガティブな感情を筆記する効果の検討 読書科学
Pennebaker, J. W., & Beall, S. K.(1986), Confronting a traumatic event: Toward an understanding of inhibition and disease. *Journal of Abnormal Psychology, 95*, 274-281.
Pennebaker, J. W., Mayne, T. J., & Francis, M. E.(1997). Linguistic predictors of adaptive bereavement. *Journal of Personality and Social Psychology, 72*, 863-871.
Smyth, J., Nazarian, D., Oikawa, M., & Oikawa, H.(2007). The writing cure: How expressive writing promotes health. 感情心理学研究, *14*, 140-154.
Smyth, J., True, N., & Joy, S.(2001). Effects of writing about traumatic experiences: The necessity for narrative structuring. *Journal of Social and Clinical Psychology, 20*, 161-172.
〈コラム7〉
伊藤崇達・神藤貴昭(2003). 中学生用自己動機づけ方略尺度の作成 心理学研究, *74* 209-217.
Stuss, D. T., & Benson, D. R.(1986). The frontal lobes. Raven Press, New York,(融道男・本橋伸高(訳)(1990). 前頭葉 共立出版)
Watanabe, M.(1996). Reward expectancy in primate prefrontal neurons. *Nature 382*, 629-632.
Brydges, R., Manzone, J., Shanks, D., Hatala, R., Hamstra, S.J., Zendejas, B., & Cook, D. A.(2015). Self-regulated learning in simulation-based training: a systematic review and meta-analysis. *Medical education, 49*, 368-378.
〈コラム8〉
ディアリ, I. J./繁桝算男(訳)(2004). 知能 岩波書店
鈴木 忠(2008). 生涯発達のダイナミクス 知の多様性 生きかたの可塑性 東京大学出版会
〈コラム9〉
Buckner, R. L, Andrews-Hanna, J. R., & Schacter, D. L.(2008). The brain's default network: anatomy, function, and relevance to disease. *Annals of the New York Academy of Sciences, 1124*, 1-38.
Helps, S. K., Broyd, S. J., James, C. J., Karl, A., Chen, W., & Sonuga-Barke, E. J.(2010). Altered spontaneous low frequency brain activity in attention deficit/hyperactivity disorder. *Brain Research, 1322*, 134-143.
Raichle, M. E., MacLeod, A. M., Snyder, A. Z., Powers, W. J., Gusnard, D. A., & Shulman, G. L.(2001). A default mode of brain function. *Proceedings of the National Academy of Sciences of the United States of America, 98*, 676-682.
Supekar,, K., Uddin, L. Q., Prater, K., Amin, H., Greicius, M. D., & Menon, V. Development of functional and structural connectivity within the default mode network in young children. *Neuroimage, 52*, 290-301.
〈コラム10〉
福田由紀(2014). 学びをつなぐ授業のためのちょっとした工夫 授業研究Fねっと⁺, *189*, 2-3.

索　引

■人名索引

青山郁子　143
秋田喜代美　39
アクスライン（Axline, V. M.）　148, 149
アペリィ（Apperly, I. A.）　13
アンナ・フロイト（Freud, Anna）　148
ヴィゴツキー（Vygotsky, L. S.）　4
ウィトキン（Witkin, H. A.）　118
ウェクスラー（Wechsler, D.）　117
ウェルニッケ（Wernicke, C）　86
ウドラフ（Woodruff, G.）　12
エインズワース（Ainsworth, M. D. S.）　24
エクマン（Ekman, P.）　8
エビングハウス（Ebbinghaus, H.）　45, 60
エリクソン（Erikson, E. H.）　10, 24
オズグッド（Osgood, C. E.）　55
オーズベル（Ausubel, D. P.）　99
オルポート（Allport, G. W.）　120
カウフマン（Kaufman, A. S.）　119
カウフマン（Kaufman, N. L.）　119
梶井直親　71
ガードナー（Gardner, H.）　115
キャズデン（Cazden, C. B.）　36
キャッテル（Cattell, R. B.）　114
キンチ（Kintsch, W.）　74
クラウダー（Crowder, N.）　100
クレイク（Craik, K. I. M.）　58
クレッチマー（Kretschmer, E.）　120
ケイガン（Kagan, J.）　118
ケイソン（Cason, H.）　54
ゲゼル（Gesell, A.）　32
コウイー（Cowie, H.）　153
國分康孝　153
コスタ（Costa, Jr., P. T.）　121
齋藤有　27
サーストン（Thurstone, L. L.）　114
ジェンキンス（Jenkins, J. G.）　61
シモン（Simon, Th.）　116
シャープ（Sharp, S.）　153
シュテルン（Stern, W.）　116
ショーン（Schön, D. A.）　95
スキナー（Skinner, B. F.）　45, 48, 99, 160

スタンバーグ（Sternberg, R. J.）　115
スピアマン（Spearman, C. E.）　114
セリグマン（Seligman, M. E.）　42
セルマン（Selman, R. L.）　144
ソーンダイク（Thorndike, E. L.）　45, 48, 54
ターマン（Terman, L. M.）　116
タルヴィング（Tulving, E.）　62
ダレンバック（Dallenbach, K. M.）　61
チョムスキー（Chomsky, N.）　64
常深浩平　78
トーマス（Thomas, A.）　121
トマセロ（Tomassello, M.）　26
トールマン（Tolman, E. C.）　45, 52
トローブリッジ（Trowbridge, M. H.）　54
根本勇也　87
バウワ（Bower, G. H.）　111
バドリー（Baddely, A. D.）　59
バートレット（Bartlett, F. C.）　60
パブロフ（Pavlov, I. P.）　45, 46
原田恵理子　15, 143
バルテス（Baltes, P.）　114
ハーロウ（Harlow, H. F.）　24
バンデュラ（Bandura, A.）　56
ピアジェ（Piaget, J.）　2, 4
ビネー（Binet, A.）　116
平山祐一郎　80
福田由紀　66, 163
ブルーナー（Bruner, J. S.）　32, 98
ブルーム（Bloom, B. S.）　100, 130
プレマック（Premack, D.）　12
ブロカ（Broca, P.）　86
ペネベーカー（Pennebaker, J. W.）　87
ボウルビィ（Bowlby, J.）　24
ボーリング（Boring, E. G.）　114
ポルトマン（Portmann, A.）　24
ホワイト（White, R. W.）　64
ホーン（Horn, J. L.）　114
マキュン（McKeown, M. G.）　110
マクレー（McCrae, R. R.）　121
マズロー（Maslow, A. H.）　92
三隅二不二　30, 41

ミラー（Miller, N. E.） 56
ミラー（Miller, G. A.） 58
メラニー・クライン（Melanie, K） 148
森田洋二 138
ヤーキーズ（Yerkes, R. M.） 116
矢口幸康 82
ユング（Jung, C. G.） 120
ラマチャンドラン（Ramachandran, V. S.） 86
リゾラッティ（Rizzolatti, G.） 22

ルイス（Lewis, M.） 8
レイクル（Raichle, M. E.） 162
ロジャース（Rogers, C. R.） 150
ローゼンタール（Rosenthal, R.） 33
ロックハート（Lockheart, R. S.） 58
ワイナー（Weiner, B） 93
渡辺弥生 144
ワトソン（Watson, J. B.） 45

■ 事項索引

▶あ 行

IRE 型（Initiation-Reply-Evaluation type） 36
愛着（attachment） 24
アイデンティティ（identity） 10
アクティブ・ラーニング（active learning） 94, 106, 124
浅い処理（shallow processing） 66
アセスメント（assessment） 126
アニメーション（animation） 71
RTI（Response To Instruction） 157, 159
安全基地（secure base） 24
言い間違い（speech error） 18
いじめ（bullying） 138
一語文（one-word sentence） 18
一次的言葉 20, 36
イベント索引化モデル（event-indexing model） 71, 75
意味記憶（semantic memory） 62
隠喩（metaphor） 73
ウェクスラー式知能検査（Wechsler Intelligence Scale） 117
ウェルニッケ野（Wernicke's area） 86
内田クレペリン精神検査（Uchida-Kraepelin performance test） 123
運動学習（motor learning） 54
叡智（知恵）（wisdom） 79, 114
エピソード記憶（episodic memory） 62
エフェクタンス（effectance） 64
MFF テスト（Matching Familiar Figure Test : MFF） 118
延滞模倣（delayed imitation） 56
応用行動分析（applied behavior analysis） 146, 160
オノマトペ（onomatopoeia） 82

オペラント行動（operant behavior） 48
オペラント条件づけ（operant conditioning） 48
音韻意識（phonological awareness） 72
音読（reading aloud） 34

▶か 行

外言（outer speech） 4
　—を伴う書字（oral writing） 21
　—を伴わない書字（silent writing） 21
解読規則（decoding rules） 9
概念（concept） 19
海馬（hippocampus） 70, 112
開発的教育（development education） 152
外発的動機づけ（extrinsic motivation） 92
回避（avoidance） 50
カウンセリングマインド（counseling mind） 150
鏡文字（鏡映文字）（retrography） 72
角回（angular gyrus） 86
学習（learning） 44
　—の転移（transfer of learning） 55
学習曲線（learning curve） 44
学習指導要領（course of learning） 94
学習者中心の教育（student-centered learning） 119
学習障がい（leaning disability） 156
学習スタイル（leaning style） 118
学習方略（learning strategy） 90
過剰修正法（overcorrection） 147
ガーデンパス文（garden path sentence） 73
感覚−運動期（sensory-motor period） 2
感覚記憶（sensory memory） 58
観察（observation） 127

観察学習(observation learning)　56
観察学習効果(observational learning effect)　57
観察者バイアス(observer bias)　127
観察法(observation method)　123
干渉(interference)　61
感情(feeling)　8, 87
完全習得学習(mastery learning)　100
気質(temperament)　120
機能的磁気共鳴画像法(functional magnetic resonance imaging：fMRI)　162
気分(mood)　8
基本的信頼感(sense of basic trust)　24
基本6情動(six basic emotions)　8
虐待(abuse)　137
逆向抑制(retroactive interference)　61
ギャング・グループ(gang-group)　28
9ヶ月革命(9-month revolution)　17
QOL(Quality Of Life)　159
強化(reinforcement)　47, 49
強化子(reinforcer)　49
共感(empathy)　144
共感的理解(empathic understanding)　151
教訓機能(lesson induction)　90
教材(subject matter)　111
教師期待効果(teacher expectation effect)　33
協働学習(cooperative learning)　102
共同状況モデル　35
共同注意(joint attention)　17, 26
教養教育(liberal education)　79
均衡化(equilibration)　2
クーイング(cooing)　16
具体的操作期(concrete operational period)　3
クリティカル・シンキング(critical thinking)　88
形式的操作期(formal operational period)　3
継時的処理(sequential processing)　119
形成的評価(formative assessment)　130
系統的脱感作法(systematic desensitization)　146
K-ABC心理教育アセスメントバッテリー(Kaufman Assessment Battery for Children)　119
ゲス・フー・テスト(guess-who test)　29
結果の知識(knowledge of results：KR)　54
結晶性知能(crystallized intelligence)　114
言語運用(linguistic performance)　64

言語中枢(language center)　86
言語能力(linguistic competence)　64
原初的情動(primary emotions)　8
語彙記憶(vocabulary memory)　62
語彙爆発(word explosion)　18
5因子性格検査(five-factor personality questionnaire：FFPQ)　122
5因子モデル(five factor model)　121
効果の法則(law of effect)　48
構成的グループ・エンカウンター(structured group encounter)　153
構造化面接(structured interviews)　123
構築－統合理論(construction-integration model)　74
行動遺伝学(behavioral genetics)　121
行動主義(behaviorism)　45
行動分析学(behavior analysis)　45
行動変容法(behavior modification)　146
行動療法(behavior therapy)　146, 148
光背(後光)効果(halo effect)　33
広汎性発達障害(pervasive developmental disorders：PDD)　154
心の理論(Theory of mind)　12, 22
個人内評価(intra-individual evaluation)　131
誤信念課題(false-belief task)　12, 22
個性(individuality)　144
ごっこ遊び(make-believe play)　3, 56
古典的条件づけ(classical conditioning)　46
コンピテンス(competence)　64

▶さ　行

作業検査法(performance test method)　122
作文(writing)　84
参加観察法(participant observation method)　123
三項関係(triadic interactions)　6
三項随伴性(行動随伴性)(three-term contingency/behavioral contingency)　49
シェイピング(反応形成)(shaping)　51
シェマ(scheme)　2
自我同一性(ego identity)　11
識字者(literate)　20
ジグソー学習(jigsaw method)　94, 102
刺激性制御(stimulus control)　51
刺激般化(般化)(stimulus generalization)　47, 51
自己意識(self-consciousness)　10
自己一致(self-congruence)　151

試行錯誤学習(trial and error learning) 48
自己関連づけ効果(self referential effect) 109
自己効力感(self-efficacy) 108, 112
自己生成効果(self generation effect) 109
自己説明(self-explanation) 90
自己中心語(egocentric speech) 4
自己中心性(egocentrism) 4
自己調整学習(self-regulated learning) 90, 94
思春期(puberty) 25
自然的観察法(naturalistic observation method) 123
実験的観察法(experimental observation method) 123
質問紙法(questionnaire method) 122
視点取得能力(perspective taking ability) 35, 141, 144
指導と評価の一体化 130
自閉症スペクトラム障がい(autism spectrum disorder : ASD) 154, 162
社会人基礎力(fundamental competencies for working person) 36
社会性認知(social cognition) 22
社会脳(social brain) 22
社会的学習(social learning) 56
写像の理解(mapping comprehension) 79
集団式知能検査(陸軍検査)(army test) 116
集団的独語(collective monologue) 4
集中学習(massed learning) 55
授業過程(teaching-learning process) 94
熟慮型－衝動型(reflective-impulsive) 118
主題統覚検査(thematic apperception test : TAT) 122
順向抑制(proactive interference) 61
消去(extinction) 47, 50
状況モデル(situation model) 71, 74, 110
条件刺激(conditioned stimulus : CS) 46
条件反射(conditioned reflex) 46
条件反応(conditioned response : CR) 46
省察的実践(reflection in action) 95
象徴(symbol) 2
情動(emotion) 8
情報通信技術(information and communications technology : ICT) 104, 143
情報モラル(information morality) 140
情報モラル教育(information moral education) 140, 143

初語(first word) 17
処理水準モデル(levels of processing) 58
人格(パーソナリティ)(personality) 42, 120
Think-pair-share(Think-pair-share) 102
神経伝達物質(neurotransmitter) 42
真正の評価(authentic assessment) 132
身体化認知(embodied cognition) 78
診断的評価(diagnostic assessment) 130
心的表象(mental representation) 2, 71, 74
心内辞書(mental lexicon) 62
信頼性(reliability) 126
心理的離乳(psychological weaning) 25
遂行の知識(knowledge of performance : KP) 55
睡眠(sleep) 70
推論(inference) 73
スキーマ(schema) 60, 110
スクリプト(script) 110
スクールカウンセラー(school counselor) 150
スクールソーシャルワーカー(school social worker) 150
スタンフォード・ビネー式知能検査(Stanford-Binet Intelligence Scale) 116
性格(character) 120
性格検査(personality test) 122
整合性(coherence) 74
精神年齢(mental age) 116
精緻化(elaboration) 90
精緻化推論(elaborative inference) 73
正の強化(positive reinforcement) 49
正の転移(positive transfer) 55
正の罰(positive punishment) 50
生理的早産(physiological premature delivery) 24
絶対評価(criterion-referenced assessment) 131
舌端現象(tip of the tongue) 61
セミリンガル(semilingual) 21
宣言的記憶(declarative memory) 62, 70
前向性(順向性)健忘(anterograde amnesia) 62
潜在学習(latent learning) 52
全習法(whole method) 55
漸成発達理論(epigenetic development theory) 11
前操作期(preoperational period) 2
総括的評価(summative assessment) 130

索 引

操作(operation) 2
側坐核(nucleus accumbens) 112
測定(measurement) 126
ソシオメトリック・テスト(sociometric test) 29
ソーシャルスキル(social skills) 14
ソーシャルスキルトレーニング(social skills training) 14, 143, 152
素朴概念(naïve conception) 67

▶た　行

体制化(organization) 90
タイムアウト(time-out) 146
多因子説(Multiple factors theory) 114
確かな学力 124
多重知能理論(Multiple Intelligences theory) 115
脱中心化(decentrering) 4
妥当性(validity) 126
短期記憶(short-term memory) 58
単純接触効果(mere exposure effect) 33
チェイニング(連鎖化)(chaining) 147
知識基盤社会(knowledge-based society) 124
知識のネットワーク(knowledge network) 66, 163
知的好奇心(curiosity) 109
知能指数(Intelligence Quotient: IQ) 116
知能の三頭理論(triarchic theory of intelligence) 115
チャイルドビジョン(child vision) 7
チャム・グループ(chum group) 28, 144
注意(attention) 6
注意欠陥多動性障がい(attention deficit/ hyperactivity disorder: ADHD) 154, 162
長期記憶(long-term memory) 42, 58, 66
調整(accommodation) 2
直喩(simile) 73
DSM (diagnostic and statistical manual of mental disorders: DSM) 154
適応(adjustment) 136
テキストベース(textbase) 74
適性処遇交互作用(aptitude treatment interaction) 100
テストワイズネス(test-wiseness) 127
手続き記憶(procedural memory) 62, 70
デフォルト・モード・ネットワーク(default mode network: DMN) 162

投影法(projective technique) 122
同化(assimilation) 2
動機づけ(motivation) 112
道具的条件づけ(instrumental conditioning) 48
統語(syntax) 18
同質性(homogeneity) 144
同時的処理(simultaneous processing) 119
逃避(escape) 50
読書(reading) 80
読書習慣(reading habit) 80
特性論(trait theory) 121
トークン・エコノミー(token economy) 146
読解力(reading competency) 76

▶な　行

内言(inner speech) 4
内発的動機づけ(intrinsic motivation) 92
内容中心学習(content based learning) 110
喃語(babbling) 17
二因子説(two-factor theory) 114
二項関係(dyadic interactions) 6
二語文(two-word sentence) 18
二次的言葉 20, 36
二次的情動(secondary emotions) 8
20答法(twenty statements test: TST) 10
認知(cognition) 2
認知行動療法(cognitive behavior therapy) 147, 148
認知心理学(cognitive psychology) 45
認知スタイル(cognitive style) 118
認知地図(cognitive map) 53
認知の再評価(cognitive reappraisal) 87
認知療法(cognitive therapy) 147
NEO-PI-R (revised NEO personality inventory) 122
ネットいじめ(cyberbullying) 142
ノート取り(note-taking) 39

▶は　行

場依存型－場独立型(field dependence/independence) 118
バイリンガル(bilingual) 21
バウムテスト(tree drawing test) 122
橋渡し推論(bridging inference) 73
バズ学習(buss-learning) 102

罰(punishment) 49
発見学習(discovery learning) 98
罰子(punisher) 50
発達障がい(developmental disorders) 154
発達性読み書き障がい(developmental dyslexia) 156
発達の最近接領域(zone of proximal development) 32, 108
パフォーマンス(performance) 64
パフォーマンス評価(performance assessment) 132
バーンアウト(burnout) 40
ピア・グループ(peer-group) 28
ピア・サポート(peer support) 153
P-Fスタディ(絵画欲求不満検査)(picture frustration study) 122
PM理論(Performance-Maintenance theory) 30, 41
ピグマリオン効果(Pygmalion effect) 33
非構造化面接(unstructured interviews) 123
PISA(Programme for International Student Assessment) 76, 124
非識字者(illiterate) 20
非宣言的記憶(non-declarative memory) 62
非注意性盲目(inattentional blindness) 6
独り言(monologue) 19
比喩(metaphor) 73
描画法(drawing test) 122
表示規則(display rules) 9
表層形式(surface form) 74
不適応(maladjustment) 136
不登校(school refusal) 136
負の強化(negative reinforcement) 50
負の転移(negative transfer) 55
負の罰(negative punishment) 50
ブーバ・キキ効果(Bouba/kiki effect) 86
プラトー(高原現象)(plateau) 55
フリン効果(Flynn effect) 135
プレリテラシー(preliteracy) 20
ブローカ野(Broca's area) 22, 86
プログラム学習(program learning) 99
プロンプト(prompt) 147
分散学習(distributed learning) 55
分習法(part method) 55
分節化(articulation) 19
文法(grammar) 62
文脈(context) 73
偏差IQ(Deviation IQ：DIQ) 117
扁桃体(amygdala) 112

弁別(discrimination) 47, 51
弁別刺激(discriminative stimulus) 51
防衛機制(defense mechanism) 136
傍観者(bystander) 138
暴力(violence) 137
ボキャブラリー・スパート(vocabulary spurt) 18
ポジトロン断層撮影法(positron emission tomography：PET) 162
ボックスモデル(box model) 58
ポートフォリオ評価(portfolio assessment) 133
ほぼ良い表象(good-enough representation) 67

▶ま 行

マインドリーディング(mindreading) 13, 22
マクロ構造(macrostructure) 74
学びのユニバーサルデザイン(universal design for learning) 103
ミクロ構造(microstructure) 74
見立て遊び(pretend play) 17
ミネソタ多面人格目録(Minnesota multiphasic personality inventory：MMPI) 122
ミラーニューロン(mirror neuron) 22
無条件刺激(unconditioned stimulus：US) 46
無条件の肯定的関心(unconditional positive regard) 150
無条件反応(unconditioned response：UR) 46
メタ認知(meta cognition) 68
面接法(interview method) 123
モーズレイ人格目録(Maudsley personality inventor：MPI) 122
モデリング(modeling) 147
問答法(dialogue) 97

▶や 行

ヤーキーズ＝ドットソンの法則(Yerkes-Dodson's law) 108
矢田部・ギルフォード性格検査(Yatabe-Guilford personality inventory：) 122
有意味語(real word) 18
有意味受容学習(meaningful reception learning) 99
遊戯療法(play therapy) 148

有効性感情（feeling of efficacy） 64
指さし（pointing） 17
幼児期健忘（infantile amnesia/childhood amnesia） 63
予防的教育（preventive education） 152
読み手意識（audience awareness） 38

▶ら・わ　行

来談者中心療法（client centered therapy） 148
ライフサイクル理論（life cycle theory） 11
ラポール（rapport） 150
ラウンドロビン（round robin） 102
リーダーシップ（leadership） 30, 41
リーディングスパンテスト（reading span test：RST） 59
リテラシー（literacy） 20
リハーサル（rehearsal） 90
流動性知能（fluid intelligence） 114
両側性転移（bilateral transfer） 55
類型論（typology） 120
ルーブリック（rubric） 129, 132
レスポンスコスト（response cost） 146
レスポンデント行動（respondent behavior） 46
レスポンデント条件づけ（respondent conditioning） 46
レディネス（readiness） 32
朗読（reading aloud with appropriate emotions） 34
ロールシャッハ・テスト（Rorschach test） 122
ワーキングメモリ（working memory） 3, 58, 66, 74

　　　　　　© 福田・平山・原田・佐藤　2016
　　　　　　　常深・齋藤・矢口

2016年4月8日　初版発行

教育心理学
言語力からみた学び

　　　　　　　　福　田　由　紀
　　　　　　　　平　山　祐一郎
　　　　　　　　原　田　恵理子
　　著　者　　佐　藤　隆　弘
　　　　　　　　常　深　浩　平
　　　　　　　　齋　藤　　　有
　　　　　　　　矢　口　幸　康
　　発行者　　山　本　　　格

発行所　株式会社　培　風　館
東京都千代田区九段南 4-3-12・郵便番号102-8260
電　話(03)3262-5256(代表)・振　替 00140-7-44725

東港出版印刷・牧　製本
PRINTED IN JAPAN

ISBN978-4-563-05248-5　C3011